农业绿色转型下中国耕地绿色利用与韧性实践研究

吕添贵　著

中国农业出版社

北　京

内容简介

　　本书针对农业绿色转型下我国耕地保护与绿色利用的现实问题，在耕地保护制度和执行绩效分析基础上，阐述我国耕地系统韧性、粮食主产区耕地绿色利用、耕地绿色碳源汇和耕地利用转型，围绕耕地轮作休养、乡村数字转型和社会投资主体下乡等主题进行深入研究，提出了我国耕地保护与绿色利用的策略与韧性工具选择，为理解社会经济全面绿色转型改革推动耕地保护和绿色利用的宏微观过程提供了经验证据。

　　本书适合土地资源管理专业、生态学、地理学、环境管理、农业经济管理和人口资源环境专业教师、学生阅读，也可作为自然资源管理、农业管理部门业务人员的研修用书，还可以为相关农业资源利用与保护，特别是耕地资源利用与保护的研究人员提供参考。

本书承蒙以下项目或平台资助

赣鄱俊才支持计划·高校领军人才培养项目青年领军人才（QN2023022）

国家自然科学基金

旱涝交替胁迫下鄱阳湖流域水资源府际竞争行为与权衡管理研究（42261049）

行为主体视角下跨界流域水资源管理冲突的发生机理与调控策略研究（71864016）

教育部人文社科基金

行为主体视角下我国耕地资源休养的微观机制、模式选择与改进规则研究（17YJC630100）

江西省自然科学基金

旱涝交替下鄱阳湖湿地生态系统碳源汇的响应机制研究（20232BAB203061）

基于利益相关者视角的鄱阳湖流域水资源管理冲突识别、评估与应对策略研究（20171BAA218017）

前 言 FOREWORD

食为政首，粮安天下，耕地系统保护对保障国家粮食安全和生态安全意义重大。粮食主产区的粮食生产是保障粮食安全的重要基础。我国用全球9％的耕地养活了占全球近20％的人口，逐步实现由"吃不饱"到"吃得饱"再到"吃得好"的历史性转变，对维护世界粮食安全作出积极贡献。耕地是粮食生产的命根子，是落实粮食安全战略的核心要素。耕地保护的实质是保护耕地生产能力，耕地生产能力具有自然生态和社会经济双重属性，其中自然生态属性是实现生产能力的基础，社会经济属性是提升生产能力的关键。

数字化、绿色化、低碳化发展是当前新一轮科技革命和产业变革的大趋势。我国正处于全面推进新型城镇化和工业化建设的重要阶段，也是社会经济形态转轨的关键时期，社会经济形态变化尤为明显，耕地绿色利用也随之发生变化。然而，囿于我国粮食生产、土地财政以及城乡建设引起的过度性损失之间的竞争影响，耕地绿色利用与社会经济转型发生错位，产生耕地边际化、非粮化和生态系统退化等社会问题和资源环境问题。为此，如何辨析特定时期社会经济条件下耕地绿色利用特征，剖析耕地绿色利用的驱动机制，已成为实现耕地资源与社会、经济和生态环境相协调的迫切需求。

本书以"现状认知—案例辨析—政策工具"为研究逻辑，实现对农业绿色转型下耕地保护与绿色利用的关系解析。从农业绿色转型视角出发，构建耕地绿色利用分析框架，通过揭示中国耕地保护绩效演化规律及其现状，剖析耕地保护政策执行绩效及其演化规律，刻画中国耕地系统韧性的时空特征，剖析粮食主产区耕地绿色利用效率、耕地碳源汇以及耕地利用转型相关演变，厘清耕地轮作休养、乡村数字化以及社会投资主体下乡等绿色利用的工具选择。一方面，有助于丰富农业绿色转型下耕地保护与绿色利用的理论体系，尤其是拓宽耕地绿色利用的研究深度与广度，弥补农业绿色转型下耕地绿色利用研究的不足；另一方面，能够为农业绿色转型语境中耕地绿色利用政府推动、技术联动和市场驱动提供可供修正与拓展的规范性理论框架。本书共十一章，各章主要内容如下：

第一章 绪论。介绍本书的研究背景与意义；梳理了耕地保护制度绩效、耕地生态韧性、绿色利用效率、轮作休耕、乡村数字化和社会投资主体下乡等方面的国内外研究进展；凝练了本书的研究目的与研究内容，描述了本书的研究方法与技术路线。

第二章 研究进展与理论分析框架。界定了农业绿色转型下的耕地保护与利用等概念及内涵，阐述了耕地绿色利用、政策工具理论等基础内涵；介绍了本书的研究分析框架。

第三章 中国耕地保护制度执行绩效演化研究。运用智库双螺旋方法评价中国耕地保护制度执行绩效，在理论层面采用 DIIS 过程融合法，梳理耕地保护制度执行绩效评价环节，在应用方面基于 MIPS 逻辑分析法，梳理耕地保护制度执行绩效评价体系的演进规律，构建耕地保护制度执行绩效评价基本原则、指标框架和实施路径。

第四章 中国耕地系统韧性时空演化特征及其影响机制研究。基于熵值法、探索性空间数据分析和地理探测器揭示了耕地系统韧性时空演化过程；并且，探索农业绿色转型下耕地系统韧性的影响机制。

第五章 中国粮食主产区耕地绿色利用效率空间演进与收敛特征。基于生命周期分析法、超效率 SBM 模型、核密度估计、空间自相关和空间 β 收敛模型等方法，揭示粮食主产区绿色利用效率的时空演化动态特征，提出耕地绿色利用推进路径。

第六章 中国粮食主产区耕地碳源汇时空演化及绿色驱动分析。基于碳源—碳汇双重视角测度长江中游粮食主产区耕地利用净碳汇量，运用空间自相关、核密度估计和地理探测器等方法探究其时空演化特征及驱动因素，提出固碳减排绿色驱动策略。

第七章 中国粮食主产区耕地利用转型空间演化特征。运用探索性空间数据分析方法，明晰研究区耕地利用综合转型、空间转型以及功能转型的全局空间自相关和局部空间自相关变化趋势。基于标准差椭圆分析方法，对耕地利用转型的重心迁移方向和速度变化进行总体测度和评价，掌握耕地利用转型重心发展方向和均衡性特征，提出构建耕地利用转型调控策略框架。

第八章 耕地轮作休养：耕地绿色利用偏离风险与形成机制。基于生命周期法、归纳总结法和逻辑推理法，揭示耕地轮作休养绿色利用的偏离风险，提出以耕地轮作休养为载体，推进保障我国休耕政策推行的稳定性和连续性，实现耕地利用转型的政策保障。

第九章 乡村数字化赋能：对耕地绿色利用效率的影响作用。基于非期望产出 SBM 模型、Tobit 回归模型和面板门槛回归模型，揭示数字化转型对东中西部地区以及粮食主产区的影响作用，探索数字化转型对耕地绿色利用效率的门槛值，总结数字化转型工具与耕地绿色利用的相互作用关系。

第十章 社会投资主体下乡：促进农地流转风险与绿色利用传导路径。首先，结合访谈调研和问卷调查，从农地流转风险的形成机理、传导路径和防范体系几个方面分析社会投资主体与耕地绿色利用融合的路径。

第十一章 研究结论与展望。凝练本书研究结论，提出政策启示，并进一步探讨了研究展望。

本书是国家自然科学基金项目"旱涝交替胁迫下鄱阳湖流域水资源府际竞争行为与权衡管理研究（42261049）"、国家自然科学基金项目"行为主体视角下跨界流域水资源管理冲突的发生机理与调控策略研究（71864016）"、教育部人文社科基金项目"行为主体视角下我国耕地资源休养的微观机制、模式选择与改进规则研究（17YJC630100）"和江西省自然科学基金项目"旱涝交替下鄱阳湖湿地生态系统碳源汇的响应机制研究

（20232BAB203061）""基于利益相关者视角的鄱阳湖流域水资源管理冲突识别、评估与应对策略研究（20171BAA218017）"的阶段性研究成果。作为长期从事耕地保护与利用研究的工作者，本书将近年来有关韧性视角下的耕地数字化、耕地绿色化和耕地低碳化研究成果梳理出版，以期与同仁们进行交流。

在项目研究和本书成稿过程中，得到了江西财经大学财税与公共管理学院、江西财经大学生态文明研究院领导、同事们的指导和帮助。本书能够顺利出版得益于江西财经大学公共管理学院双一流学科建设经费的大力支持。同时，硕士研究生汪立、刘旺达、付舒斐、胡晗、耿灿、李泽英、邱蓉、赵巧、陈安莹、李锐、梁慧、袁梦涵、黄贤哲等同学参与了部分研究、编辑和校对工作，对他们表示衷心的感谢。此外，本书在中国农业出版社编辑们的辛苦付出后得以出版，在此表示最真挚的感谢。

在新时期农业绿色转型背景下，耕地保护与绿色利用研究涉及的领域较广，是一项复杂的系统工程，本书引用了大量的参考文献，在此对文献的作者们表示衷心的感谢。

由于耕地保护与绿色利用涉及点多面广，作者学识有限，书中难免有错误与疏漏之处，恳请各位同行专家、专家学者提出宝贵意见和建议。

吕添贵

2024 年 11 月

目 录 CONTENTS

前言

1 ● 绪论

1.1 研究背景 ……………………………………………………………… 1

1.2 研究意义 ……………………………………………………………… 3

1.3 研究目标与研究内容 ………………………………………………… 4

  1.3.1 研究目标 ………………………………………………………… 4

  1.3.2 研究内容 ………………………………………………………… 4

1.4 相关概念界定 ………………………………………………………… 6

  1.4.1 农业绿色转型 …………………………………………………… 6

  1.4.2 耕地利用形态 …………………………………………………… 6

  1.4.3 耕地绿色利用 …………………………………………………… 6

2 ● 研究进展与理论分析框架

2.1 国内外研究进展 ……………………………………………………… 8

  2.1.1 耕地绿色利用概念研究进展 …………………………………… 8

  2.1.2 耕地利用转型诊断路径研究进展 ……………………………… 10

  2.1.3 耕地绿色利用时空特征研究进展 ……………………………… 12

  2.1.4 耕地绿色利用驱动机制研究进展 ……………………………… 14

  2.1.5 耕地绿色利用政策工具研究 …………………………………… 15

  2.1.6 研究评述 ………………………………………………………… 16

2.2 耕地绿色利用内涵特征 ……………………………………………… 17

  2.2.1 耕地绿色利用空间形态 ………………………………………… 18

  2.2.2 耕地绿色利用功能形态 ………………………………………… 20

    2.2.3   耕地绿色利用转型特征 ·· 21

  2.3 理论分析框架 ·· 22

3   **中国耕地保护制度执行绩效演化研究**

  3.1 引言 ·· 24

  3.2 智库双螺旋法拓展中国耕地保护制度执行绩效评价必要性 ··· 25

    3.2.1   中国耕地保护制度执行的政策演化 ·························· 25

    3.2.2   基于智库双螺旋方法的中国耕地保护绩效制度

           优势分析 ··· 25

  3.3 DIIS 重塑中国耕地保护制度执行绩效评价体系理论基础 ··· 27

    3.3.1   数据收集：耕地保护制度执行评价研究基础 ·············· 27

    3.3.2   揭示信息：耕地保护制度执行绩效评价关键 ·············· 28

    3.3.3   综合研判：耕地保护制度执行绩效评价核心 ·············· 28

  3.4 MIPS 解析中国耕地保护制度执行绩效评价体系演进规律 ··· 29

    3.4.1   耕地保护制度执行绩效评价的机理分析 ··················· 29

    3.4.2   耕地保护制度执行绩效评价的影响分析 ··················· 29

    3.4.3   耕地保护制度执行绩效评价的政策分析 ··················· 30

  3.5 DIIS 和 MIPS 融合构建中国耕地保护制度执行绩效

     评价体系 ··· 31

    3.5.1   中国耕地保护制度执行绩效评价体系指标框架构建 ··· 31

    3.5.2   中国耕地保护制度执行评价体系的实施路径 ·············· 33

  3.6 本章小结 ··· 34

4   **中国耕地系统韧性时空演化特征及其影响机制研究**

  4.1 引言 ·· 36

  4.2 耕地系统韧性理论分析框架 ··· 37

    4.2.1   耕地系统韧性理论内涵界定 ································· 37

    4.2.2   农业绿色转型下耕地系统韧性理论分析 ··················· 38

  4.3 研究方法与指标体系 ·· 40

    4.3.1   研究方法 ··· 40

    4.3.2   指标体系 ··· 41

  4.4 中国耕地系统韧性时空分异特征 ··································· 43

    4.4.1　中国耕地系统韧性时空动态演进特征 ·············· 43

    4.4.2　中国耕地系统韧性空间关联格局 ················· 44

  4.5　中国耕地系统韧性驱动机制 ······················· 46

    4.5.1　驱动因子影响力变化 ·························· 46

    4.5.2　双因子交互作用探测 ·························· 48

    4.5.3　耕地系统韧性优化路径 ······················ 49

  4.6　本章小结 ································· 51

5 ● 中国粮食主产区耕地绿色利用效率空间演进与收敛特征

  5.1　引言 ·································· 53

  5.2　耕地绿色利用效率理论分析框架 ·················· 54

    5.2.1　耕地绿色利用效率内涵界定 ·················· 54

    5.2.2　基于生命周期的耕地绿色利用效率空间收敛理论分析 ··· 56

  5.3　研究区域与研究方法 ························· 57

    5.3.1　研究区域 ······························ 57

    5.3.2　研究方法 ······························ 58

    5.3.3　指标选取与数据来源 ·························· 60

  5.4　研究结果与分析 ··························· 62

    5.4.1　长江中游粮食主产区耕地绿色利用效率动态演进特征 ···· 62

    5.4.2　长江中游粮食主产区耕地绿色利用效率空间收敛分析 ···· 64

    5.4.3　长江中游粮食主产区耕地绿色利用效率提升路径 ······ 68

  5.5　本章小结 ································ 69

6 ● 中国粮食主产区耕地碳源汇时空演化特征及绿色驱动分析

  6.1　引言 ·································· 71

  6.2　理论分析框架 ····························· 72

  6.3　材料与方法 ······························ 74

    6.3.1　研究区概况 ····························· 74

    6.3.2　耕地净碳汇核算 ·························· 75

  6.4　结果与分析 ······························ 79

    6.4.1　耕地碳源汇时空演进分析 ······················ 79

    6.4.2　耕地净碳汇空间关联性分析 ·················· 82

6.4.3 耕地净碳汇演进趋势分析 ⋯⋯⋯⋯⋯⋯⋯⋯ 83

6.4.4 耕地净碳汇驱动因素分析 ⋯⋯⋯⋯⋯⋯⋯ 84

6.5 讨论与对策 ⋯⋯⋯⋯⋯⋯⋯⋯⋯⋯⋯⋯⋯⋯⋯⋯ 87

6.5.1 研究讨论 ⋯⋯⋯⋯⋯⋯⋯⋯⋯⋯⋯⋯⋯⋯⋯ 87

6.5.2 研究对策 ⋯⋯⋯⋯⋯⋯⋯⋯⋯⋯⋯⋯⋯⋯⋯ 88

6.6 本章小结 ⋯⋯⋯⋯⋯⋯⋯⋯⋯⋯⋯⋯⋯⋯⋯⋯⋯ 89

7 ● 中国粮食主产区耕地利用转型空间演化特征

7.1 研究区域与理论分析框架 ⋯⋯⋯⋯⋯⋯⋯⋯⋯⋯ 90

7.1.1 研究区域 ⋯⋯⋯⋯⋯⋯⋯⋯⋯⋯⋯⋯⋯⋯⋯ 90

7.1.2 耕地利用理论分析框架 ⋯⋯⋯⋯⋯⋯⋯⋯⋯ 91

7.1.3 耕地利用转型评价指标体系 ⋯⋯⋯⋯⋯⋯⋯ 95

7.2 耕地利用转型空间自相关发展特征 ⋯⋯⋯⋯⋯⋯ 100

7.2.1 耕地利用转型空间自相关研究方法 ⋯⋯⋯⋯ 100

7.2.2 耕地利用转型全局空间自相关发展特征分析 ⋯ 101

7.2.3 耕地利用转型局部空间自相关发展特征分析 ⋯ 102

7.3 耕地利用转型空间重心迁移特征 ⋯⋯⋯⋯⋯⋯⋯ 103

7.3.1 耕地利用转型重心迁移研究方法 ⋯⋯⋯⋯⋯ 103

7.3.2 耕地利用转型重心迁移方向发展特征分析 ⋯ 104

7.3.3 耕地利用转型重心迁移速度发展特征分析 ⋯ 106

7.4 耕地利用转型驱动机制分析 ⋯⋯⋯⋯⋯⋯⋯⋯⋯ 106

7.4.1 自然环境内部条件驱动 ⋯⋯⋯⋯⋯⋯⋯⋯⋯ 106

7.4.2 社会经济外部条件驱动 ⋯⋯⋯⋯⋯⋯⋯⋯⋯ 107

7.5 耕地利用转型驱动因素分析 ⋯⋯⋯⋯⋯⋯⋯⋯⋯ 110

7.5.1 耕地利用转型驱动因素选取 ⋯⋯⋯⋯⋯⋯⋯ 110

7.5.2 耕地利用转型驱动因素研究方法 ⋯⋯⋯⋯⋯ 111

7.5.3 耕地利用空间转型过程驱动因素分析 ⋯⋯⋯ 111

7.5.4 耕地利用功能转型过程驱动因素分析 ⋯⋯⋯ 114

7.5.5 耕地利用转型调控路径分析 ⋯⋯⋯⋯⋯⋯⋯ 117

7.6 本章小结 ⋯⋯⋯⋯⋯⋯⋯⋯⋯⋯⋯⋯⋯⋯⋯⋯⋯ 119

8 ● **耕地轮作休养：耕地绿色利用偏离风险与形成机制**

  8.1 **休耕政策演变与理论框架** ································· 121

  　8.1.1 休耕政策演变与实施成效 ························· 122

  　8.1.2 理论分析框架 ································· 123

  8.2 **中国休耕政策实施的潜在偏离风险** ·················· 124

  　8.2.1 补贴冲突与产权错位交织，无法统筹相关主体权益 ···· 125

  　8.2.2 参与主体目标定位存在差异，难以保障多元主体利益···· 125

  　8.2.3 资金单一与技术滞后并存，阻碍休耕制度的有序组织 ··· 125

  　8.2.4 激励与监管约束机制不配套，增加休耕地后续

  　　　　利用难度 ································· 126

  8.3 **中国休耕政策实施的偏离风险源辨识与形成路径** ·········· 126

  　8.3.1 休耕政策实施偏离风险源辨识 ··················· 127

  　8.3.2 休耕政策实施偏离风险形成路径分析 ··············· 128

  8.4 **中国休耕政策实施偏离风险的防范体系构建** ············· 129

  　8.4.1 重视政策宣传与培训，提高休耕主体权益认知 ········· 129

  　8.4.2 制定休耕法律法规政策，保障休耕规划有序推进 ······· 130

  　8.4.3 组织多元化休耕资金渠道，稳定休耕农户预期收益 ······ 130

  　8.4.4 完善休耕风险预警机制，实现休耕地持续合理利用 ······ 130

  8.5 **本章小结** ································· 131

9 ● **乡村数字化赋能：对耕地绿色利用效率的影响作用**

  9.1 **引言** ································· 132

  9.2 **乡村数字化转型对耕地绿色利用效率内在驱动逻辑** ·········· 133

  9.3 **研究方法与数据来源** ··························· 136

  　9.3.1 研究方法 ································· 136

  　9.3.2 变量选取 ································· 137

  　9.3.3 数据来源与说明 ····························· 140

  9.4 **研究结果与分析** ····························· 140

  　9.4.1 耕地利用绿色效率与乡村数字化转型演化特征 ········· 140

  　9.4.2 乡村数字化转型对耕地绿色利用效率影响的实证分析 ···· 143

  　9.4.3 研究对策 ································· 148

  9.5 **本章小结** ································· 149

10 ● **社会投资主体下乡：促进农地流转风险与绿色利用传导路径**

10.1 引言 ·· 150

10.2 研究区域与数据处理 ·································· 151

  10.2.1 研究区域 ·· 151

  10.2.2 社会投资主体下乡与农地流转情况 ············ 151

10.3 社会投资主体下乡过程中农地流转风险识别 ·········· 153

  10.3.1 农地流入方的农地经营风险 ···················· 154

  10.3.2 农地流出方农地财产风险 ······················ 154

  10.3.3 监管者农地流转社会风险 ······················ 154

10.4 社会投资主体下乡过程中农地流转风险形成机理与

     传导路径 ·· 155

  10.4.1 农地流转风险受体 ···························· 155

  10.4.2 农地流转风险源 ······························ 156

  10.4.3 农地流转风险传导路径 ························ 157

10.5 社会投资主体下乡过程中农地流转风险防范对策 ········ 158

  10.5.1 制定完善农地流转规范，明晰制度规则 ·········· 159

  10.5.2 培育完善农地流转市场，保障交易公平 ·········· 159

  10.5.3 提高行为主体风险防范意识，降低风险系数 ······ 159

10.6 本章小结 ·· 160

11 ● **研究结论与研究展望**

11.1 研究结论 ·· 161

11.2 研究展望 ·· 163

参考文献 ·· 166

1 绪 论

1.1 研究背景

（1）社会经济发展全面绿色转型促使耕地全方位绿色利用。推动经济社会发展绿色化、低碳化，是实现人与自然和谐共生现代化的内在要求（新华社，2024）。基于人多地少的特殊国情，我国建立了最严格的耕地保护制度来保障国家粮食安全。当前既是全面推进新型城镇化和工业化建设的重要阶段，也是社会经济向高质量发展、形态转轨的关键时期，我国粮食主产区既承担着保障粮食安全、解决"三农"问题的责任，又承接着经济发展的巨大动力，社会经济形态变化尤为明显（单卓然等，2013；崔宁波等，2021）。粮食安全是最重要的经济安全，是统筹发展和安全的首要内容。耕地作为农业生产的空间载体，其利用方式也随着社会经济形态变化处于快速转型时期，已经建立以18亿亩*耕地红线为基础的综合性耕地资源保障供给体系（龙花楼等，2016）。然而，囿于我国粮食生产、土地财政以及城乡建设引起的过度性损失之间的竞争影响，耕地利用转型与社会经济转型发生错位，伴随产生耕地非农化、非粮化和生态系统退化等社会问题和资源环境问题（李秀彬等，1999；孔祥斌等，2020；王玉军等，2014；戈大专等，2018；谢花林，2022），这不仅导致耕地面积的变化，还对利用结构、景观和功能等多方位有所影响。粮食主产区耕地利用转型状况不仅关系到国家社会经济发展，也对国家粮食安全、生态安全、城乡统筹发展以及农业发展活力产生重要影响（刘蒙罢等，2021）。为此，亟待开展科学的耕地利用转型研究，为推动创新耕地保护政策，寻求以不牺牲农业、粮食和生态环境为代价的耕地绿色利用之路提供科学依据。

（2）城镇无序蔓延侵蚀耕地带来的社会问题迫使耕地利用转型。尽管我国实行最严格的耕地保护制度，但在快速城镇化和新型工业化的驱动下，粮食主

---

* 1亩≈667m²。

产区城镇郊区化进程中，建设用地加速度、蛙跳式和圈层式蔓延仍导致大量优质耕地受到严重侵蚀（朱莉芬等，2007；Lv et al.，2024）。同时在短期利益驱使下，耕地"占优补劣"，基本农田"上山下水进房"等现象时有发生，这所引起的耕地数量消耗仍在加剧（王静怡等，2019）。与之伴随的还有耕地非农化、非粮化、破碎化、边际化、土地摞荒和农村空心化等"乡村病"问题凸显，种粮比较效益持续走低和土地流转成本攀高，过去以粮食生产为核心的耕地利用管理模式与人民日益增长的多样化的农产品和生态产品需求之间的矛盾也逐渐显化（刘彦随等，2014；李铜山等，2020；方创琳，2022）。此外，在"重利用、轻管护"耕作方式下，还存在耕地生态系统承载力下降、生物多样性破坏等问题。而我国优质耕地少，后备资源匮乏，当前非耕地要素对耕地的替代性依旧较低，都严重制约着耕地数量补充能力（李虹晔等，2017）。耕地保护依然面临着耕地数量保护形势严峻、耕地质量保护艰巨和耕地利用生态风险较大的问题，耕地作为乡村地区重要的用地类型，城镇化建设进程中暴露出来的一系列社会经济和生态问题迫使耕地利用转型加剧。

（3）农业现代化和农业绿色转型进程客观上要求推进耕地绿色利用。当前中国正进入高质量发展阶段，以过度消耗耕地资源、破坏生态环境为代价的耕地保护与利用模式难以为继（土地科学学科发展蓝皮书，2022）。作为开发利用最频繁的用地类型，粮食主产区的耕地承接了满足农业现代化和绿色转型进程所伴随的生产模式调整和社会需求增长等多重任务，面临着巨大的挑战，尤其是关键核心技术、标准化生产、规模化经营和产业化发展受限（朱玉龙，2017；蒋正云等，2021）。究其原因，不仅在于现实对耕地数量、粮食产量的要求，还包括对农作物品种和品质的需求，亟需打破原有的耕地粗放低效利用方式来提升农业经营效益，增加绿色农产品供给，发展农村新产业、新业态（朱传民等，2016）。要走科技兴农之路，加快农业绿色转型，实现中国式农业现代化，基于农业现实、技术及政策层面的要求，粮食主产区的耕地生产方式和结构必然出现全面调整从而促使区域耕地利用形态及功能发生深刻变化（宋小青等，2019）。由此可见，耕地利用转型是回应农业转型发展的现实之需，需要耕地生产方式做出适应性改变，进而有效缓解社会经济发展需求和耕地资源约束的矛盾。

（4）耕地"三位一体"保护新格局目标对耕地绿色利用转型提出新要求。虽然我国坚持采取最严格的保护耕地措施，加强耕地生产性利用在满足人们对农产品实际需求方面发挥重要作用，但在耕地"三位一体"建设方面依旧存在明显短板，主要体现在人均耕地面积不足世界平均水平的 50%，空间分布极不平衡，农业面源污染治理尚未得到根本扭转，耕地生态系统退化依然严峻（史洋洋等，2017；李秀芬等，2010）。因此要加快构筑耕地数量、质量、生态保护新格局，这关系到生态文明建设、乡村振兴和农业高质量发展，也是耕地利用转型的调控目标。我国《生态文明体制改革总体方案》明确要求，要构建国土空间开发保护制度，着力解决耕地占用过多、生态破坏、环境污染等问题，明确耕地保护边界，建立耕地休养生息制度，完善最严格的耕地保护制度和耕地质量保护法律法规（中共中央、国务院，2015）。同时，要推进土地综合整治来补充耕地面积、提高耕地质量、建设生态环境和完善农业基础设施。因此，必须严守耕地红线，加快形成农业绿色生产方式，不断完善耕地生态安全机制，加快实现耕地"三位一体"保护目标，促进我国耕地可持续利用。

当前，如何科学评价耕地利用转型并开展相关研究，已成为土地科学、地理科学关注的焦点问题，既是乡村振兴、城乡用地转型和农业高质量发展的迫切需要，也是权衡和规划区域社会经济发展方向的基础性研究内容。长江中下游地区是我国重要的粮食主产区，同时也是生态安全维护区和主要经济增长极，耕地面积约为 $21.77 \times 10^4 \text{ km}^2$，约占我国耕地面积的 17%，2020 年粮食产量达到 1.56×10^4 万 t，约占全国粮食总产量的 25%（刘蒙罢等，2022）。随着社会经济发展转型加快，该区域面临粮食稳增保产、生态环境退化、城乡统筹发展和产业转型升级等多重压力，耕地利用方式调整加快、转型加剧。鉴于此，从现实出发开展农业绿色转型下粮食主产区耕地绿色利用研究，对破解社会经济发展与环境保护存在的实际问题，寻求耕地资源优化配置和农业现代化发展路径，推动耕地绿色利用沿社会经济正向转型发展具有重要作用。

1.2　研究意义

本研究在构建耕地绿色利用转型理论框架基础上，识别与表征耕地保护制度执行绩效演化和生态系统韧性，探究农业绿色转型下耕地绿色利用的时空演变及发展特征，揭示耕地绿色利用的韧性实践路径。主要意义如下：

（1）理论意义：有助于深化土地变化科学尤其是土地利用转型理论研究，同时丰富了粮食主产区耕地绿色利用研究案例。从耕地形态学视角出发，通过对已有研究中耕地利用形态进行梳理和分类，从耕地保护绩效和绿色利用效率视角切入，系统阐述耕地利用转型内涵，从而科学地构建耕地绿色利用理论分析框架，是对土地绿色利用理论研究的有益补充。另外，选择粮食主产区作为研究对象，使保障国家粮食安全的重要性更为凸显。同时，粮食主产区也是推进社会经济全面绿色转型的典型区域，对其的研究可为开展耕地韧性实践提供理论支撑。

（2）实践意义：不仅适时反映出特定社会经济条件下耕地利用形态的时空特征，从而发现耕地保护现实问题的症结，还探析了自然环境内部和社会经济外部因素对粮食主产区耕地绿色利用的演变过程，进而提出合理的耕地绿色利用韧性实践路径，以促使耕地经营模式、投入产出和功能等耕地利用属性合理转变，实现耕地资源数量稳定、质量提升和生态优化的目标。因此，农业绿色转型下粮食主产区耕地绿色利用是完善耕地保护政策、指导耕地绿色利用的重要依据，为开展耕地韧性实践提供有益参考。

1.3 研究目标与研究内容

1.3.1 研究目标

民为国基，谷为民命，地为谷源，耕地是保障国家粮食安全、经济社会稳定和人民福祉的根基（孔祥斌等，2023）。耕地是实现农业绿色转型的基础资源，构建乐生栖居的人类家园，对耕地绿色利用提出了新期待（吴次芳等，2024）。从宏观、中观和微观三个维度，构建农业绿色转型耕地利用分析框架。通过实现以下目标，为优化调控农业绿色转型下的耕地绿色利用韧性实践提供科学依据。

目标1：揭示中国耕地保护政策演变绩效。

目标2：刻画中国耕地系统韧性与粮食主产区绿色利用的时空特征。

目标3：梳理推动耕地绿色效率、耕地碳源汇和耕地转型的响应机制。

目标4：厘清农业绿色转型对耕地绿色利用政策工具的影响。

1.3.2 研究内容

为了实现上述研究目标，开展如下研究：

（1）耕地保护制度执行绩效演化分析。运用智库双螺旋方法评价中国耕地保护制度执行绩效，在理论层面采用DIIS过程融合法，梳理耕地保护制度执行绩效评价环节，在应用方面基于MIPS逻辑分析法，梳理耕地保护制度执行绩效评价体系的演进规律，构建耕地保护制度执行绩效评价基本原则、指标框架和实施路径。

（2）中国耕地系统韧性时空演化特征及其影响机制研究。本研究在界定耕地韧性内涵基础上，基于大食物观的耕地韧性理论分析，运用长江中游粮食主产区 2007—2021 年面板数据，从生态韧性、经济韧性、社会韧性和工程韧性方面构建了指标体系，采用熵权法、探索性空间数据分析和地理探测器模型，探究粮食安全要求下耕地韧性动态演进及其驱动机制。

（3）中国粮食主产区耕地绿色利用效率动态演进及其收敛特征。基于生命周期的耕地绿色利用效率空间收敛理论分析，基于长江中游粮食主产区 2005—2020 年面板数据，采用超效率 SBM、核密度估计、空间自相关和空间 β 收敛模型，探究农业绿色转型约束下耕地绿色利用效率动态演进及其空间收敛性特征。

（4）中国粮食主产区耕地碳源汇时空演化及绿色驱动。基于碳源—碳汇双重视角测度长江中游粮食主产区耕地利用净碳汇量，运用空间自相关、核密度估计和地理探测器等方法探究其时空演化特征及驱动因素，并提出固碳减排绿色驱动策略。

（5）中国粮食主产区利用转型空间演化特征。运用探索性空间数据分析方法，明晰研究区耕地利用综合转型、空间转型以及功能转型的全局空间自相关和局部空间自相关变化趋势。基于标准差椭圆分析方法，对耕地利用转型的重心迁移方向和速度变化进行总体测度和评价，掌握耕地利用转型重心发展方向和均衡性特征。构建耕地利用转型调控策略框架，提出相应的转型路径。

（6）中国耕地轮作休养政策的偏离风险与管控路径。基于生命周期法、归纳总结法和逻辑推理法，揭示了耕地轮作休养的偏离风险，提出了以耕地轮作休养为载体，推进保障我国休耕政策推行的稳定性和连续性，实现耕地绿色转型的政策保障。

（7）乡村数字化转型对中国耕地绿色利用效率的影响机制。本研究基于非期望产出 SBM 模型、Tobit 回归模型和面板门槛回归模型，揭示了数字化转型对东中西部地区以及粮食主产区的影响作用，探索了数字化转型对耕地绿色利用效率的门槛值，总结了数字化转型工具与耕地绿色利用的相互作用关系。

（8）社会投资主体下乡对农地流转与耕地绿色利用转型路径的影响。结合访谈调研和问卷调查识别传统社会投资主体下乡过程中的农地流转风险的形成机理、传导路径和防范体系，剖析社会投资主体下乡背景下农地流转风险，揭示社会投资主体下乡对农地流转造成影响的内在成因，在此基础上，提出社会投资主体下乡推进耕地规模经营、绿色利用的韧性实践路径。

1.4 相关概念界定

1.4.1 农业绿色转型

实施农业农村减排固碳行动，培育乡村绿色发展新产业新业态。我国耕地利用依然面临化肥、农药利用率偏高以及投入产出要素冗余等约束。传统上粗放的耕地利用模式容易引发耕地资源浪费、土壤污染和生态破坏等问题，难以适应新时代耕地可持续利用的战略要求（吕添贵等，2024）。为此，结合农业绿色转型发展，理解农业绿色转型即要求耕地利用过程中融合面源污染防治、固碳增汇等绿色理念约束，以适应社会经济全面绿色转型发展新挑战。

1.4.2 耕地利用形态

科学辨识耕地利用形态是研究耕地绿色利用的逻辑起点，早期土地利用形态是指土地利用结构或者用地类型占上级用地类型的份额（Grainger et al.，1995）。已有研究认为土地利用形态可以分为显性和隐性形态，前者强调土地数量和空间结构，后者侧重土地投入、产出、质量和产权等需要监测和调研得到的属性（龙花楼，2012）。此后，从空间和功能形态两方面进行辨析，空间形态包括数量、结构和景观格局，而功能形态内涵基于人类需求和土地实际供给，是土地所能满足人类生产生活的一种能力，通常为生产、生活和生态组合功能形式（宋小青等，2017；Jiang et al.，2020）。对比而言，土地显性形态和空间形态均强调了土地数量和空间格局等内容，隐性形态和功能形态虽侧重点不同，但均以人类活动为主线所产生，隐性形态是功能形态的内在表征，功能形态是隐性形态的外在表现。

1.4.3 耕地绿色利用

土地利用变化是人与土地相互作用过程中土地用途或覆被的变化情况，表现为土地数量、格局、集约度和利用方式等的变化（Gingrich et al.，2015）。而转型是指事物内在要素及其结构和关系的转变，土地利用转型是土地利用变化主要表现形式，其概念最初与土地用途转换相同，土地利用转型被定义为：在一定社会经济发展阶段，区域内土地利用形态在时空序列下发生的趋势性转折，呈现阶段性特征（Walker et al.，1987）。

　　耕地作为单一土地利用类型，其变化主要涉及数量、质量、规模、集约度和经营方式等特征的时空格局演化方面（赵育恒等，2020）。而耕地利用可理解为区域内耕地利用形态在时空序列上与区域社会经济发展阶段相适应的趋势性变化（廖柳文等，2021）。不同于耕地可持续利用和耕地生态利用，耕地绿色利用强调降污减排来优化投入，获取最大粮食产量、产值和碳汇等期望产出和最小耕地碳排放、面源污染等非期望产出，蕴含农业绿色转型下耕地系统韧性、耕地绿色利用效率、耕地碳源汇和耕地利用转型特征，不仅能够满足当前社会经济发展全面绿色转型需求，更不会损害后代利用的耕地利用方式，真正实现耕地的生态利用和良性循环利用（李全峰，2017）。

2 研究进展与理论分析框架

耕地作为重要的土地利用类型，在城乡建设过程中频繁与其他地类转换，其绿色利用过程是土地利用研究的重要内容和延伸方向。为此，本章将厘清农业绿色转型下耕地绿色利用内涵与外延，辨析耕地绿色利用内涵、耕地绿色利用时空演化和耕地绿色利用政策工具选择等，在此基础上，辨析耕地利用转型特征，构建耕地绿色利用理论分析框架。

2.1 国内外研究进展

中国耕地资源不合理利用问题长期存在，优质耕地流失问题仍未有效遏制，耕地保护与利用面临资源禀赋不足、结构性变化、经济机制缺失和组织水平滞后等关键问题（中国土地学会，2022）。耕地绿色利用转型受到社会经济、政策和自然地理等多重因素综合影响，地域内耕地绿色利用转型形态在时序上易发生趋势性变化（廖柳文等，2018）。为此，鉴于耕地及人地关系特殊性，已有研究对不同尺度的耕地利用转型进行了实证研究，在系统梳理成果基础上，依次从耕地绿色利用内涵、诊断路径、时空特征、驱动机制和优化路径等方面展开综合评述。

2.1.1 耕地绿色利用概念研究进展

（1）耕地绿色利用转型概念发展过程。耕地绿色利用是土地利用转型的重要研究内容，土地利用转型一词起源于森林转型假说，20世纪全球人口急速增长导致耕地面积迅速扩张，然而耕地扩张以热带雨林的大量砍伐为代价，造成了水土流失、生物多样性减少和碳循环改变等一系列社会和环境问题，这引起了地理学家对森林变化及其成因的广泛探讨（Mather et al.，2000）。土地利用转型最早出现于 Walker 对欠发达国家森林砍伐的研究中，此阶段其内涵与土地用途转换同义（Walker et al.，1987）。此后，苏格兰地理学家 Mather

率先提出了森林转型假说，即森林面积将随着社会经济的发展由萎缩性减少转为恢复性增长，但此假说还未全面阐述森林转型机理（Mather et al.，1992）。英国地理学家 Grainger 在森林转型假说启发下，从形态学方面提出了土地利用转型概念，强调土地利用转型是经济社会发展过程中地区土地利用形态的转变，而此形态是指土地利用类型和自然植被组成的总体格局，可以通过用地结构来表达（Grainger et al.，1995）。

21 世纪初，土地利用转型作为土地利用/土地覆被变化（LUCC）引入国内后，将此研究方向与土地管理重点问题相结合，理论和实证等方面研究成果大量涌现。从研究目的看，针对中国建设用地快速扩张与低效利用并存，以及耕地减少、边际化、质量退化与高度集约并存等问题，以推进土地集约节约利用，严格控制耕地流失和推进农业生产转型为目标（龙花楼等，2002；罗惠等，2019；袁承程等，2021）。从研究领域上看，已经扩展至地区尺度的耕地和城乡建设用地转型等方面（瞿诗进等，2020）。基于土地利用形态的视角，将土地利用形态概念拓展为单一地类占上级地类的份额（龙花楼等，2006）。此后，进一步将土地利用转型概念定义为：在社会经济变革的驱动下，在特定时间节点区域内土地利用形态（数量、结构、质量和权属等）向另一种形态转变，该过程与经济社会发展阶段的转型相对应（龙花楼等，2012）。至此，土地利用转型的概念内涵初步形成。耕地利用转型与土地利用转型概念相似，是指区域内耕地利用形态在时空序列上与区域社会经济发展阶段相适应的趋势性变化（廖柳文等，2021）。

土地利用转型通常受区域自然、社会、经济和政策等内外在多重因素的交互影响（吕添贵等，2019；田俊峰等，2020；Czekajlo et al.，2021）。国外土地利用转型领域研究主要聚焦在 LUCC 上，对城乡土地利用转移、农村居民点用地变化、土地利用转型对农民生计影响等方面进行了相关研究（Bakker et al.，2015；Karen et al.，2018；Duguma et al.，2022）。国内学者在 LUCC 基础上，对耕地保护、农村建设和土地整治等方面开展基础性和深入探索，近年来，不断关注土地利用转型与各类土地利用活动的关系（龙花楼，2006；黄晶等，2022；史洋洋等，2023）。同时土地利用形态内涵也不断丰富，从单一的土地数量和份额层面到显性、隐性、空间和功能形态等层面。在耕地保护目标转型方面，保护包含食物观、功能观、藏粮观、区域观和协同观（土地科学编辑部，2023）。显然，土地利用转型研究已成为土地变化学科前沿热点领域。

（2）土地利用转型形态诊断路径。当前耕地利用存在非粮化、耕地"非食物化"、耕地边际化和耕地"弃耕化"现象。评价土地利用转型的关键在于识别土地利用形态的诊断路径及分析指标，当前主要存在两种划分观点。一是土地利用显性形态和隐性形态，显性形态通常可以直观感受和观察到，研究指标选取上，学者多关注耕地、林地、草地和建设用地等单一或多种用地类型之间数量、空间分布和结构的转换，其研究的开展通常借助于现代遥感技术、地学信息图谱理论（唐一峰等，2021；李灿等，2021）。我国正处于城乡转型关键时期，土地利用转型过程更加注重数量和质量的协调统一，因此土地利用隐性形态愈发受到关注。土地利用隐性形态一般不易察觉，需要凭借人工和现代科技进行相关调研、检测和分析化验，指标选取的主要切入点为土地的经营方式、规模、投入产出水平和土地功能，例如土地产权、资本投入、利用集约度、土壤有机质含量、经济收益、利用效率和土地多功能等（曲艺等，2018；张玥等，2022）。

二是土地利用空间形态和功能形态，土地利用空间形态属于显性形态，学者不仅关注显性层面的空间数量格局，还包括景观格局和经营格局，空间数量格局指标选取通常为面积的变化情况，景观格局指标选取则考虑地块的破碎化和规整程度，经营格局指标选取通常考虑了从细碎化向集中规模经营转变过程中地类结构的变化（刘永强等，2016；向敬伟等，2016）。土地利用功能形态属于隐性形态，表现为土地属性与人类感官和社会经济制度综合作用形成的所能满足人类生产生活所需的功用，具有多重功能变现形式（Tian et al.，2020；宋小青等，2022）。其功能类型涉及社会、经济和环境等层面，社会功能主要围绕人类需求考量就业、人类健康和文化方面等指标，经济功能考虑土地的生产方面，环境功能则考虑生物资源和非生物资源的支持与供给，以及生态系统维持等（刘纪远等，2009）。

2.1.2 耕地利用转型诊断路径研究进展

早期学者在耕地利用转型诊断路径方面主要关注耕地面积的增减和其与社会经济的关系。如刘纪远等通过对比中国耕地与城乡建设用地在空间上的相互增减关系，探究耕地被侵占的变化特征（刘纪远等，2009）；曲福田等从理论角度提出并证实了经济增长与耕地非农化的库兹涅茨曲线假说（曲福田等，2004）。伴随土地利用转型诊断路径理论研究深入，耕地利用转型诊断路径应运而生，认为完整的耕地利用转型路径应包括显性形态与隐性形态的趋势性变化（龙花楼等，2015），两者与土地利用显性形态与隐性形态相似相通。一方面可以从空间形态包括的耕地数量或格局（经营格局和景观格局）变化视角开展研究；另一方面可以从功能形态来研究耕地不同功能的变化过程，社会初级阶段更多强调的是耕地农作物生产功能（宋小青等，2014）和梯田利用从生产功能向景观功能转变（谢花林等，2024）。为此，随着经济社会不断向高级阶段演替，耕地功能逐步多样化、高端化，其经济、社会、生态和文化等功能不断凸显。

国内学者们基于两类诊断路径，围绕某一路径或其中单一形态进行了延伸性实证研究，如付慧等基于耕地显性形态（耕地面积、播种面积）和隐性形态（粮食产量、化肥用量和农业产值）探索了1990—2015年京津冀地区耕地利用转型路径（付慧等，2020）；牛善栋等从空间形态（数量、结构）和功能形态（生产、生活和生态功能）出发对2002—2017年淮海经济区耕地利用转型特征进行研究（牛善栋等，2020）；有研究以沈阳市为对象，揭示耕地生产保障、生态服务、景观美育和社会保障功能的时空演变并权衡协同关系（钱凤魁等，2022）、进行耕地系统健康再诊断（苏浩等，2023）。尽管当前研究中耕地形态界定仍存在角度多样、内容分散的特点，但两类诊断路径日益清晰（表2-1）。

表2-1　耕地利用转型诊断路径

诊断路径	核心释义	形态系统构成	参考作者
空间形态	耕地数量变化和结构转换	数量格局、经营格局、景观格局	宋小青等（2014）
		数量格局、结构格局	牛善栋等（2020）
		数量格局、结构格局、形态格局	柯善淦等（2021）
功能形态	耕地利用多功能表达，耕地所能满足人类需求的各种功能	生产功能、生活功能、生态功能	卢新海等（2019）
		景观功能、生态功能、生产功能	姜广辉等（2011）
		生产保障功能、生态服务功能、景观美育功能、社会保障功能	钱凤魁等（2022）
显性形态	土地利用类型结构，含有数量和空间结构两重属性	耕地面积	龙花楼等（2012）
		耕地面积份额	李全峰等（2017）
		耕地面积、面积变化速度、水旱田数量	郭凯（2021）
隐性形态	依附于显性形态，不易察觉的，通常包含质量、产权、经营方式、投入产出能力等多重属性	经营模式、经营主体、经营绩效	曲艺等（2018）
		生产要素替代、景观规模、耕地利用效率	廖柳文等（2021）
		粮食产量、化肥用量、农业产值	付慧等（2020）

注：由相关研究总结归纳得出。

2.1.3　耕地绿色利用时空特征研究进展

（1）从研究尺度上看，耕地利用转型研究尺度的不同，直接影响学者对于诊断路径的选择。在中宏观研究尺度下，依据整体把控的宏观调控原则，主要考虑了耕地空间数量和功能形态的变化，探究了中国城市化、工业化用地需求和耕地供给之间的消长关系及变化规律（蔡运龙等，2009）；在构建耕地功能变化分析框架基础上，探究了 1949 年以来中国耕地功能变化过程（宋小青等，2014），以及沿海地区耕地转型时空变化特征及其生态系统服务价值变化响应规律（杨钢桥等，2011）。在微观研究尺度上，由于尺度效应和管理决策的针对性，多从耕地经营情况及质量变化等方面进行探究，利用全国农村固定观察点粮食主产省的农户微观调研数据，发现农户耕地经营规模对粮食单产和生产成本的影响及其差异化表现（唐轲等，2017）、乡镇的耕地质量时空变化格局和驱动机制（卫新东等，2023）。

总体而言，耕地绿色利用转型研究尺度现已覆盖宏观、中观和微观三个层面，涉及国家、经济带、城市边缘区、省域、市域、县域以及典型地貌类型区域等尺度上的探索（史洋洋，2019；吕添贵等，2024）。由于地域系统存在复杂性和综合性特征，耕地利用转型存在明显的尺度效应，不同尺度获取的耕地利用数据对其研究尺度的选择直接影响对其进程的认识（龙花楼等，2012）。总体上，现阶段对耕地韧性与粮食主产区耕地绿色利用的系统梳理研究还相对较少。

（2）从评价研究方法看，随着耕地利用转型研究目的、研究内容和研究尺度的不断丰富和发展，耕地利用转型评价研究方法也呈现多元化和综合化特征，涉及管理学、地理学和经济学等多学科，包括理论分析法、人工调查法、数量研究法、空间分析法、空间计量法和多指标综合评价法等。如通过对 Landsat TM 影像遥感空间的解译，分析了中国耕地和农村宅基地利用转型的时空耦合特征（龙花楼等，2012）；利用耦合协调度模型和空间计量模型，探究了平原耕地功能演化的时空特征、耦合关系以及驱动机制（张英男等，2018）；通过分析诱致性生产替代与不同结构演变的内在联系，构建耕地利用功能转型综合解释框架及量化方法，研究了耕地利用功能转型特征（宋小青等，2018）；通过投影寻踪模型、空间自相关和空间计量模型，分析了耕地利用转型对农业经济增长的影响效应（卢新海等，2019）；运用熵值法、耦合协调度模型和时空地理加权回归模型揭示了耕地利用绿色转型的时空特征及其影响因素（柯善淦等，2021）。

总体而言，多学科融合为耕地利用转型研究提供了综合视角，多渠道公开的社会、经济及土地利用数据为其提供较完整的数据支撑，日趋完善的遥感技术和地理信息系统为其提供了较完备的技术支持，ArcGIS、GeoDa、ENVI 和 Stata 等软件的更新为其提供了科学的工具。在耕地利用转型指数测度方面，主要运用指标评价法、熵权法和加权求合法（郭凯，2021）；在时空特征探究方面，主要运用探索性空间数据分析、耦合协调度模型和标准差椭圆等模型（Li et al.，2021）；在驱动因素研究方面，主要利用空间回归等模型进行检验（金一诺等，2022）。为此，本研究综合运用理论分析法、多指标综合评价法、空间分析法和空间计量法开展。

（3）从时空特征研究上看，基于地理学视角的耕地绿色利用转型的时空特征研究较为丰富（表 2-2）。尤其是耕地与水资源空间错位、耕地产出的供需错配、耕地的生产与生态功能冲突加剧、农业与自然保护空间竞争激烈等问题愈发突出。已有研究为揭示农业生产用地空间分布和结构变化及其生态环境响应规律的时空特征（吕立刚等，2013）；从国家、区域和省级层面上分析了中国耕地复种指数变化趋势及时空差异（谢花林等，2015）；基于土地边际报酬递减规律，探讨了贫困山区耕地利用功能和空间形态转型及其对农业经济增长质量影响的时空特征（向敬伟等，2018）；分析了垦区耕地利用各项功能转型变化和权衡协同关系的时空特征（杜国明等，2021）；基于乡村振兴发展理念与"人-地-业"协调发展观，研究了耕地利用转型指数分布、空间集聚程度和转型重心迁移时空特征（倪梦娇等，2023）。对比发现，当前研究从空间和时间维度，在耕地利用转型指数演化、空间集聚程度、转型重心迁移方向、权衡协同关系以及其与社会、经济和生态的关系或影响等方面进行了实证分析。总体而言，耕地利用转型时空特征存在显著地域性，并与一定时期地区社会经济发展阶段相对应。

表 2-2　耕地绿色利用主要研究内容与研究方法

研究区域	代表学者	时空特征测度模型	驱动因素选取类型	驱动因素测算模型
黄淮海平原	张英男等（2018）	耦合协调度模型	区域本底、外部驱动、经营主体	空间回归计量模型
秦岭陕西段	卫新东等（2023）	动态度模型、重心迁移模型	社会经济、自然地理	地理探测器

（续）

研究区域	代表学者	时空特征测度模型	驱动因素选取类型	驱动因素测算模型
山东省	史洋洋等（2019）	地学信息图谱理论、探索性空间数据分析	自然、社会经济、交通区位、土地管理	空间回归计量模型
湖北省县域	柯善淦等（2021）	耦合协调度模型	人口、经济、环境、社会	时空地理加权回归
重庆城乡协调区	Li Lingyue 等（2021）	强度指数、基尼系数、变异系数	人口、经济、交通区位	多元线性回归模型、随机森林模型
中国省域	谢花林等（2015）	泰尔指数	人口、产业、政策、人均经营耕地	计量模型
珠三角	金一诺等（2022）	变异系数	自然、人文	灰色关联分析法
甘肃省县域	张文斌等（2021）	阶段划分	自然、社会经济	主成分分析

注：由相关研究总结归纳得出。

2.1.4 耕地绿色利用驱动机制研究进展

耕地绿色利用转型驱动机制是指一定时期内不同维度因素致使区域耕地利用形态发生趋势性转折的原因、动力机制及过程的总称。当前多从社会经济发展、自然状态以及制度演进等维度对其驱动机制进行定性阐述，多通过构建耕地利用功能转型的理论分析框架，揭示耕地利用功能转型主要受城镇化率与经济水平、社会发展与技术进步变化驱动（张文斌等，2021）；阐述乡村劳动力要素变动下耕地利用转型的概念内涵和动力机制（廖柳文等，2021）。在理论层面分析基础上，对耕地利用转型驱动因素进行了定量层面的探索，如运用径向基函数神经网络从人口、经济、产业结构角度对贫困地区耕地利用转型影响因素进行探究（向敬伟等，2016），地区人均固定资产投资和城市化率对耕地空间形态转型影响较为显著，而人口密度和人均固定资产投资对耕地功能形态转型影响较为显著（李全峰等，2017）；也有研究发现公路基础设施建设对耕地利用转型具有促进作用，并且对西部地区促进作用程度大于东、中部地区（唐一峰等，2021）。

按照耕地利用转型驱动因素的作用方式及其差异可归结为自然驱动因素以及社会经济、政策制度等外部驱动因素，其中，地形、气候和水文等自然驱动因素为耕地利用转型提供基础支撑，而社会经济、政策制度等外部驱动因素通过城乡要素流动、产业互动等方式为耕地利用转型提供动力源泉（谭荣，2021）。同时，耕地绿色利用背后蕴含着土地财富、土地文化、土地健康和土地象征等综合作用（吴次芳等，2013）。为此，通过定性和定量来探究耕地利用转型驱动机制，可以为识别不同因素对耕地绿色利用转型的作用方向和强度，预测其未来发展趋势，并提出优化调控策略提供科学依据。

2.1.5　耕地绿色利用政策工具研究

当前研究在从多尺度把握耕地绿色利用转型水平和时空特征、识别转型机理基础上，提出了相应的优化调控路径，其既有宏观层面的把握，又有区域特性的体现。如在梳理长江中游地区耕地利用转型特征、规律和转型机理的基础上，认为应加快推进土地使用权流转，加强土地规划的实施管理和控制，优化完善农业基础设施条件等（李全峰等，2017）；通过分析耕地利用功能演化特征及权衡协同关系，应完善社会保障、农业产业体系、现代企业管理制度以及加强垦区耕地生态建设（杜国明等，2018）；在识别耕地绿色利用转型与粮食全要素生产率增长的耦合协调关系基础上，指出加速现代化农业转型，加大农业技术培训，提高农技人才队伍，并建立严格的惩戒机制，以期实现耕地高效生产和绿色生产目标（卢新海等，2022）。

本质上，要实现耕地保护目标转型，主要围绕管控和建设、政府约束与市场机制等，包含国土空间规划、国土综合整治、耕地占补平衡、永久基本农田保护、城乡协同节地政策和藏粮于地、藏粮于技等政策工具（中国土地科学编辑部，2023）。在转型路径方面，多侧重政府与农户协同、行政与市场协同、刚性与弹性调控组合、生产与生活生态功能转变、地块功能与区域空间格局管控，以及耕地碳源汇转换，实现生态产品价值（吕添贵等，2024）。有研究认为应从全域土地综合整治市场机制、工程机制和案例实践等方面对耕地绿色利用进行综合引导，需用政策约束与经济激励支撑利益平衡机制，调动政府、集体、农户和社会主体保护和绿色利用耕地的意愿（吴次芳等，2023）。

总体上，当前研究以实现耕地"三位一体"保护格局为目标，以推动区域社会经济发展为内核，并结合研究区地域性的驱动因素提出对应优化调控措施。反观，耕地绿色利用转型调控策略也受到自然、社会经济和政策制度因素的综合影响，一方面受制于自然状态；另一方面要符合社会经济可持续发展的目标和方向，使得耕地绿色利用系统与社会经济系统相互作用、协调演进。

2.1.6 研究评述

通过对已有文献梳理，发现当前对耕地绿色利用转型内涵基本上达成共识，但也存在不同趋势特征。一是形态在时序发生趋势性变化，围绕耕地绿色利用诊断路径、研究尺度、研究方法、时空特征、驱动机制和优化路径等；二是研究视角呈现多元化，综合了土地管理学、地理学、生态学和社会政策制度等多视角；三是研究结果更具有实践意义，在探究典型案例基础上，注重将理论与实证相结合，并借助现代科技手段和模型分析，探究耕地利用转型时空特征和驱动机制；四是研究内容、方法和对象上存在多样化趋势，形成了较完善的研究体系。但既有研究大多从制度、土壤、行政等维度讨论农业绿色转型与耕地绿色利用行为机制关系，不同视角下得出的观点有时具有显著差异，往往无法涵盖整体耕地保护与局部绿色利用关系的全貌。在研究内容、研究方法和研究尺度方面仍存在需要补充和完善之处：

（1）在研究内容上，以往学者从耕地利用显性、隐性、空间和功能形态中选择单一或几者结合来识别转型特征，为相关研究开展奠定了基础。但纵观发现，对耕地利用转型理论框架的构建相对薄弱，较少对耕地绿色利用进行综合化理论实证。尤其是耕地形态识别的指标体系差异性大，且缺乏解释性描述，难以认清耕地绿色利用形态演化机理。

（2）在研究方法上，对耕地绿色利用研究多停留在指标体系构建、特征描述的定量分析阶段，缺乏将定量和定性结合进行研究。此外，在耕地绿色利用空间特征表达方面的描述尚显不足。

（3）在研究尺度上，对耕地资源丰富和粮食安全责任重大的粮食主产区专项研究关注较少。事实上，粮食主产区地形平坦，自然基础好，恰恰也是工业化、城镇化迅速推进地区，耕地形态变化十分剧烈，需了解全国层面、粮食主产区耕地绿色利用特征，为寻求耕地保护与经济发展的协调平衡提供决策依据。

鉴于此，本研究以"现状认知—案例辨析—政策工具"为研究逻辑，实现对农业绿色转型下耕地保护与绿色利用的关系解析，首先，分析我国耕地保护制度绩效整体水平；其次，从中国耕地韧性水平整体情况，以及粮食主产区耕地绿色利用效率、耕地碳源汇和耕地利用转型空间情况进行综合分析；再次，从政府推动、技术联动和市场驱动三个层面，分别阐述农业转型下耕地轮作休养、数字经济、社会投资主体下乡对耕地绿色利用状态的影响，以期为实现耕地资源可持续利用提供决策参考。

2.2 耕地绿色利用内涵特征

耕地绿色利用是人类活动与耕地系统相互作用的综合过程，耕地利用转型是社会经济转型的结果。社会阶段由 A 点向较高的 B 点进行演替，在 A 点时，耕地资源条件和农业生产水平承载能力及运行机制达到饱和状态时，不同主体部门利益冲突将在耕地上显现出来（宋小青等，2014）。为满足区域社会经济和环境持续发展要求，同时在自然环境、社会经济、政策技术等内外因素共同驱动下，围绕可持续利用和效益最大化目标，耕地利用主体会根据社会需要和耕地的实际条件调整耕地利用行为来适应社会发展阶段（龙花楼等，2012）。由于初期阶段调整要素相对较少，耕地利用形态变化出现萌芽，耕地利用作为系统的农业生产工程，多重相关要素也发生变化，耕地利用形态变化将加快（马敬盼等，2017；田俊峰等，2020）。随着各要素之间的变化在各部门利益不断协调融合下最终趋于平稳，耕地利用新格局显现，耕地利用形态变化与 B 点社会阶段对应。当社会阶段朝着更高的 C 点发展时，原来 B 点阶段的耕地利用形态又需要随着社会阶段的发展做出调整，形成新一轮"萌芽期""快速期""融合期"和"平稳期"（李全峰，2017）。

对于不同尺度，耕地利用转型是基于人—地系统相互作用和联合制约的动态平衡以及循环反复过程（Lv et al.，2022）。而了解耕地利用形态是解读耕地利用转型的关键，耕地利用形态演变涉及空间形态和功能形态，前者主要是指耕地数量和景观变化，以及利用结构调整，而后者主要体现为耕地功能变化。耕地功能是耕地自然物质性与人类利用需求结合产生的，是耕地固有属性（宋小青等，2014）。基于土地利用功能分类并结合粮食主产区特征状况，其功能可以分为粮食安全、经济贡献、生活保障和生态维持四项基本功能。据此，本研究构建了耕地利用"空间—功能"转型综合框架，从多个维度梳理和阐述耕地利用转型形成机理，有助于全面识别和评价耕地利用转型（图 2-1）。

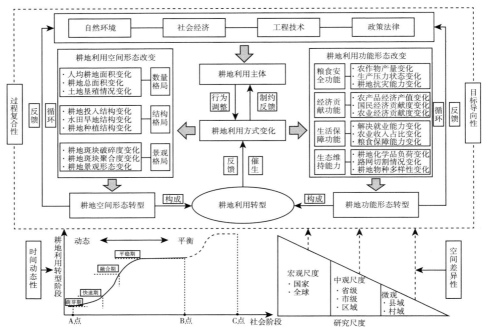

图 2-1　耕地绿色利用转型理论分析框架

2.2.1　耕地绿色利用空间形态

农业社会阶段，受人类需求动力以及生产水平所限，人地矛盾并未凸显。随着步入工业社会阶段，工业化、城镇化进程下，建设用地面积不断扩大，城市人口迅速增加，对粮食需求量扩大，为适应社会发展需求，耕地利用空间形态也发生着变化（图 2-2）。

在耕地数量格局方面，中国城市扩张过程中挤占着城区周边大量优质耕地，特别是过去一些地方政府为追求短期利益，土地保护意识薄弱，出现违法占地行为，有限的耕地资源被侵蚀，并且我国人口基数大，人口总量不断增加，人均耕地面积出现减少（Xu et al.，2021）。然而，粮食主产区在保障国家粮食安全，满足社会口粮需求和社会经济建设多重压力下，耕地开垦力度加大，土地垦殖率和利用强度随之增加（马贤磊等，2019）。在耕地利用结构上，随着农业生产方式进步，社会耕地利用水平得到加强，为追求更高的生产效益，一方面，通过完善农业基础设施，加大农业科技及机械动力投入，同时加大农药化肥和农膜等化学物质的投入，来提高劳动生产率；另一方面，为稳定

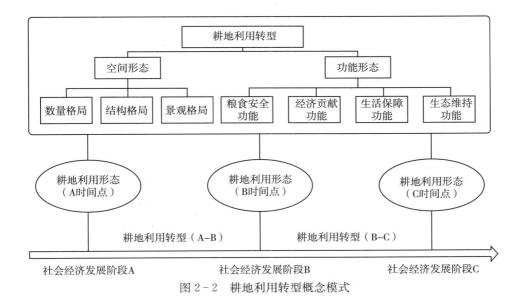

图 2-2　耕地利用转型概念模式

生产能力，地方将结合地区实际自然降水状况，对中低产田进行"旱改水"整治项目，造成水田和旱地结构发生变化。此外，在社会农产品需求结构以及耕地生产者比较利益驱使下，耕地生产的粮食作物和经济作物面积分别呈现减少和增加的现象，甚至出现大量耕地非粮化现象，种植结构发生变化（许艳等，2022）。在景观格局上，城乡建设用地被侵占，加之过去耕地分配方式和产权调整过程存在的问题，共同导致耕地景观破碎化严重，形态不规则，不利于土地适度规模化经营和机械、信息技术的生产应用（Pierre et al.，2020）。

当耕地面积下降、非粮化及破碎化等现象不能顺应社会发展并威胁着可持续进程时，政府各部门会加大对耕地利用可持续性的关注，并通过采取相关措施遏制一系列问题。对于耕地数量的减少，其目标是引导耕地面积呈现从"增加"到"稳定"的变化趋势。而面对粮食种植比例过低，个体种植户非粮种植风险较大问题，政府将加强耕地用途管制，通过核实永久基本农田并加大种粮补贴等措施来控制耕地非粮化趋势，从而形成合理的种植结构。为便利农业生产，通过工程技术手段加强耕地整治来不断调整耕地地块的分布，并鼓励农户采取互利互换方式整合耕地，促使耕地景观格局不断朝着集中聚合和规则化的方向发展（Ma et al.，2020；陈艳林等，2023）。

2.2.2 耕地绿色利用功能形态

耕地是复杂的自然—社会—经济系统，为保证生产和发展，人类对耕地利用产生了除粮食生产外更多元化的需求，如经济贡献、生活保障和生态维持等，耕地利用方式得到优化并不断多样化（姜广辉等，2011）。耕地多功能性是耕地特性，从供给上看，耕地多样化利用是发挥耕地功能，满足需求的必然途径；从需求上看，实现耕地功能的拓展和升级，以满足人类社会需求为前提，从而使耕地利用功能形态发生着变化（图2-2）。

由于耕地资源先天优势及政府政策导向，粮食主产区的粮食生产责任重大。对于耕地粮食安全功能而言，要保证粮食稳增保产，就要通过加大资源投入，改进农业生产技术来提高农作物的生产能力（Liang et al.，2020）。但若高强度经营，耕地生产压力过大，可能产生超负荷经营，导致地力透支。同时耕地生产受自然环境影响十分显著，农业生产部门会兴修水利设施来缓解和抵抗旱涝等自然灾害。对于耕地经济贡献功能而言，将耕地生产农产品货币价值累加换算成经济产值，反映其经济价值生产能力（罗成等，2016）。同时，随着国家产业结构调整，第一产业比重有所下降，加之生活水平改善及消费能力的增加，居民食物需求不限于单一种类，而是追求多元化，农林牧副渔业结构不断调整，耕地对国民经济、农业经济的贡献作用随之变化。

对耕地生活保障功能而言，传统上由于耕地利用机械化和规模化程度低，农作方式以精耕细作为主，因此农业劳动力占比较大，耕地生产效率较低。对大多数耕地生产者来说，耕地劳作可以提供就业机会，收获的农作物又满足自身和社会的基本口粮，且农作物售卖所获收入又是家庭重要经济来源，这不仅保障了农民的生活，也防止了饥饿、失业等社会风险的发生，确保社会稳定发展（张一达等，2020）。对于耕地生态维持功能而言，其生态状况良好直接决定了可持续利用能力，但要注意到当前粮食产量提高，多依赖于农药化肥等化学制品使用的增加，加上农村公路铁路的修建，切割耕地的同时，加大了地块间封闭性。这都会导致耕地土壤污染降解能力下降、生物多样性减少等问题，制约了耕地的生态功能（张英男等，2018）。

事实上，在社会经济发展由初级向较高级过渡过程中，耕地各功能之间也存在此消彼长的动态转型过程。随着土地、劳动力及资本市场的加快发展，耕地粮食安全和经济贡献功能将得到提升。耕地粮食生产效率得到提高的同时，也更加关注其利用的可持续性，地方政府通过休耕来让紧张的耕地得以休养生息，同时也缓解生态压力。而在城市化进程中，城市发展带来的机遇增加，在经济利益刺激下，大量农村劳动力向非农转移，导致农业人口减少，影响着耕地的生活维持功能（吕添贵等，2019）。此外，面对农业粗放利用带来的耕地生态环境问题，人类开始调整其与自然的关系，减少农药化肥的使用并推广绿色肥料，耕地的生态维护功能受到关注并得到改善。

2.2.3 耕地绿色利用转型特征

本质上，耕地利用空间和功能形态转型综合构成了耕地绿色利用转型，其形态变化取决于自然环境和社会经济内外部驱动因素，作用于耕地利用主体，而且耕地利用转型结果又对驱动因素及耕地利用者行为具有反馈作用（Lv et al.，2022）。一方面，耕地利用主体根据转型结果的社会适应性程度，决定是否调整耕地利用决策和行为模式；另一方面，耕地利用转型结果反馈可促进驱动因素变化和产生。因此，在耕地利用转型系统整体运行中，通过耕地利用主体相互促进和制约，形成"多因素驱动→主体行为改变→耕地绿色利用转型→转型结果反馈→新一轮驱动"循环往复过程（Long et al.，2022），其特征包括过程复合性、空间差异性、时间动态性和目标导向性。

（1）过程复合性。耕地绿色利用转型过程是多因素驱动的结果，其形态变化不是某一单一要素的变化，而是涉及空间形态中数量、结构和景观格局的变化，包括粮食安全、经济贡献、生活保障和生态维持等，其管理主体包括中央政府、地方政府和农户，是多因素驱动多主体利用以及多形态改变的复合过程。

（2）空间差异性。不同尺度地区以及同尺度地域中，耕地自然禀赋、生产利用状况，以及经济社会发展阶段差异性大，且耕地利用调控方向上存在差异。因此，耕地利用转型在不同空间地域下呈现差异性（苑韶峰等，2019）。

（3）时间动态性。耕地绿色利用转型不是某一时刻点的变化，而是耕地利用形态随社会发展不断演变，在不同社会时期对应不同阶段。并且，其随时间变化的过程并非单一线条，而是存在着多线条流向，其过程相互交叉、循环进行，具有时间动态性。

（4）目标导向性。依据特定时期区域内社会、经济和生态发展战略，利用主体调整耕地利用方式从而促使耕地利用形态转变，符合社会发展目标，具有较强导向性。

2.3 理论分析框架

　　农业绿色转型下耕地绿色利用既关注中国耕地保护制度绩效现状，又关注背后的政策工具。正因为如此，本书以"现状认知—案例辨析—政策实践"为研究逻辑，实现对农业绿色转型下耕地保护与绿色利用的关系解析。在揭示农业转型中中国耕地韧性整体水平基础上，重点考虑粮食主产区耕地绿色利用演化规律。继而，探讨农业绿色转型下耕地利用的政策工具，其中耕地绿色利用是链接农业转型下耕地保护的重要"连接点"。本书研究框架分为三个部分：一是耕地保护制度绩效整体水平构建；二是中国耕地韧性整体演化水平，以及粮食主产区耕地绿色利用效率、耕地碳源汇和耕地空间转型情况；三是耕地绿色利用政策工具选择，主要在政府推动、技术联动和市场驱动层面阐述农业转型下耕地绿色利用的政策工具，包含耕地轮作休养、数字经济、社会投资主体下乡规模经营等维度（图2-3）。

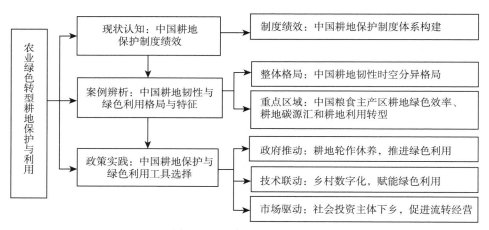

图2-3　研究理论分析框架

　　（1）现状认知：中国耕地保护制度绩效评价体系。保障粮食安全状态应科学辨识耕地保护制度实施变化态势。运用智库双螺旋方法评价中国耕地保护制度执行绩效，在理论层面采用DIIS过程融合法，梳理耕地保护制度执行绩效评价环节，构建耕地保护制度执行评估理论体系；在应用方面基于MIPS逻辑分析法，通过机理分析、影响分析和政策分析，梳理耕地保护制度执行绩效评价体系的演进规律，构建耕地保护制度执行绩效评价基本原则、指标框架和实施路径。未来应深化耕地保护制度执行绩效评价理论体系，注重大食物观下农食系统转型与耕地绿色利用绩效评价实践应用。

（2）案例辨析：中国耕地韧性与绿色利用。剖析大食物观约束下中国耕地系统韧性时空演化特征及其影响机制，旨在为宏观层面实现农业绿色转型引领下的食物安全多维目标提供借鉴参考。分析中国耕地绿色水平、耕地系统韧性状态演变、耕地绿色利用效率、耕地碳源汇转换以及耕地利用转型等，探索耕地绿色利用现实状态。而粮食主产区是耕地保护与绿色利用的核心试验区域，分析时空分异对于分析其空间内敛特征具有重要意义，对引导其他区域具有示范效应。

（3）政策实践：中国耕地保护与绿色利用主要由政府、技术和市场共同推动。从耕地轮作休养、乡村数字化赋能入手推动耕地保护与绿色利用效果，并且从市场需求角度探讨工商资本推进农地流转的响应机制。为此，从政府、技术和市场维度共同探讨推进耕地保护与规模经营，进而共同推进耕地绿色利用。

3 中国耕地保护制度执行绩效演化研究

保障粮食安全状态应科学辨识耕地保护制度实施变化态势。本章将运用智库双螺旋方法评价中国耕地保护制度执行绩效，在理论层面采用 DIIS 过程融合法，梳理耕地保护制度执行绩效评价环节，构建耕地保护制度执行评估理论体系；在应用方面基于 MIPS 逻辑分析法，通过机理分析、影响分析和政策分析，梳理耕地保护制度执行绩效评价体系的演进规律，构建耕地保护制度执行绩效评价基本原则、指标框架和实施路径，为理解耕地绿色利用典型理论与韧性实践打好基础。

3.1 引 言

耕地作为人类赖以生存和利用的基本资源，是保障粮食安全的核心基础（牛善栋等，2019）。中国人均耕地面积较低且耕地资源空间分布不均衡、耕地退化等现实问题仍存在（王军等，2019；郑庆宇等，2023）。面对大食物观背景下食物消费需求以及农业绿色转型，中央政府出台耕地保护政策，力求构建全面系统耕地保护格局（蔡继明等，2022）。事实上，耕地保护在执行过程中仍存在落实低效、成本高昂和后劲不足等问题（刘雪明等，2013；刘桃菊等，2020）。如何科学判断耕地保护制度实施绩效成为粮食安全的研究热点之一。

围绕耕地保护绩效主题，国内外学者进行了诸多探讨。在内涵辨析上，认为耕地多功能性和耕地保护外部性，使得耕地资源保护具有较强基础性、社会性和公益性，耕地保护在于完善耕地保护制度与保障体系。在耕地保护绩效内容方面，侧重耕地生态补偿政策、耕地地力补贴等（吴泽斌等，2009）；在耕地保护研究尺度上，强调县级、市级和省级行政区等单元（曾雨桐等，2023）；在评价体系上将耕地数量、质量、生态等"三位一体"纳入指标体系，强化多政策统筹联动，以实现耕地保护绩效系统提升（吴泽斌等，2009）；在评价方法上，耕地保护政策绩效评价手段多为定量分析，评价结果因研究角度和范围有所差异，评价多集中在对一个区域、一段时期耕地保护政策绩效进行分析（吴泽斌等，2020）。综上，已有研究为分析耕地保护绩效提供了良好理论与实践基础，但耕地保护问题存在跨域跨界和学科交叉，且复杂多样，而耕地保护绩效评价难以体现逻辑性和系统性。此外，耕地保护制度包含理论建构和理论检验的循环往复、螺旋上升过程，而智库双螺旋法强调问题导向和科学导向，契合耕地保护现实性问题。鉴于此，采用智库双螺旋法，基于解析问题—融合研究—还原角度，剖析耕地保护制度执行绩效评价现实困境、理论基础、演进机制和基本框架等外循环，并将 DIIS 过程融合法和 MIPS 逻辑层次法的内循环融合，从理论体系、技术体系以及实践应用方面提出耕地保护制度执行力评价的推进策略及举措建议，以期为完善耕地保护制度提供借鉴参考。

3.2　智库双螺旋法拓展中国耕地保护制度执行绩效评价必要性

3.2.1　中国耕地保护制度执行的政策演化

中央政府实行最严格的耕地保护制度。在实践中，关注耕地保护目标完成情况，包含下达耕地保护责任目标、收集分析评价证据，以及奖惩整改；在动态层面，为适应新时代变化以及满足国家战略要求，健全管控和激励耕地保护新机制。地方政府部门采用签订年度耕地保护目标责任书的方式，采用百分制评分方式，以年度自查、期中检查和期末考核结合方法督查耕地保护目标完成。与此同时，推动耕地保护考核和粮食安全考核"合二为一"，建立考核工作整体制度框架，出台考核工作规则、考核评分细则等配套制度。事实上，耕地保护制度执行绩效评价体系已从单维度向多维度演化。

3.2.2　基于智库双螺旋方法的中国耕地保护绩效制度优势分析

我国耕地保护制度执行绩效评价目前尚未形成统一评价体系。智库双螺旋式研究体系由外循环和内循环组成（潘教峰，2020），外循环包括解析问题、整合研究和还原问题三步（杨国梁，2022），而内循环由过程融合法（DIIS）与逻辑层次法（MIPS）互相嵌合组成。其中，过程融合法包含四部分，即数据收集、信息揭示、综合研判和解决方案；逻辑层次法则包含机理分析、理念梳理、机理框架与影响分析。然后，进行政策分析，为决策管理提供建议，得到解决方案。在耕地保护绩效评价研究中，内循环过程融合法与逻辑层次法相互补充且循环迭代，构成智库双螺旋法（潘教峰等，2022）。为此，从认识论、方法论和实践论出发（王红兵等，2022），提出符合大食物观背景下粮食安全需求的耕地保护制度绩效评价方法，为科学辨识耕地保护制度绩效提供新范式（图3-1）。

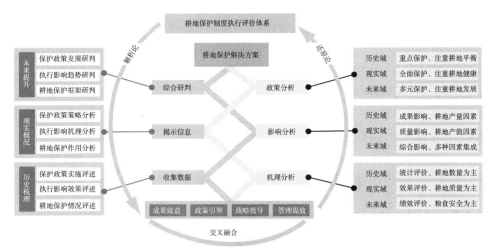

图3-1　基于智库双螺旋法中国耕地保护制度绩效评价分析框架

（1）基于"解析问题—融合研究—还原问题"外循环提供耕地保护制度认识论新思路。在解析问题层面，从不同尺度（王成等，2018；杨君等，2021）围绕耕地保护绩效评价指标体系（温良友等，2019；吕添贵等，2023）和评价方法（杨凡雨等，2020；罗光强等，2023；曾福生等，2023）等展开分析，包括耕地数量、质量、生态层面的评价指标体系；在融合研究层面，已有研究缺乏前沿战略的系统性把握；在还原问题层面，由于地区间自然资源禀赋、社会经济发展进度和管理方式等存在较大差异，在落实耕地保护执行绩效考核工作时，缺乏差别化耕地保护考核体系，多以不同耕地保护类别指标体系进行综合比较（吕添贵等，2019）。为此，在智库双螺旋方法外循环过程中，基于成果效益—政策引领—战略指导—管理提效等，将耕地保护部门、耕地利用学科专家知识和收集的数据重新构建与分解，实现与耕地保护制度绩效评价体系相结合的解决方案。

（2）基于"收集数据—揭示信息—综合研判—形成方案"内循环提供方法论新路线。在数据收集层面，构建绩效评价体系数据基础；在揭示信息层面，主要包括：保有耕地数量不减少的能力、保障耕地质量不降低的能力、节约集约用地情况、耕地休养生息情况、耕地保护资金有效利用情况、耕地保护政策的地方落实及管理能力、耕地保护行为的守法性以及区域公平性；在综合研判方面，将各类耕地保护政策所取得的产出成果进行量化评估，形成对耕地保护制度执行绩效的客观认知，结合理论发展和实践应用需求，给出绩效评价的最佳方案。在形成方案层面，从数据基础、信息特征和综合研判出发，构建耕地保护制度执行绩效评价技术路线。

（3）基于"机理分析—影响分析—政策分析—形成方案"提供实践新逻辑。事实上，耕地制度变化过程是基本国情和城市化工业化发展进程的综合映射，尤其体现在耕地保护政策演进规律、落实范围和发展趋势上（Liu et al.，2015）。值得一提的是，相关耕地制度逐步提倡将耕地保护、质量建设和生态修复统筹兼顾，健全完善耕地保护政策体系，推动耕地保护治理效能提升（黄忠等，2020）。在智库双螺旋内循环 MIPS 研究逻辑中，耕地保护制度作为耕地资源高效配置和有力保护的制度安排，在保障食物安全和促进现代化农业发展方面具有不可替代的作用。一是在机理分析层面，耕地保护制度执行绩效评价基本规则，包括在现实条件下的绩效评价原则、要点和评价思路；二是在影响分析层面，耕地保护制度是耕地保护执行绩效评价判断的主要依据，主要评价耕地资源本身的直接影响及经济社会发展的间接影响；三是在政策分析层面，耕地保护制度是耕地保护执行绩效评价应用的根本支撑；四是在形成方案层面，耕地保护制度充分考虑国家相关战略方针的导向因素。由此可见，未来应从国家战略需求出发，在历史、现实和未来域把握耕地保护制度演变规律。

3.3　DIIS 重塑中国耕地保护制度执行绩效评价体系理论基础

数据收集、揭示信息和综合研判，是构建耕地保护制度执行绩效评价的基础。从 DIIS 分析耕地保护执行评估体系，按 MIPS 环节逻辑还原，重塑耕地保护绩效评价理论（图 3-2）。

3.3.1　数据收集：耕地保护制度执行评价研究基础

本质上数据是基础。通过收集整理数据，对耕地保护制度进行 DIIS 分析（黄忠等，2020）。①不同时期和地区耕地保护情况，包括内容、方法和标准等；②耕地保护行为影响，包括耕地资源状况变化、保障粮食安全情况和资金运用绩效等；③不同发展阶段区域耕地保护政策、管理办法、标准规范等，数

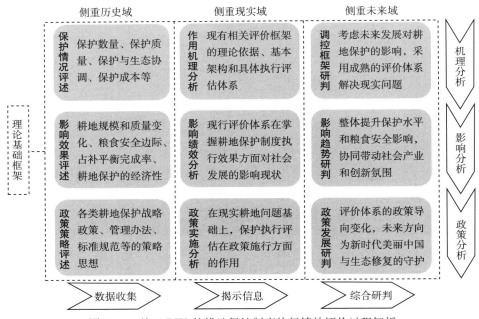

图 3-2 基于 DIIS 的耕地保护制度执行绩效评价过程解析

据源于国家农村统计年鉴、国民经济和社会发展统计公报、土地利用变更数据和耕地质量等别数据库。

3.3.2 揭示信息：耕地保护制度执行绩效评价关键

在收集数据资料基础上，通过客观认知、系统知识揭示耕地保护制度执行效果信息（张赤东等，2022）。包括：①在实践基础上，对影响耕地保护制度评价绩效因素进行分析，关注现有研究评价框架理论依据、基本架构和执行评估体系等，对不同类型耕地保护政策进行多维度、多层次比较；②耕地保护制度评价影响效果分析，根据"数量保障、质量提升、生态修复及治理效能"，综合评价社会和农业经济发展等的间接影响；③耕地保护制度执行绩效评价政策实施分析，探讨未来耕地保护政策制定及有效预判。

3.3.3 综合研判：耕地保护制度执行绩效评价核心

综合研判弥补过度强调耕地自然属性的不足，整合并预测未来发展趋势，研判不同情景下的构成要素、各类影响及政策导向，形成决策方案（Teng et al.，2022）。①耕地保护制度调控框架研判，考虑未来发展对耕地保护的影响与作用；②耕地保护制度影响趋势研判，根据未来不同发展情景，评估评价体系对于整体提升保护水平和粮食安全的影响；③耕地保护制度政策研判，考虑评价体系国家粮食安全政策导向变化。

3.4 MIPS 解析中国耕地保护制度执行绩效评价体系演进规律

根据耕地保护制度进程，将耕地保护制度绩效评价周期确定为 1978—2035 年，分三个阶段。其中，1978—2012 年，为制度执行探索阶段（历史域）；2012—2023 年，为制度执行转型阶段（现实域）；2023—2035 年，为制度执行完善阶段（未来域）（图 3-3）。

3.4.1 耕地保护制度执行绩效评价的机理分析

耕地保护制度执行绩效评价机理分析包括不同阶段耕地保护制度绩效评价遵循的基本理念及核算的机理框架。①在 1978—2012 年，为应对经济发展导致的耕地占用问题，中央政府出台"基本农田保护制度""耕地占用补偿"和"耕地保护责任制"等，耕地保护制度理念、保护意识和保护力度相应加强。相应地，耕地保护理念从数量保护转向耕地质量保护，粮食综合生产能力明显提升，但耕地生态保护绩效体系仍不完备；②2012—2023 年，耕地保护战略思维发生转变，是耕地保护制度评价绩效转型阶段（吴宇哲等，2021）。一是形成质量与数量协调保护，将永久基本农田划定落实到田块，推进高标准基本农田建设，并纳入数据库进行监测管理；二是形成耕地质量与生态统一保护，注重耕地数量、质量和生态"三位一体"保护执行考核评价；③在 2035 年大食物观背景下构建耕地资源多元保护主体评价指标体系，形成以农户为主、资本参与和政府保障的多元共治式的耕地保护共同体。

3.4.2 耕地保护制度执行绩效评价的影响分析

耕地保护制度绩效评价包括落实耕地资源数量、质量和生态水平等综合保护。①1978—2012 年，为控制耕地数量和提高耕地质量，在下达耕地保有量指标、占用耕地指标和划定永久基本农田等约束下，耕地占用规模逐步降低；②2012—2023 年，通过划定国土空间"三区三线"、设计土地综合整治方案、推进高标准基本农田建设、开展轮作休耕和耕地污染治理等，扩大了耕地数量、质量与生态"三位一体"综合保护利用体系（韩杨等，2022）；③在未来域，耕地保护制度评价使耕地资源保护有力、质量建设有效和生态治理有序，通过设计差异化耕地地力提升与生态恢复方案，强调耕地质量建设和生态建设方面的绩效评价，探索耕地全要素和全周期的协同保护（周德等，2023；Zhang et al.，2022）。

3.4.3　耕地保护制度执行绩效评价的政策分析

耕地保护制度执行评价涉及耕地保护战略顶层设计和耕地保护目标责任管理制度体系建设（图3-3）。①1978—2012年，前期政策未能有效遏制滥占耕地现象，至1986年耕地保护上升为基本国策，随后出台土地利用规划、耕地总量动态平衡、土地用途管制、农地转用审批、占用耕地补偿和农用地管理等政策；②2013—2023年，出台田长制保障耕地质量、修复生态环境等政策，关注耕地质量和生态管护，探索耕地经济补偿模式（孔祥斌等，2020）；③2023年至今，加强耕地保护政策可操作性，形成多元主体策力、多要素考核的体系化制度，明确耕地田长制，采用耕地保护考核标准和奖惩差异化考核（胡大伟等，2023）。

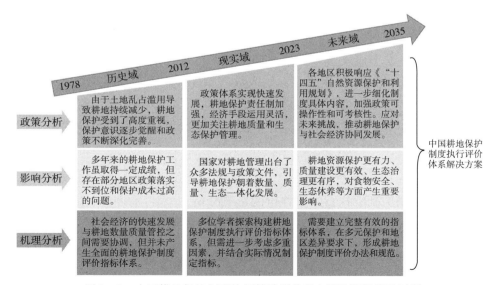

图3-3　中国耕地保护制度执行绩效评价的MIPS逻辑演进过程

3.5　DIIS 和 MIPS 融合构建中国耕地保护制度执行绩效评价体系

3.5.1　中国耕地保护制度执行绩效评价体系指标框架构建

围绕大食物观和现代化农业转型要求，提出耕地保护制度绩效评价体系，包括耕地数量、质量、生态、差异、创新保护等维度（表 3-1）。

表 3-1　耕地保护制度执行绩效评价体系

一级指标类别	二级指标类别	评价重点
耕地数量保护	耕地保有量完成率	上级政府下达的年度/规划期内耕地总数量目标完成率
	耕地面积增长率	通过土地开垦、耕地整理等方式补充耕地，使得耕地面积增长的比率
	建设占用耕地面积增长率	经批准合规的六类重点建设项目占用耕地面积增长的比率
	耕地占补平衡完成率	各类耕地占用和补充项目的前期检查、后期核定等任务完成比率
	旱涝保收面积变化率	在有效灌溉面积中，灌溉设施齐全、抗洪能力较强、土地肥力较高，能保证旱能灌、涝能排的耕地面积变化比率
耕地质量保护	高标准农田工程建设增长率	高标准农田建设项目方案编制、工程施工、检查验收等任务完成数量增长率
	农田整治工程建设增长率	农田整治建设项目方案编制、工程施工、检查验收等任务完成数量增长率
	耕地集中连片程度	通过复垦零星建设用地、整治归并分散小田块等方法不断提高耕地集中连片程度，体现为耕地面积和耕地块数的比率
	耕地平均质量等别	依据耕地质量监测情况，确定耕地平均质量等别划定与上一次评估相比的提升情况
	耕地单产水平	单位面积耕地农产品/粮食产量，主要反映耕地生长的能力

（续）

一级指标类别	二级指标类别	评价重点
耕地生态保护	水土流失治理面积增长率	采用多种工程、植物和耕作措施，对水土流失严重、生态脆弱区域进行水土保持治理的耕地面积增长比率
	生态综合治理面积增长率	从土壤改良、水资源管理、生物多样性保护和农业循环利用等方面进行综合治理的面积增长比率
	单位耕地面积农用化学品负荷	单位面积耕地在农业生产中投入的如化肥、农药、兽药和生长调节剂量
	耕地景观生态安全指数	根据耕地的破碎度、边界破碎度和景观脆弱度进行研究测算得出
	耕地生态服务价值指数	测算耕地的涵养水源、水土保持、净化环境的生态服务功能价值
耕地差异保护	耕地治理资金投入增长率	用于耕地建设与利用的资金投入的增长比率
	支农财政投入增长率	财政用于扶持和发展农业、农村、农民方面支出的增长比率
	破坏耕地案件查处制止率	破坏耕地查处结案面积占破坏耕地立案面积比率
	耕地保护政策宣传力度	通过召开新闻发布会、发放宣传资料等方式对现行耕地保护政策的宣传程度
	农民群众满意度	农民群众对耕地保护政策的宣发、落实、维护等工作的满意程度
耕地创新保护	测土配方等精准化耕作情况	通过测土配方施肥、农业机械智能运用、农业物联网操作等方式进行精准化耕作的情况
	耕地保护示范区建设情况	耕地保护示范区建设的方案编制、工程施工、检查验收等任务完成情况
	数据库建立和运用情况	对耕地规模、布局、土壤质量、变化等开发利用保护情况进行建库，汇集现状数据、规划数据、管理数据等
	运用"3S"等高新技术监管水平	运用卫星遥感影像、航拍高清影像等物联感传信息，实时了解耕地状况的监管水平
	耕地保护智能平台建设水平	建立并维护耕地保护信息化智能化管理平台的工作情况

（1）耕地数量保护维度。通过用途管制、占补平衡等体现耕地规模情况，反映为维持区域人民健康生活和开展正常活动所需的耕地规模，通过耕地保有量完成率、耕地面积增长率、建设占用耕地面积增长率、耕地占补平衡完成率和旱涝保收面积变化率度量。

（2）耕地质量保护维度。通过基本农田建设、划定耕地保护红线等确保耕地质量，基于耕地质量建设、评定等别和农业产值等别，以高标准农田工程建设增长率、农田整治工程建设增长率、耕地集中连片程度、耕地平均质量等别、耕地单产水平等度量。

（3）耕地生态保护维度。采用绿色耕种方案保护生态情况，反映耕地生态环境状态和耕地可持续利用能力，通过水土流失治理面积增长率、生态综合治理面积增长率、单位耕地面积农用化学品负荷、耕地景观生态安全指数、耕地生态服务价值指数度量。

（4）耕地差异保护维度。即地方政府因地制宜考核差异化保护情况。反映地方政府对耕地保护政策的落实情况和探索以及实情成果，从耕地治理资金投入增长率、支农财政投入增长率、破坏耕地案件查处制止率、耕地保护政策宣传力度和群众满意度等方面进行考量。

（5）耕地创新保护维度。通过过程数字化、结果智能化体现创新保护情况，即通过测土配方等精准化耕作情况、耕地保护示范区建设情况、数据库建立和运用情况、运用"3S"等高新技术监管的水平和耕地保护智能平台建设水平等度量。

3.5.2 中国耕地保护制度执行评价体系的实施路径

基于智库双螺旋法，依照"解析—融合—还原"思路，构建指标层、计算层和目标层。其中，指标层是解决评估问题分析方法；计算层是融合各子系统评价；目标层是评估对象问题归集化（图3-4）。

（1）指标层：基于完成度—协调度—发展度维度，体现指标体系完备性、精简性和典型性原则，选取25个指标并分解到5个不同领域子系统，依据核心元素、内部结构和外部影响进行全面分析。

（2）计算层：首先，基于MIPS机制—影响—政策等逻辑流程，甄别耕地保护措施主要影响因素，依据表征程度和贡献度，确定权重阈值及计算准则，为耕地保护制度评估提供依据。其次，以DIIS过程为基础，根据数据可获性，挖掘不同维度特征信息，对不同耕地保护政策绩效评价进行类比形成最终方案。

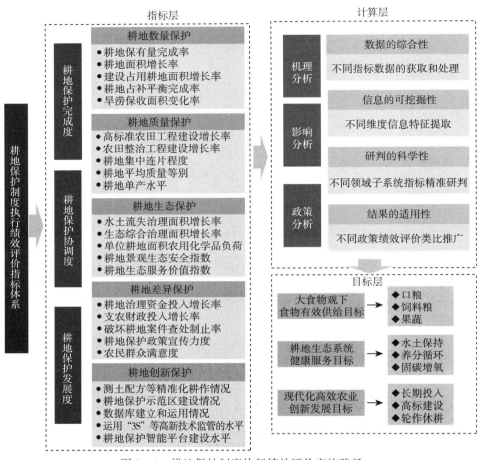

图 3-4 耕地保护制度执行绩效评价实施路径

（3）目标层：系统评价结果集成为耕地保护制度执行评价综合指数，整体评价反馈大食物观下食物有效供给目标、耕地生态系统健康服务目标和现代化高效农业目标。

3.6 本章小结

当前耕地保护制度执行绩效评价尚缺乏统一标准体系，且未能充分认识到耕地保护制度绩效数据和模型在直接启发理论、归纳逻辑等方面的应用价值。为满足新时代背景下耕地保护制度的新要求，将智库双螺旋法引入耕地保护制度执行绩效评价中，并以新研究范式与系统思维方法为科学指引。运用循环迭代、螺旋认知框架创新了耕地保护制度执行绩效评价体系，尝试构建五维指标体系，为辨识耕地保护制度绩效提供了新视角。值得注意的是，对耕地保护制度执行绩效评价体系构建的研究尚处初步阶段，尤其是在应用智库双螺旋法，推动耕地保护制度执行绩效评估进程方面，未来还应加强理论与实践结合。

（1）深化耕地保护制度执行绩效评价的"发展逻辑"。在总结以往研究和实践中耕地保护相关绩效评价基础上，针对耕地保护核心目标，从 DIIS 研究环节入手，从现象到本质对耕地保护制度的制定、实施、监控和成效数据建立具有中国特色的耕地保护制度执行绩效评价体系。

（2）注重耕地保护制度执行评价指标"选取逻辑"。以 MIPS 逻辑为切入点，立足耕地资源国情，考虑过去、现在、未来不同时间域的耕地保护发展阶段、技术水平、制度效应，构建耕地保护制度执行绩效评价方法体系。

（3）推动耕地保护制度执行评价实践逻辑。从智库双螺旋方法出发，将农食系统转型与耕地绿色利用转型纳入战略顶层设计，提高耕地保护行为实践主动性。

4 中国耕地系统韧性时空演化特征及其影响机制研究

耕地是农业最基本的生产资料，是确保粮食安全的根本。耕地保护是一项系统工程，既受国家政策、市场需求、气候变化等外界宏观因素影响，又与土壤品质、农户耕作行为等因素相关，科学测度耕地系统韧性对保障区域粮食生产和促进农业生产绿色转型具有指导意义。为此，本章基于农业绿色转型测度2007—2022年中国耕地系统韧性多指标评价体系，采用探索性空间数据分析揭示中国耕地系统韧性时空演化特征，使用地理探测器探讨中国耕地系统韧性区域差异影响因素，进而分析中国耕地系统韧性水平的内在影响机制。

4.1 / 引　言

提升耕地系统韧性是稳固粮食安全和推进农业绿色转型的重要路径，已成为协调耕地生态—社会—经济系统的关键导向（宁吉喆，2023）。然而，我国耕地生产面临劳动力数量下降且素质不高、化肥农药无序利用等约束（Ke et al.，2024）。高要素投入且规模不经济的耕地生产模式易引发耕地土壤养分失衡并破坏耕地系统功能稳定性，难以适应水资源短缺、土壤退化与农作物多元需求等外部压力下的自我调节需求（朱莉芬等，2007；Lv et al.，2022）。中央政府出台农业绿色转型发展规划，要求加强耕地生态保护修复不断提升耕地子系统涵养功能，以应对提升耕地系统抗冲击能力的现实挑战（孔祥斌，2020）。为此，基于农业绿色转型视角科学揭示耕地系统韧性时空演化规律，对保障区域粮食稳产保供具有重大现实意义。

国内外学者围绕耕地系统韧性研究进行了广泛探索（Holling et al.，1973）。在概念界定方面，随着韧性理论从社会生态学切入至"乡村韧性""城市韧性"以及"经济韧性"等研究领域（Stuart et al.，2018；Christina et al.，2022），"耕地系统韧性"应运而生，强调耕地系统面对冲击的恢复能力（孙阳等，

2017；Skerratt et al.，2013；李彤玥等，2017）；在测度方法方面，主要聚焦于熵值法、层次分析法、关键阈值法与泰尔指数法（李连刚等，2019；李玉恒等，2022；张明斗等，2018；祝锦霞等，2022）；在指标选取方面，引入共享社会经济路径、三维欧氏距离和耕地利用系统等多重原理进行构建，因而尚未形成统一维度标准（李寇琪等，2021；梁鑫源等，2022；刘婉莹等，2023）；在研究尺度方面，学者从市、县中微层面进行了实证横向比较（王锐等，2024；温良友等，2019；陈文广等，2021），同时也从宏观层面对韧性理论进行补充深化（赵华甫等，2012）。综上，已有研究为理解耕地系统韧性概念界定、测度方法、指标选取和横向比较等提供了良好理论参考。然而，耕地作为自然-人工交互系统（韩杨，2022），蕴含生态、社会、经济和工程多重维度，自然灾害、能源和资源的依赖性、气候变化以及适应性工程的匮乏均威胁着耕地系统恢复能力（刘玉等，2014）。耕地子系统协调稳定是农业绿色转型的锚点，但现阶段研究却忽视了耕地系统韧性内部因子交互、空间分异和影响因素，不利于反映真实客观的耕地系统韧性演变规律，难以响应耕地可持续利用安全需求（孟丽君等，2019；辛良杰等，2024）。鉴于此，在尝试界定耕地系统韧性内涵基础上，基于农业绿色转型背景阐释耕地系统韧性动态关系，以 30 个省域为研究对象，建立耕地系统韧性评价体系，借助探索性空间数据分析揭示 2007—2022 年中国耕地系统韧性时空演化特征，采用地理探测器识别其作用机理，旨在为实现农业绿色转型引领下的耕地多功能保护目标提供理论支撑。

4.2　耕地系统韧性理论分析框架

4.2.1　耕地系统韧性理论内涵界定

耕地系统韧性是以生态学理论为基础的复合概念，包含类型、数量和质量多元要素动态视角（吴宇哲等，2020）。耕地系统既面临着经济发展、城市化等外部压力，也受限于洪涝、干旱等灾害气候。生态退耕、农业调整等政策的实施也对耕地系统韧性提出了新的要求，尤其是耕地系统需要具备一般生态系统所具有的整体性、适应性、稳定性与灵活性（尹昌斌等，2021）。耕地系统韧性理论强调耕地在一定范围内受到自然灾害、人类活动的影响，耕地系统作为一个整体仍能自我调节，适应外界干扰，保持稳定的能力。然而，自然灾害或人类活动超出耕地系统的承受范围，极可能导致耕地质量下降与生态系统的崩溃。综上，认为耕地系统韧性不仅涉及耕地系统在受到干扰后维持其结构和功能稳定性的能力，还包括其农业绿色转型以适应新环境条件、确保生态保障、社会稳定、经济供给和工程修复的能力。

4.2.2　农业绿色转型下耕地系统韧性理论分析

农业绿色转型是对传统农业生产方式的重大调整，旨在实现农业生产与生态环境的和谐共生（于法稳等，2018）。农业绿色转型约束下的耕地系统韧性要确保耕地系统在面对各种挑战时能够保持稳定的生产能力、持续改良和恢复的能力，为农业的绿色转型和可持续发展提供有力支撑（刘彦随等，2014；付舒斐等，2024）。耕地保护面临耕地自身、外部环境和过程响应的挑战，蕴含抵御能力、适应能力和转型能力。耕地的韧性理论分析涉及多个层面，从资源利用到生态环境保护，从农业生产方式到政策制度设计，再到市场和社会的参与，多层面多要素构成了耕地系统韧性分析的多元框架，为实现农业绿色转型提供了理论支撑和实践指导。因此，在基于农业绿色转型的耕地系统韧性理论中，耕地系统的韧性被视为一个多维度动态交互的复杂网络，其中生态韧性、经济韧性、社会韧性和工程韧性构成网络核心架构。事实上，四大韧性结构并非孤立存在，而是通过相互作用和反馈循环，共同塑造了耕地的系统韧性（图 4-1）。

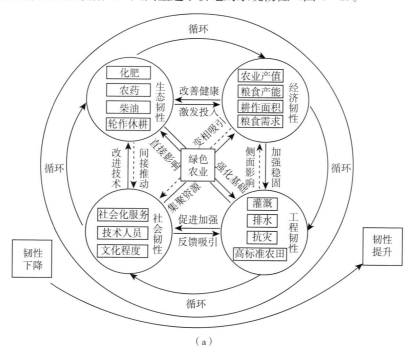

（a）

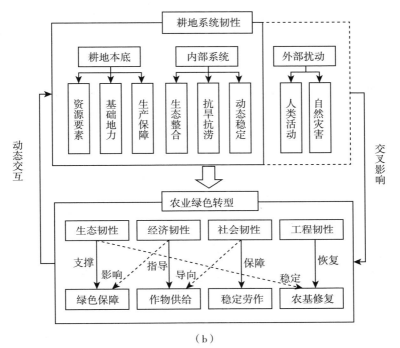

（b）

图 4-1　耕地系统韧性"生态—经济—社会—工程"关系演化

　　首先，生态韧性是构成耕地系统的根本，关乎农药、化肥等生产要素对耕地健康的影响以及绿色发展水平（纪凯婷等，2023）。生态韧性增强激发内部动力并优化农业生产中的人力、资本和技术的投入，从而提升耕地质量和粮食产能（Lv et al.，2024）。其次，经济韧性在外部投入的加量化与集约化过程中逐步增强，不仅体现在耕地的生产效率提升，还包括对粮食需求的满足。与之类似，经济韧性的提升反之吸引更多的人力、资本等投入，增强耕地基础设施的稳定性，进而提高工程韧性，从而改善生态系统健康状况，达成生态韧性稳固状态。最终，社会韧性反映了农户在耕地生产活动中对于社会支持以及耕地变化的适应能力和响应状况。提升耕地系统社会韧性，促进农户采取绿色耕种技术，从而提高耕地的生产力和适应性，推进生态韧性、经济韧性和工程韧性稳固循环，相互形成了一种互惠共生的动态平衡。

4.3 / 研究方法与指标体系

4.3.1 研究方法

4.3.1.1 熵值法

采用熵值法计算耕地系统韧性指标客观权重，并将生成权重与各指标标准化值相乘，量化耕地系统韧性指标的贡献程度（赵会杰等，2019）。因要素指标存在量纲、数量级以及正负差异，需对数据进行标准化处理减少主观赋权随机性，计算指标比重 Y_{ij} 与熵值 e_j，最后根据指标差异系数可确定耕地系统韧性指标的权重 W_j。计算公式为：

$$W_j = \frac{1 - \dfrac{1}{\ln m} \cdot \sum_{l=1}^{m}\left[\dfrac{F_{ij}}{\sum_{l=1}^{m}\sum_{l=1}^{k}P_{ij}} \times \ln\left(\sum_{l=1}^{m}\sum_{l=1}^{k}P_{ij}\right)\right]}{\sum_{j=1}^{n}\left\{1 - \dfrac{1}{\ln m} \cdot \sum_{l=1}^{m}\left[\dfrac{F_{ij}}{\sum_{l=1}^{m}\sum_{l=1}^{k}P_{ij}} \times \ln\left(\sum_{l=1}^{m}\sum_{l=1}^{k}P_{ij}\right)\right]\right\}}$$

$$(4-1)$$

式中，m 表示研究年份；k 表示样本数量；P_{ij} 表示第 i 年第 j 项指标的标准值；W_j 表示第 j 项指标的权重；n 表示指标总量。

4.3.1.2 探索性空间数据分析

探索性空间数据分析（$ESDA$）是在地理空间邻域基础上对耕地系统韧性关联性与集聚性的可视化分析，因而能够通过全局空间自相关以及局部空间自相关系数有效判别全国耕地系统韧性空间集聚特征（吕添贵等，2023）。

（1）全局空间自相关。探索耕地系统韧性的空间总体均衡情况，用统计量全局莫兰指数表示。其公式如下：

$$I = \frac{n\sum_{i=1}^{n}\sum_{j=1}^{n}W_{ij}(x_i - \bar{x})(x_j - \bar{x})}{\sum_{i=1}^{n}\sum_{j=1}^{n}W_{ij}\sum_{i=1}^{n}(x_i - \bar{x})^2} \qquad (4-2)$$

式中，I 为全局莫兰指数；x_i、x_j 分别为区域 i 和区域 j 的耕地系统韧性指数；$\bar{x}$ 表示耕地系统韧性指数平均值；n 表示所有样本总数；W_{ij} 是区域 i 和区域 j 的空间权重矩阵权重值。

（2）局部空间自相关。进一步验证空间样本观测值的局部集聚情况，用局部莫兰指数表示，采用 LISA 聚集分布表示耕地系统韧性变动趋势的相似程度，并对应到高-高（*HH*）、高-低（*HL*）、低-高（*LH*）与低-低（*LL*）四个象限，代表四种集聚类型，其表达式为：

$$I_i = \frac{(x_j - \overline{x}) \sum_j \left[W_{ij} (x_j - \overline{x}) \right]}{\sum_j \dfrac{(x_j - \overline{x})^2}{n}} \qquad (4-3)$$

式中，I_i 为局部莫兰指数；x_j 表示区域 j 的耕地系统韧性指数；$\overline{x}$ 表示耕地系统韧性指数平均值；W_{ij} 是区域 i 和区域 j 的空间权重矩阵权重值。

4.3.1.3　地理探测器

借助地理探测器可探究耕地系统韧性时空格局的成因（和佳慧等，2023；马海涛等，2023）。使用地理探测器探寻耕地系统韧性的影响因子，采用自然断点法将各项要素指标分级，以此得出各因素对耕地系统韧性的影响力 q 值，q 值计算公式为：

$$q = \frac{N\sigma^2 - \sum_{h=2}^{L} Nh\sigma_h^2}{N\sigma^2} \qquad (4-4)$$

式中，N_h 表示下一级区域样本数；n 表示整个研究区域样本数；L 表示下一级研究区域数；σ^2 代表整个研究区域耕地系统韧性平方差；σ_h^2 为下一等级研究区域耕地系统韧性方差。

4.3.2　指标体系

4.3.2.1　耕地系统韧性指标体系

基于农业绿色转型背景，综合考虑耕地利用体系特点，构建涵盖耕地系统韧性内生机制的评价指标体系，将耕地系统韧性剖析为"生态、经济、社会、工程"四大部分，构建我国耕地系统韧性评价指标体系（表4-1）。现阶段我国耕地生态过程风险主要体现在污染严重和质量低下等方面，生产过程中过度依赖农药、化肥与柴油等外部补给，而轮作休耕能够提高耕地地力水平，在防风固沙、涵养水分及保护耕作层等方面起到积极作用（于伟等，2019）。因此，通过农用化肥、农药施用量和塑料薄膜使用量与轮作休耕规模反映生态韧性；经济过程体现在耕地产出以及农作物带来的经济价值，故采用土地生产率、第一产业增加值占地区生产总值比重、农业结构和粮食单位面积产量表示经济韧性；社会韧性代表农户作为耕作主体能够妥善灵活应对耕地变化的意识。在农业绿色转型影响下，农户对绿色技术的接受程度同样影响着耕地的使用，故选取农业技术人员储备、绿色农业合作社规模及农民受教育程度表示社会韧性；工程韧性反映了耕地防旱防涝等抗灾害能力，取决于现代农业基础设施建设与高质量投入水平，故采用高标准农田规模、农用水泵建设水平、排涝动力机械建设水平与成灾比例表达工程韧性。

表 4-1　耕地系统韧性评价指标体系

韧性类型	指标	单位	效应	表征	权重
生态韧性	地均农用化肥施用量	t/hm²	—	反映化肥对绿色耕作的影响	0.010 6
	地均农药施用量	t/hm²	—	反映农药对绿色耕作的影响	0.017 1
	地均农用塑料薄膜使用量	t/hm²	—	反映农用薄膜对绿色耕作的影响	0.009 3
	轮作休耕规模	%	+	反映轮作休养对绿色耕作的影响	0.197 5
经济韧性	土地生产率	亿万元/hm²	+	反映耕地经济价值	0.069 2
	第一产业增加值占地区生产总值比重	%	+	反映经济价值增加量	0.036 9
	农业结构	%	+	反映耕地种植结构	0.023 5
	粮食单位面积产量	kg/hm²	+	反映耕地产出能力	0.021 3
社会韧性	农业技术人员储备	%	+	反映耕作技术人员储备情况	0.064 1
	绿色农业合作社规模	%	+	反映绿色耕作社会化服务水平	0.112 4
	农民受教育程度	%	—	反映劳动力接受绿色耕作水平	0.008 1
工程韧性	高标准农田规模	%	+	反映耕地高质量建设水平	0.086 9
	农用水泵建设水平	台/hm²	+	反映抗旱能力	0.170 0
	排涝动力机械建设水平	台/hm²	+	反映排涝能力	0.165 9
	成灾比例	%	—	反映抗灾害水平	0.007 4

4.3.2.2 数据来源

本章构建了 2007—2022 年中国 30 个省份（由于西藏、香港、澳门和台湾地区数据缺失，暂不纳入研究范围，下同）地级及以上城市的面板数据，按照国家统计局区域划分标准将研究区域划分为东部地区、中部地区与西部地区。其中，原始数据取自《中国统计年鉴》《中国城市统计年鉴》《中国农村统计年鉴》《中国人口和就业统计年鉴》和各省域年度统计公报。行政区划数据来源于国家基础地理信息数据库。此外，针对轮作休耕与高标准农田规模等数据缺失的情况，中国部分地区存在早期探索实践，故采取插值法以及趋势外推法补全缺失数据。

4.4 中国耕地系统韧性时空分异特征

4.4.1 中国耕地系统韧性时空动态演进特征

4.4.1.1 中国耕地系统韧性时序分异特征

（1）总体分析。2007—2022 年全国耕地系统韧性指数呈现阶梯形的波动上升趋势（图 4-2）。其中，2007—2017 年呈现小幅度稳步上升趋势，全国耕地系统韧性仍处于较低水平；2017—2022 年呈现急剧上升状态，整体大幅提升。这表明研究期间耕地系统韧性良好，耕地系统内部结构协调，落实最严格的耕地保护制度，推动耕地质量保护与提升行动，为保证粮食安全和推进农业的绿色转型提供支撑。

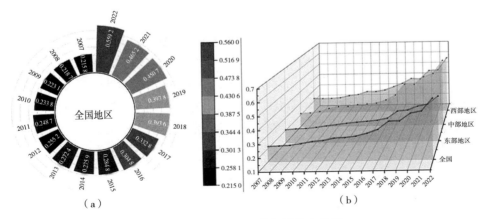

图 4-2 全国耕地系统韧性演变趋势

（2）局部分析。中部地区（0.351 0）优于西部地区（0.330 7）与东部地区（0.288 2），区域韧性始终高于全国平均水平且差异较明显。2007—2017年三者差异不显著，自 2017 年后，东部地区增速疲软，中部地区升幅突出，西部地区与全国演变趋势相近。其中，东部地区年均增长 3.45%，低于全国平均水平。这主要是由于东部地区经济发展较为成熟，建设用地扩张，耕地数量减少、耕作层被破坏，后备耕地资源相对不足。研究时期中部地区耕地系统韧性最优，年均增长 4.22%，省域间黑龙江、安徽与河南等地增幅居前。这表明我国耕地系统韧性仍存在明显的省际差异，应转变传统农业的发展模式，推动区域农业的绿色转型升级（图 4-3）。

4.4.1.2 中国耕地系统韧性空间演进格局

根据 2007—2022 年全国各地区耕地系统韧性评价结果，使用自然断点法将耕地系统韧性由低到高划分为低韧性区、中低韧性区、中韧性区、中高韧性区和高韧性区，并以此为依据对耕地系统韧性水平进行空间演进格局分析。研究发现，研究区域内部整体呈现出"西北部-东北部"双核心高韧性聚集区向外放射，各地区在耕地系统韧性空间上存在差异。其中东北头部效应逐渐减弱，但整体耕地系统韧性空间格局更为稳定。究其原因，在于耕地高强度利用后，耕地基础地力呈下降态势，东北黑土地退化问题尤为突出。前期东部地区因建设用地扩张导致耕地数量、质量下降，但受益于近年来大力推进生态整治修复、严控面源污染和过度施肥及推广保护性耕作技术等各项保耕措施。同时，东部地区耕地地形平坦，降水充沛，生产优质农产品的适宜条件十分成熟，且享有区位、劳动力、资金和技术等优势，耕地系统韧性优化趋势显著。

总体而言，耕地系统韧性格局由分散发展到聚拢，已形成基本空间格局。中低韧性区、中韧性区与中高韧性区的数量结构变化趋于平稳，但低韧性区和高韧性区变化较大。低韧性区仍存在部分地区一直处于低韧性状态，基础设施建设薄弱、抵抗风险能力弱，需要尽快形成完善的耕地系统韧性提升措施。而高韧性区未能保持区域优势、维持良好的韧性水平、形成带头效应、带动周边区域提升耕地系统韧性、融入全国耕地系统韧性中。

4.4.2 中国耕地系统韧性空间关联格局

4.4.2.1 全局相关特征

借助 GeoDa 软件测算 2007—2022 年耕地系统韧性全局莫兰指数，全局莫

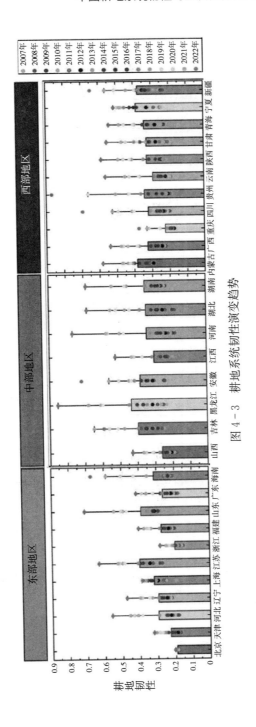

图4-3　耕地系统韧性演变趋势

兰指数数值呈 M 状，且大部分通过 1% 或 5% 的显著性检验，整体波动较大，分为"高尖峰"与"低宽峰"两个阶段。①高尖峰阶段：全局莫兰指数 2009 年开始上升，在 2012 年达到峰值后，急剧下降，呈"高尖峰"。很大程度上是因为 2009 年完成二调，提升了数据准确度，耕地规模增加和集中度提高。2012—2016 年从 0.369 2 波动至 0.339 4，表现为显著的正相关性且相关性稳定在此范围，表明耕地系统韧性均呈现稳定优化趋势。②低宽峰阶段：2018 年为"低宽峰"底部，此后上升至 2021 年的 0.266 3，2022 年小幅下降呈"低宽峰"。由此表明，社会经济和城镇化建设快速发展，建设用地规模不断扩张，耕地被建设用地所占用（吕添贵等，2023）。

4.4.2.2　局部相关特征

为揭示耕地韧性空间局部状态，选取 2007 年、2012 年、2017 年和 2022 年典型年份分析全国耕地系统韧性演化水平。其中，2007 年至 2012 年全国耕地系统韧性空间相关程度较高，此后空间集聚越发减弱，空间相关较不明显，直至 2016 年、2017 年空间相关程度短暂提升，此后空间相关程度再次降低，2019 年、2021 年全国耕地系统韧性空间相关程度十分不明显。局部空间格局由最初的东北部高转换为西北部高的特征。

其中，"H-H"集聚较稳定，主要分布在内蒙古，而其他地区变化明显，2007 年内蒙古、黑龙江两区高高聚集，形成耕地系统韧性"高台"，吸引青海、甘肃与新疆三地形成多区靠拢形势。2017 年后高台逐渐消散。"L-L"聚集地区集中在东部地区的福建、天津等地区。"H-L"集聚大多邻"H-H"集聚区分布，包含河北、山东及湖南等。部分高韧性地区耕地系统韧性较为强劲，却未对周边地区产生辐射带动作用。整体和局部各省耕地系统韧性均存在集聚现象，但近几年集聚现象减弱，需加强工作区域相互合作，有效发挥人口、基础设施效益，引领效率高值区示范带动邻近区域耕地系统韧性提升。

4.5　中国耕地系统韧性驱动机制

4.5.1　驱动因子影响力变化

利用因子探测器分析全国耕地系统韧性时空格局演化因子，并细化为东部地区、中部地区及西部地区，比较四维度驱动因子作用力大小，对全国及三个地区耕地系统韧性影响因素进行对比分析（表 4-2）。

表 4－2　全国及三个地区耕地系统韧性因子探测结果

因子	全国		东部地区		中部地区		西部地区	
	2007 年	2022 年	2007 年	2022 年	2007 年	2022 年	2007 年	2022 年
$x1$	0.299 6	0.345 3	0.783 1	0.453 4	0.250 6	0.806 6	0.381 4	0.092 6
$x2$	0.093 4	0.227 1	0.619 0	0.784 7	0.554 8	0.541 4	0.164 7	0.145 6
$x3$	0.200 7	0.274 6	0.777 6	0.725 1	0.253 4	0.182 5	0.229 0	0.062 9
$x4$	0.140 3	0.584 5	0.657 0	0.475 5	0.316 5	0.947 0	0.268 7	0.332 4
$x5$	0.141 7	0.517 9	0.576 8	0.559 6	0.519 7	0.781 8	0.499 0	0.523 1
$x6$	0.277 6	0.485 5	0.288 0	0.531 2	0.330 0	0.549 2	0.247 7	0.261 6
$x7$	0.165 0	0.101 5	0.181 4	0.621 6	0.297 1	0.186 8	0.281 8	0.259 3
$x8$	0.202 1	0.112 7	0.223 8	0.523 6	0.225 1	0.133 6	0.227 1	0.226 8
$x9$	0.363 9	0.154 9	0.431 6	0.372 4	0.425 5	0.541 7	0.555 2	0.603 5
$x10$	0.132 8	0.086 7	0.044 9	0.321 4	0.724 8	0.427 4	0.246 4	0.246 0
$x11$	0.031 7	0.131 6	0.651 3	0.268 5	0.646 2	0.426 4	0.234 2	0.713 0
$x12$	0.343 6	0.146 7	0.373 2	0.035 6	0.307 2	0.393 4	0.721 6	0.008 5
$x13$	0.149 3	0.058 6	0.191 4	0.326 8	0.321 1	0.026 0	0.304 2	0.106 8
$x14$	0.033 5	0.224 1	0.032 2	0.564 9	0.621 4	0.076 3	0.120 4	0.674 0
$x15$	0.175 0	0.167 6	0.408 6	0.215 0	0.919 6	0.600 8	0.516 0	0.242 3

（1）从整体来看，对中国耕地系统韧性定量解释力最大的因子，从农业技术人员储备转变为轮作休耕规模，轮作休耕规模作用力大小也由 0.140 3 上升至 0.584 5。究其原因，轮作休耕有助于减少农药和化肥的使用，同时通过种植绿肥等作物，提高耕地地力水平，实现用地养地相结合。①在生态韧性方面，轮作休耕规模是影响耕地系统韧性的关键因素之一。轮作休耕为耕地提供了休养生息的机会，有助于耕地系统生态的自然恢复，增强了耕地对环境变化的适应能力，确保长期的粮食安全；②在经济韧性方面，土地生产率较好地解释了耕地系统韧性。土地生产率能够直接体现耕地转换自然资源为经济产出的能力，高效的土地生产通常与资源的合理利用有关，能够吸引更多农业技术和基础设施等方面的投资，从而进一步提升土地的生产潜力，增强经济韧性；③在社会韧性方面，农业技术人员储备影响力远胜于绿色农业合作社规模和农民受教育程度。农业技术人员通常拥有先进的农业知识和技能，能够引导和推广绿色新技术，以应对气候变化、土壤退化和病虫害等挑战，提高农业系统的可持续性；④在工程韧性方面，排涝动力建设水平均居首位。农业基础设施的

建设和完善直接影响着耕地的利用效率和抵抗自然灾害的能力，比如迅速排除田间积水，减少洪水和内涝对作物的损害，保护农业生产。

（2）从局部来看，对各地区影响力最大的因子类型多为生态韧性维度。①东部地区定量解释力最大的是地均农药施用量。江苏、浙江与福建等地经济发达，农业生产水平较高，农作物种植种类多且复种指数高，因此需要使用农药保障农作物产量和品质。过量使用农药可能会对土壤和环境造成污染，长期施用过量农药可能导致土壤退化、生物多样性下降等问题，降低耕地的生态韧性。因此，农药施用量对东部地区耕地系统韧性的影响力需要通过综合分析来评估；②中部地区耕地系统韧性的首要影响因素是轮作休耕规模。湖南是典型的重金属污染区，轮作休耕集成推广"生物移除"重金属模式，减轻耕地开发利用强度，鼓励农户调整种植结构，选择富集能力强的作物移除土壤中的重金属，改善土壤健康状况。轮作休耕贯彻绿色发展理念，促进用地养地相结合绿色种植；③西部地区最高影响力因素从高标准农田规模变为农民受教育程度。这归结于国家近年来采取"两免一补"政策、远程教育工程等有效措施大力发展西部地区的农村教育。在农业绿色转型影响下，新疆、宁夏等地区的农民受教育程度的提升将直接促进农业生产的现代化和农村经济的转型，更好地适应市场需求，调整种植结构，提高农产品的附加值和市场竞争力，使得农民受教育程度的重要性逐渐凸显。

4.5.2　双因子交互作用探测

依据双因子交互探测结果（图 4-4）可知，q 值大于 0.8 的交互类型有 13 种，解释效力最强的类型由高标准农田规模∩农用水泵建设水平（$q=0.8333$）变为轮作休耕规模∩粮食单位面积产量（$q=0.8929$）。结果表明：一是轮作休耕有助于调整农业种植结构，优化作物布局，提高农业系统的多样性和稳定性，增强耕地对气候变化和市场风险的适应能力；二是粮食单位面积产量反映了耕地的生产效率和土地利用的集约化程度；三是改进种植技术、选用高产品种、合理施肥和灌溉可以提高粮食单位面积产量。为此，轮作休耕规模的扩大与粮食单位面积产量的提升，两者相辅相成。一方面，轮作休耕可提高土壤肥力和耕地地力，为提高单位面积产量奠定基础；另一方面，科技进步和种植管理优化可提高单位面积产量。因此，轮作休耕规模与粮食单位面积产量共同作用下，能显著提升耕地系统韧性解释力。

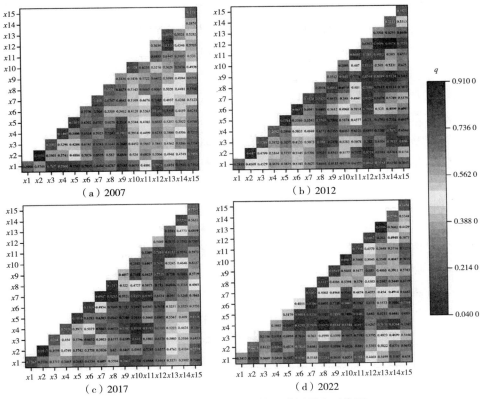

图 4-4　全国耕地系统韧性驱动因子交互作用

4.5.3　耕地系统韧性优化路径

4.5.3.1　升级预警农业基础设施，强化低韧性区保护

　　山东、江苏等自然灾害频发、耕地恢复能力较弱的低韧性区域要特别关注灾难气候对耕地的潜在影响，需要建立健全预警机制，实时监控并预测耕地质量问题和系统韧性波动。一是加强农业基础设施预警机制建设。由于土壤、气候等条件的限制，耕地恢复能力相对较弱，一旦耕地质量问题或耕地系统韧性波动被监测到或预测到，相关部门可以迅速采取改变耕作方式、协调粮食作物与经济作物种植及恢复植被等措施干预。河南、安徽等降水分布不均地区则应关注农用水泵建设水平、排涝动力建设水平等高影响因素变化状况。农业基础设施在农业生产中起着关键作用，其运行状态直接影响到农田的灌溉和排水效果。二是推进高标准农田建设，完善升级基础设施，确保预警系统能够及时监

测和预测耕地质量问题和韧性波动，以应对洪涝和干旱等突发自然灾害。

4.5.3.2　倡导生态农耕理念，提升农户绿色化生产思维

一是倡导生态农业生产理念，农业绿色转型不仅表现为技术手段和基础设备上的深刻变化，而且也表现为农户对人与自然、农业生产与生态环境关系的观念转变。江苏、浙江等东部地区农业生产的压力相对较大，对农药的依赖性可能相对较强。转向更加环保、可持续的农业生产模式，自觉兼顾经济效益、社会效益和生态效益。二是提升农户绿色生产思维，轮作休耕是顺应自然、接近天然的保护性生产方式，实行季节性休耕，减少农事活动，在防风固沙、涵养水分及保护耕作层等方面具有积极作用。三是注重轮作休耕政策，同时实施合理的农药使用管理措施，提高农药减量化效率，实现农业的可持续发展和生态环境的改善。

4.5.3.3　优化组合资源禀赋，因地制宜提升耕地效益

农业是经济社会发展的基础，应优化组合资源禀赋，因地制宜提升耕地效益。第一，增加资源优化组合。应充分考虑不同地区资源和劳动力禀赋，发挥不同地区优势，在保证主粮安全的前提下，结合区域实际，优化土地资源的配置，提高土地的生产率，实现各韧性成分的优化组合和耕地系统韧性的最优状态。第二，因地制宜提升耕地效益。在新疆、甘肃等生态脆弱地区可以适当减少高耗水作物的种植，增加耐旱作物的比例。在内蒙古、宁夏等土壤贫瘠地区可以推广绿肥种植，提高土壤肥力。东部地区应立足区位优势，合理调整农业结构，发展有竞争力的劳动密集型、附加值高的外向型农业（图4-5）。

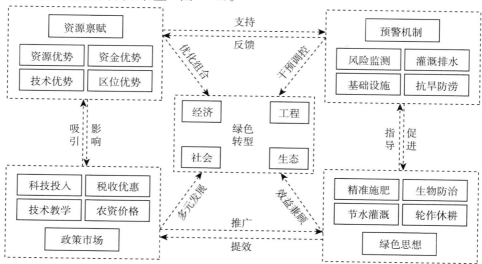

图4-5　耕地系统韧性提升路径

4.5.3.4　增加绿色科技投入，市场引导农户生态耕种倾向

在农村劳动力选择性转移规模扩大形势下，农业人力资本逐渐被削减和弱化，阻碍绿色生产技术的推广和应用，对农业生产绿色转型构成约束。如西部地区最高影响力因素始终徘徊在农业技术人员储备与农民受教育程度间。一方面，加大对种子改良、农业机械等环节的科技投入，扩大农业技术人员储备，加强农业科技创新和推广，帮助农民掌握新型绿色农业技术和管理方法（Wang et al.，2019）；另一方面，提供财政补贴和税收优惠，鼓励农民采取生态友好的耕作方式，如有机农业、精准农业等，降低农户采用生态友好耕作方式的成本，化解中国农业劳动力短缺问题。尤其是，发展农业产业链，提高农产品附加值，激励农民保护耕地生态环境，实现政策市场共同调控，形成耕地的可持续利用循环体系。

4.6　本章小结

本章在界定耕地韧性内涵基础上，基于农业绿色转型的耕地韧性理论分析，运用长江中游粮食主产区2007—2022年面板数据，从生态韧性、经济韧性、社会韧性、工程韧性四个方面构建了指标体系，采用熵权法、探索性空间数据分析和地理探测器模型，探究粮食安全要求下耕地韧性动态演进及其驱动机制，结论如下：

（1）耕地系统韧性均值由2007年的0.2158波动增加至2022年的0.5592，年均增值3.83%，呈阶梯形上升。局部区域韧性差异较明显，东部地区与西部地区年均增值3.45%与3.31%，低于全国水平，中部地区呈现波动上升趋势，年均增量值为4.22%。

（2）耕地系统韧性呈现出"西北部—东北部"双区放射的空间特征，耕地系统韧性格局由分散发展到聚拢，两区头部效应逐渐减弱，整体耕地系统韧性空间格局更稳定，已初步形成基本空间分布格局。

（3）轮作休耕规模、地均农药施用量等生态韧性结构对耕地系统韧性提升具有显著影响，绿色农业合作社规模、农用水泵建设水平对全国耕地系统韧性影响较弱。轮作休耕规模与粮食单位面积产量是交互作用中最显著的双因子。

（4）未来应持续推广绿色生产技术、因地制宜探索耕地系统韧性稳定道路，提高耕地系统对环境变化的适应性和恢复力，以保障营养导向的粮食安全和农业可持续发展。

　　值得注意的是，随着我国经济社会的快速发展和消费者饮食结构的变化，耕地资源面临着前所未有的压力。在这一背景下，农业绿色转型的提出为保护耕地与保障粮食安全提供了新的思路和方法。韧性理论为科学认知大食物观提供了全新视角。对于耕地韧性的研究，目前已经形成一定的共识，为韧性理论在耕地系统的应用奠定了基础。本研究以社会经济数据为主探讨耕地韧性时空演变特征及驱动因素，忽略了耕地系统的自然资源本底要素对于耕地韧性的影响。如何深入分析自然资源因素与耕地系统韧性之间的关系，如何在生态、工程维度指标体系构建中将"韧性理念"更好地融入社会经济全面绿色转型都是未来需要重点研究的问题。

5 中国粮食主产区耕地绿色利用效率空间演进与收敛特征

耕地利用绿色转型成为绿色发展的现实背景下保障国家粮食安全、实现耕地可持续利用和生态文明可持续发展的重要途径。客观辨析农业绿色转型约束下长江中游粮食主产区耕地绿色利用效率演化规律及空间收敛特征，可为保障区域农业绿色转型稳定性和连续性提供参考。本章将以中国传统粮食主产区的长江中游粮食主产区为例，在界定耕地绿色利用效率内涵基础上，基于生命周期的耕地绿色利用效率空间收敛理论分析，采用长江中游粮食主产区 2005—2020 年面板数据，采用超效率 SBM、核密度估计、空间自相关和空间 β 收敛模型，系统诊断农业绿色转型约束下耕地绿色利用效率动态演进及其空间收敛性特征，为耕地绿色利用提供案例研究支持。

5.1 / 引 言

耕地绿色利用是保障粮食安全和实现农业绿色转型发展的重要路径（张英男等，2022），对促进农业生态保护和经济可持续发展具有重要作用。然而，我国耕地利用依然面临化肥、农药利用率偏低以及投入产出要素冗余等约束。传统上粗放的耕地利用模式容易引发耕地资源浪费、土壤污染和生态破坏等问题，难以适应新时代耕地可持续利用的战略要求（朱俊峰等，2022）。中央政府提出农业绿色转型发展方案，要求耕地利用过程中融合面源污染防治、固碳增汇等绿色理念约束，以应对耕地绿色转型发展新挑战（贺峰等，2005；农业农村部，2022）。为此，如何从农业绿色转型约束视角科学测度耕地绿色利用效率演化规律，对客观辨识粮食主产区耕地绿色生产状态具有重要现实意义。

围绕耕地绿色利用效率主题国内外学者进行了诸多探讨，在概念辨析方面，普遍强调耕地生产过程以最小投入获取最大社会经济期望产出和最小环境非期望产出，经历了投入、生产和产出三阶段（柯楠等，2021；Zhou et al.，2022）；

在指标选取方面，兼顾了社会、经济、生态三大维度（文高辉等，2022）；在测度方法方面，主要聚焦在随机前沿函数、SBM 模型、超效率 SBM 模型和 Malmquist‐Luenberger 生产指数等（潘丹等，2013；Liu et al.，2020）；在影响因素方面，多采用地理加权回归模型、地理探测器和空间收敛模型等（郭小琳等，2021），指出耕地绿色利用效率受社会经济、农业技术与政策等多重因素影响（Zhou et al.，2022；侯孟阳等，2021）。综上，已有研究为理解耕地绿色利用效率内涵、评价测度和影响机理提供了良好的理论借鉴，但在农业绿色转型约束下揭示耕地绿色利用测度依据、演进特征和空间效应等的研究相对较少。尤其是耕地绿色生产是一个周期性过程，随着耕地生产空间要素的交互融合，基于生命周期分析耕地绿色利用效率空间收敛方面的研究内容较少，进而导致无法真实客观反映耕地绿色利用演变规律，难以响应农业绿色转型下粮食主产区耕地绿色利用的重大现实需求。长江中游地区作为重要粮食主产区、城市群建设支撑带动点和生态屏障区等，往往也是耕地利用变化最为剧烈的地区。随着长江中游城市群一体化发展持续推进，同样存在粗放式的耕地利用模式，化肥农药等要素大量使用使得农业面源污染问题日益突出。因此深入开展区域内耕地绿色利用效率测度，对有效掌握不同空间尺度的土地利用规划、实现区域耕地利用高效管理具有典型性和代表性。鉴于此，本章在尝试引入"测土配方推广规模"和"固碳增汇"等来界定耕地绿色利用效率内涵基础上，基于生命周期理论分析耕地绿色利用效率空间收敛过程，以长江中游粮食主产区为研究对象，采用超效率 SBM 模型测度 2005—2020 年的耕地绿色利用效率演化规律，基于空间条件 β 收敛模型揭示区域耕地绿色利用效率收敛特征及其空间影响因素，以期为实现粮食主产区耕地绿色利用转型和农业绿色可持续发展提供参考。

5.2 耕地绿色利用效率理论分析框架

5.2.1 耕地绿色利用效率内涵界定

农业绿色转型受到"测土配方""减污降碳"和"固碳增汇"等绿色理念约束，是实现耕地绿色利用的逻辑起点（图 5-1）。事实上，耕地生产是阶段性的周期系统，其绿色转型过程投入阶段不仅包含耕地、劳动力和资本等传统要素，还包括技术、知识、数据和测土配方施肥技术等新型要素（张海林等，2009；Lv et al.，2022）。通过指导农户精准施肥，减少农药化肥投入冗余，从而有效缓解农业碳排放和面源污染，成为耕地绿色利用投入阶段的约束。而在生产阶段中，行为主体为提升耕地绿色利用效率，制定耕地资源节约、面源污染防治、生态保护修复和低碳产业链等多元约束策略（贺峰等，2005）。相对应的是，耕地绿色转型过程产出阶段不仅追求包括农作物产量、农业经济收入和碳汇期望产出最大化的正外部性。其中，碳汇功能间接表现为作物生长中吸收二氧化碳并产生氧气的过程（柯善淦等，2021），而且包含耕地生产过程氮磷流失所导致的面源污染和碳排放非期望产出最小化的负外部性（王良健等，2014），形成了耕地绿色利用产出阶段的约束。本质上，耕地作为农业绿色转型的内在要素，提升其绿色利用效率实现路径是耕地生产要素优化配置、负外部性持续减少以及正外部性不断增加的约束过程，其核心是实现社会、经济和生态综合效益最优化，更是"社会—经济—生态"的综合映射（王璐等，2020；匡兵等，2021）。综上，耕地绿色利用效率以农业绿色转型理念为指导，传统投入要素为基础，新型投入要素为支撑，最大化的社会、经济、生态效益期望产出和最小化环境非期望产出为结果，依托"社会—经济—生态"耦合协调构建耕地绿色利用效率理论分析框架。

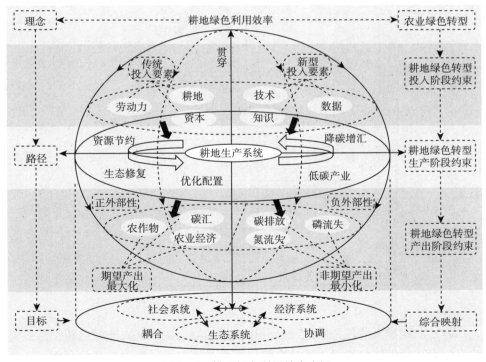

图 5-1　耕地绿色利用效率内涵

5.2.2 基于生命周期的耕地绿色利用效率空间收敛理论分析

生命周期分析（Life Cycle Assessment，LCA）体现为产品系统的生命周期中输入、输出以及潜在环境影响的汇编和评价，与完整的耕地利用生产过程依据时间序列要经历前期投入、中期生产和后期产出三阶段相契合（黄玛兰等，2022），尤其是从不同阶段推进耕地要素节约利用、期望产出增加和环境污染减少，对区域耕地绿色利用效率的提升有重要影响。同时，不同空间耕地利用生产活动遵循生命周期特征（吕添贵等，2019）。因此，基于 LCA 的耕地绿色利用效率空间收敛理论假设，分别从前期投入、中期生产和后期产出三个阶段进行耕地绿色利用效率空间收敛机理分析（图 5 - 2）。

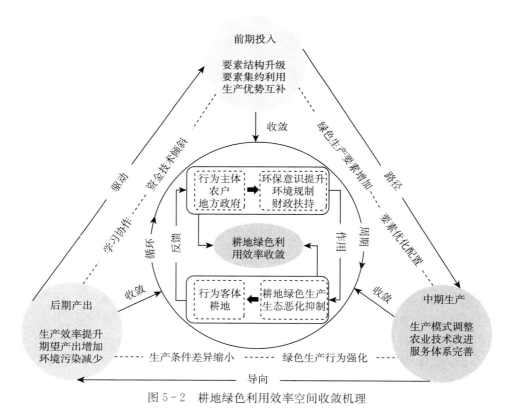

图 5 - 2　耕地绿色利用效率空间收敛机理

（1）前期投入阶段是耕地绿色利用起始边界。各地区农业绿色转型引致资源、动力和技术等要素投入结构升级，尤其是为追求要素绿色高效利用不断朝集约节约投入方向演替（刘蒙罢等，2022）。在比较利益驱动下，根据农作物市场需求，农户通过调整自身投入行为进行生产要素空间转移，实现地区间耕地绿色生产要素优势互补，以提高耕地资源要素空间配置水平（彭国华，2005）。在绿色生产要素增加和要素优化配置下，实现耕地绿色利用前期投入阶段的空间收敛。

（2）中期生产阶段是高效产出阶段与环境污染源头。首先，农户通过调整生产模式，特别是测土配方施肥技术的推广，实现农药化肥农膜减量化利用促使耕地生产绿色化（侯孟阳等，2019）。其次，农业生产技术进步促使耕地绿色利用向降碳减污层面倾斜，进而降低了农业生产污染排放（陈丹玲等，2018）。最后，随着农业生产服务体系完善和区域协作持续增强，弱化了区域农业生产条件空间差异。在绿色生产行为强化和生产条件差异缩小下，实现耕地绿色利用中期生产阶段的空间收敛。

（3）后期产出阶段是耕地绿色利用的终止边界。通过生产阶段实现耕地绿色利用期望产出增加和环境污染减少，促使地区耕地绿色利用效率不断提升，实现耕地绿色利用后期生产阶段的空间收敛。

欣喜的是，各层级地方政府制定相关耕地增汇减污政策来加大环境规制力度，提升耕地可持续利用水平（顾程亮等，2016），并通过生态补贴、污染治理和绿色科技等资金、技术倾斜提高耕地生产主体绿色利用的积极性。同时，农户作为理性经济人，环保意识的提升将使其更加主动地对接耕地绿色利用高效区进行学习协作，增加耕地绿色经营知识。至此，农户空间学习协作和政府资金、技术倾斜驱动着下一轮耕地绿色利用周期收敛。

5.3　研究区域与研究方法

5.3.1　研究区域

长江中游粮食主产区不仅是中国重要粮食生产基地，也是核心生态安全屏障区域，由江西、湖南和湖北 3 省组成。耕地总面积约 11.30×10^4 万 km^2，约占全国耕地总面积的 10%，至 2020 年区域粮食总产量为 7 906 万 t，约占全国粮食总产量的 12%，农业总产值达到 8 252 亿元，约占全国农业总产值的 12%，在中国农业发展格局中具有重要地位（中华人民共和国国家统计局，2021）。与此同时，作为重要的粮食生产基地，在全国化肥农药利用率不足33.33% 和农膜回收率不足 66.67% 的现实情况下（Liu et al.，2020），长江中游粮食主产区耕地资源面临碳排放量和面源污染严重的巨大挑战，导致粮食安全与生态保护之间矛盾越发凸显，实现粮食主产区耕地绿色利用转型显得尤为迫切。为此，科学合理测度粮食主产区耕地绿色利用效率演进特征及辨析空间收敛趋势，是实现区域耕地绿色利用转型和协调生态环境保护的重要支撑。

5.3.2 研究方法

5.3.2.1 超效率 SBM 模型

超效率 SBM 模型（Super‐SBM model）克服了传统 DEA 模型忽略耕地生产中非期望产出带来的效率结果偏差问题，同时对处于前沿面的决策单元开展排序，在自然资源效率测度中广泛应用（Lv et al.，2022）。设 n、m、s_1、s_2 分别为耕地绿色利用过程中决策单元、投入指标、期望产出指标和非期望产出指标的个数，x、y^g、y^b 分别为投入、期望产出和非期望产出。其中，$x \in R^m$，$y^g \in R^{s_1}$，$y^b \in R^{s_2}$，并定义矩阵 $X=[x_1, \cdots, x_n] \in R^{m-n}$，$Y^g=[y_1^g, \cdots, y_n^g] \in R^{s_1 \cdot n}$，$Y^b=[y_1^b, \cdots, y_n^b] \in R^{s_2 \cdot n}$。模型构建如下：

$$\min p = \frac{\dfrac{1}{m}\sum_{i=1}^{m}(\bar{x}/x_{ik})}{\dfrac{1}{s_1+s_2}\left(\sum_{s=1}^{s_1}\bar{y}^g/y_{sk}^g + \sum_{q=1}^{s_2}\bar{y}^b/y_{qk}^b\right)} \tag{5-1}$$

$$\begin{cases} \bar{x} \geqslant \sum_{j=1,\neq k}^{n} x_{ij}\lambda_j; \bar{y}^g \leqslant \sum_{j=1,\neq k}^{n} y_{sj}^g\lambda_j; \bar{y}^g \geqslant \sum_{j=1,\neq k}^{n} y_{qj}^g\lambda_j; \\ \bar{x} \geqslant x_k; \bar{y}^g \leqslant y_k^g; \bar{y}^g \geqslant y_k^b \\ \lambda_j \geqslant 0, i=1,2,\cdots,m; j=1,2,\cdots,n; \\ j \neq 0, s=1,2,\cdots,s_1; q=1,2,\cdots,s_2 \end{cases}$$

$$\tag{5-2}$$

式（5-1）和式（5-2）中，p 为评价单元耕地绿色利用效率值，当 $p \geqslant 1$ 时，评价单元有效；$p < 1$ 时，则存在效率损失；$\bar{x}$、$\bar{y}^g$、$\bar{y}^b$ 分别为投入、期望产出和非期望产出冗余量；λ_j 为权重向量。

5.3.2.2 非参数核密度估计

核密度估计（Density Estimation）无须人为对函数形式进行假定，而是直接根据样本数据特点客观描述样本的空间分布形式，是当前分析地理事物特征差异及动态演进的代表性方法（陈丹玲等，2018），公式如下：

$$f(x) = \frac{1}{Nh} \sum_{i=1}^{N} K\left(\frac{x_i - \bar{x}}{h}\right) \qquad (5-3)$$

式中，N 为样本总量；x_i 为耕地绿色利用效率观测值；K（·）为核函数，采用最常用的高斯核函数；h 为带宽，根据均方误差最小的原则选择最优带宽。

5.3.2.3 空间自相关

空间自相关是一种能够直观反映耕地绿色利用效率在空间上分布特征的空间统计方法，分为全局和局部空间自相关。全局莫兰指数（*Global Moran's I*）能够有效验证空间邻域单元属性值的变化是否存在空间关联性，本研究采用全局莫兰指数来检测研究区整体耕地绿色利用效率是否存在空间关联性（吴玉鸣等，2004），公式如下：

$$I = \frac{n \sum_{i=1}^{n} \sum_{j=1}^{n} W_{ij}(x_i - \bar{x})(x_j - \bar{x})}{\sum_{i=1}^{n} \sum_{j=1}^{n} W_{ij} \sum_{i=1}^{n} (x_i - \bar{x})^2} \qquad (5-4)$$

式中，x_i、x_j 分别为区域 i 和 j 的耕地绿色利用效率；n 为样本总数。W_{ij} 是对应区域 i 和 j 的空间权重矩阵的权重值。I 取值范围为 $[-1, 1]$，小于 0 表示负相关，等于 0 表示不相关，大于 0 表示正相关，且绝对值越接近 1，则集聚程度越明显，空间相关性越大。

5.3.2.4 空间 β 收敛模型

β 收敛模型被广泛应用到区域资源环境和能源消费等领域（吴贤荣等，2014），强调观测值较低区域有较高的增长率，且增长速度快于观测值较高区域。其中，绝对 β 收敛假设不同区域耕地绿色利用条件相同，而条件 β 收敛则考虑了区域条件差异性（彭国华等，2005），尤其是空间因素的欠缺容易导致结论偏差。为此，本研究将空间因素纳入经典 β 收敛模型，建立了耕地绿色利用效率的空间滞后模型（SLM）、空间误差模型（SEM）和空间杜宾模型（SDM），并与经典 β 收敛模型进行对比分析，具体模型为：

① 经典 β 收敛：$\ln \dfrac{AEE_{i,t+1}}{AEE_{i,t}} = \alpha + \beta \ln AEE_{i,t} + \sum_{k=1}^{n} \theta_k \ln X_{k,i,t} + \varepsilon_{i,t}$

$$(5-5)$$

②SLM 的 β 收敛：$\ln\dfrac{AEE_{i,t+1}}{AEE_{i,t}} = \alpha + \rho\sum_{j=1}^{n}w_{ij}\ln\dfrac{AEE_{j,t+1}}{AEE_{j,t}} +$

$$\beta\ln AEE_{i,t} + \sum_{k=1}^{n}\theta_k\ln X_{k,i,t} + \varepsilon_{i,t}$$

$$(5-6)$$

③SEM 的 β 收敛：$\ln\dfrac{AEE_{i,t+1}}{AEE_{i,t}} = \alpha + \beta\ln AEE_{i,t} + \sum_{k=1}^{n}\theta_k\ln X_{k,i,t} + \varphi_{i,t}$

$$\varphi_{i,t} = \rho\sum_{j=1}^{n}w_{ij}\varphi_{i,t} + \varepsilon_{i,t} \qquad (5-7)$$

④SDM 的 β 收敛：$\ln\dfrac{AEE_{i,t+1}}{AEE_{i,t}} = \alpha + \rho\sum_{j=1}^{n}w_{ij}\ln\dfrac{AEE_{j,t+1}}{AEE_{j,t}} + \beta\ln AEE_{i,t} +$

$$\sum_{k=1}^{n}\theta_k\ln X_{k,i,t} + \sum_{j=1,k=1}^{n}w_{ij}\phi_k\ln X_{k,i,t} + \varepsilon_{i,t}$$

$$(5-8)$$

式（5-5）～式（5-8）中，$\ln AEE_{i,t+1}/AEE_{i,t}$ 为 t 至 $t+1$ 年区域 i 耕地绿色利用效率增长率的自然对数值；θ_k 为各控制变量 $X_{i,t}$ 的估计系数，当 $\theta_k=0$ 时，为绝对 β 收敛，当 $\theta_k\neq 0$ 时，为条件 β 收敛；α 为待估参数；ρ 为空间效应系数，反映相邻区域对本区域耕地绿色利用效率的影响；β 为收敛判断系数，$\beta = -(1-e^{-\eta T})/T$，$\eta$ 为收敛速度，当 $\beta<0$ 时，意味着收敛，反之则发散；w_{ij} 为空间权重矩阵；$\varepsilon_{i,t}$ 为随机误差项；$\varphi_{i,t}$ 为空间自相关的误差项，ϕ 为控制变量与空间权重矩阵空间交互效应的回归系数。此外，由于 0-1 矩阵仅考虑相邻区域的空间效应，故本研究采用基于区域距离的地理权重矩阵来构建。

5.3.3 指标选取与数据来源

5.3.3.1 耕地绿色利用效率评价指标选取

结合耕地绿色利用效率内涵及生命周期空间收敛分析，并参考已有研究（彭国华等，2005）进行评价指标选取。生产阶段中，传统投入要素从资源和动力维度选取耕地资源、水资源、固定资产、化学制品、劳动力、机械动力和能源消耗投入量；新型投入要素从技术维度选取测土配方推广规模，即在技术人员指导下的科学施肥，是农业知识、技术和数据的综合反映；产出阶段中，正外部性从经济社会和固碳增汇维度选取耕地经济产出、作物产出和碳汇量作为期望产出指标（吴玉鸣等，2004）；负外部性从碳源和污染排放维度选取耕地碳排放和面源污染表征非期望产出（吴贤荣等，2014）（表5-1）。

表 5 - 1　耕地绿色利用效率评价指标体系

类别	指标名称	变量	变量指标	表征
投入生产阶段	资源投入	耕地资源	粮食作物播种面积（hm²）	传统要素
		水资源	地均耕地用水量（m³/hm²）	
		固定资产	地均农业固定资产投资额（万元/hm²）	
		化学制品	地均农药、化肥（折纯量）、农膜使用量（t/hm²）	
	动力投入	劳动力	地均种植业从业人员（人/hm²）	
		机械动力	地均耕地机械总动力（万 kW/hm²）	
		能源消耗	地均农用柴油使用量（t/hm²）	
	技术投入	测土配方推广规模	测土配方面积（hm²）	新型要素
期望产出阶段	社会经济	耕地经济产出	地均种植业产值（亿元/hm²）	正外部性
		耕地作物产出	地均粮食产量（t/hm²）	
	固碳增汇	耕地碳汇量	地均碳汇量（t/hm²）①	
非期望产出阶段	碳源	耕地碳排放	地均化肥、农药、农膜、农业机械、灌溉、耕地翻耕碳排放总量（t/hm²）②	负外部性
	污染排放	耕地面源污染	地均化肥氮磷流失、农药无效利用、农膜残留总量（t/hm²）③	

注：① $Cs = \sum_{i=1}^{m} Cs_i = \sum_{i=1}^{m} \{ [C_i \times Y_i \times (1 - W_i)] / H_i \}$，$Cs_i$ 为粮食作物的碳吸收量，m 为粮食作物种类（依据研究区作物种植情况，选择稻谷、小麦、玉米、豆类、薯类 5 类），C_i、Y_i、W_i、H_i 分别为作物 i 的碳吸收率、产量、水分系数和经济系数。② $E = \sum E_i = \sum (G_i \times \delta_i)$，$E_i$ 是第 i 个碳源的碳排放量，G_i 和 δ_i 分别是各碳源量与其碳排放系数，各系数为：化肥 0.895 6kg/kg、农药 4.394 1kg/kg、农膜 5.18kg/kg、农业机械 0.18kg/kW、灌溉 266.48kg/hm²、翻耕 312.60kg/km²。③化肥氮流失量=（复合肥含氮量+氮肥使用量）×氮流失系数；化肥磷流失量=（复合肥含磷量+磷肥使用量）×磷流失系数；农药流失量=农药使用量×农药流失系数；农膜残留量=农膜使用量×农膜残留系数。相关系数参考《第一次全国污染普查：肥料流失、农药流失、地膜残留系数手册》，核算过程考虑了地域自然地理差异影响。此外，不同作物复合肥成分比例存在差异，因本研究地区为粮食主产区，所以复合肥氮磷含量参考通用型水稻复合肥成分比例。

5.3.3.2　耕地绿色利用效率影响指标构建

　　耕地绿色利用效率的演进规律受多重因素共同作用。基于收敛理论假设（黄玛兰等，2019），从耕地绿色利用前期投入、中期生产和后期产出三阶段选取相关影响因素，探讨耕地绿色利用效率条件 β 收敛趋势（表 5 - 2）。

表 5 - 2　控制变量指标构成与表征

维度	指标类别	指标解释	表征
前期投入	人 口 城 镇 化（PUL）	城镇人口/年末常住人口（%）	耕地劳动力结构和农作物市场需求
	复种指数（MCI）	农作物播种面积/耕地面积（%）	耕地生产要素投入强度
中期生产	经济发展水平（RDL）	人均地区生产总值（万元）	耕地生产利用模式和社会化服务水平
	农业科技水平（ASTL）	地区科学技术支出/财政总支出（%）	耕地绿色生产技术创新能力
	作物种植结构（CPS）	经济作物种植面积/粮食作物播种面积（%）	农户耕地质量保护意识及生产调整灵活程度
后期产出	家庭农业经济贡献度（ECFA）	农村居民人均农业收入（万元）	农户耕地再绿色利用积极性
	财政支农力度（FSA）	财政农林水事务支出/农作物总播种面积（元/hm²）	耕地绿色利用转型动力与调节效应

5.3.3.3　数据说明

本章选取 2005—2020 年长江中游粮食主产区 41 个地级市（州）面板数据。所用指标数据均来源于《中国农村统计年鉴》（2006—2021 年）、《江西统计年鉴》（2006—2021 年）、《湖南统计年鉴》（2006—2021 年）、《湖北统计年鉴》（2006—2021 年）、各地级市统计年鉴（2006—2021 年）以及社会经济统计公报；面源污染相关系数参见文献（沈洋等，2022）。

5.4／研究结果与分析

5.4.1　长江中游粮食主产区耕地绿色利用效率动态演进特征

借助 MaxDEA 软件，采用无径向、规模报酬可变的超效率 SBM 模型测算得到 2005—2020 年长江中游粮食主产区耕地绿色利用效率（图 5 - 3）。

5.4.1.1　耕地绿色利用效率测算结果

（1）从总体来看，研究区整体耕地绿色利用效率由 2005 年的 0.978 波动增加至 2020 年的 1.066，效率均值为 1.035，增幅仅 9.00%，区域整体效率

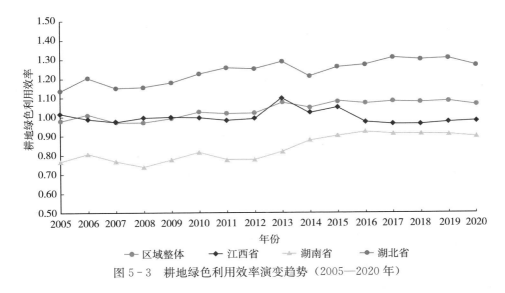

图 5 - 3　耕地绿色利用效率演变趋势（2005—2020 年）

值小幅提高，但效率值达到有效水平。这表明研究区耕地投入要素利用水平良好，耕地农业绿色理念有效制约了耕地碳排放和面源污染负效应，提升了耕地总体绿色利用效率水平。

（2）从局部来看，各省耕地绿色利用效率指数分别为湖北省 1.236、江西省 0.997、湖南省 0.836，区域效率差异明显。其中，湖北省和湖南省效率均值呈现波动上升趋势，分别由 1.135 和 0.761 上升至 1.236 和 0.836，增幅分别达到 8.90％和 9.86％。而江西省效率均值均呈现倒 V 形趋势，由 2005 年的 1.015 上升至 2013 年的最大值 1.097，之后又降至 2020 年的 0.978，总体降幅达 3.65％。

5.4.1.2　耕地绿色利用效率区域差异

为揭示研究区整体和各省耕地绿色利用效率动态分布特征，借助 Matlab 软件绘制核密度估计图（图 5 - 4）。

（1）从整体上看，研究区耕地绿色利用效率核密度曲线中心向右偏移，由 2005 年的"低宽峰"演变为 2020 年的"高尖峰"。表明耕地绿色利用效率与集聚度均呈上升趋势，未出现两极分化态势。且 2020 年存在右拖尾现象，部分城市耕地绿色利用效率达到较高水平。

（2）分省域看，江西核密度曲线波峰随时间演变增高收窄，耕地绿色利用效率提升集聚现象逐步凸显。其次，湖南省核密度曲线经历"单峰"到"双主

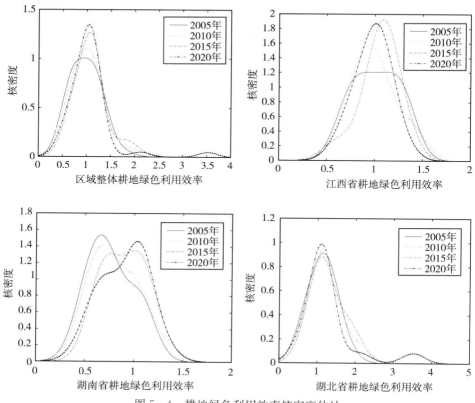

图5-4　耕地绿色利用效率核密度估计

峰"再到"一主一侧"的发展态势,波峰平缓且渐宽,表明效率两极分化现象有所显现,但集聚水平总体偏低。此外,湖北省核密度曲线始终维持单峰状态且集聚明显,但在2020年出现右拖尾现象,反映出湖北省提升耕地绿色利用效率主要依赖于个别高效率值城市。综上,整体和局部各省耕地绿色利用效率均存在集聚现象,体现加强农业区域绿色合作有助于发挥生产要素规模效益,引领效率高值区示范带动邻近区域耕地绿色利用。

5.4.2　长江中游粮食主产区耕地绿色利用效率空间收敛分析

在农业绿色转型驱动下,长江中游粮食主产区全域和省域层面耕地绿色利用效率均存在明显空间差异,采用空间 β 收敛分析模型检验其时空演进趋势。

5.4.2.1　耕地绿色利用效率空间相关性检验

借助 GeoDa 软件测算得到研究区耕地绿色利用效率全局 $Moran's\ I$。在 2005—2011 年，全局 $Moran's\ I$ 呈现负相关特征，究其原因在于该时期耕地利用规模化、集约化水平还相对较低；在 2012—2020 年，从 2012 年的 0.104 上升至 2020 年的 0.189，表现为显著的正相关性且相关性有所增强，表明耕地利用功能形态由社会生态型逐渐向经济社会型和生态经济型转变。但在 2013 年出现波动，这与加快现代农业发展政策实施的滞后性密切相关。由此，纳入空间条件进行 β 收敛分析，可减少传统收敛分析忽略空间因素而导致的结果偏差，是理解耕地绿色利用转型策略的一个关键但却被忽视的因素。综上，表明区域间农业绿色转型协作影响耕地绿色利用已形成空间联动机制，且空间相关性不断提升。

5.4.2.2　耕地绿色利用效率收敛性检验

（1）模型选择。空间自相关分析表明研究区耕地绿色利用效率存在显著的空间关联，因此可以进行空间计量分析。$Hausman$ 检验拒绝随机效应原假设，故选择固定效应的空间收敛模型检验，并依据 Wald 和 LR 检验结果来确定最优空间计量模型，同时加入经典 β 检验结果以便对比分析。由表 5 - 3 可知，SDM 模型的 $Wald\_spatial\_lag$ 与 $Wald\_spatial\_error$ 均在 5% 的水平下显著，拒绝了其可以简化为 SLM 模型和 SEM 模型的原假设。综合 LR 检验结果且 SDM 模型的 R^2（0.534）和 $\log L$（701.089）统计值均最高，$Sigma^2$（0.006）统计值最低，认为 SDM 模型的估计结果更优，故本研究基于 SDM 模型回归结果来阐述。此外，为了缓解可能存在的内生性影响，本研究借鉴已有工具变量构建方法（刘蒙罢等，2022），构建财政支农力度与年份虚拟变量的乘积作为工具变量进行 2SLS 回归，结果表明本研究不存在内生性问题。

（2）整体收敛性特征。①四种收敛模型的回归系数 β 均小于 0 且通过显著性检验（表 5 - 3），可见在考虑区域条件异质性的前提下，耕地绿色利用效率存在显著的收敛趋势，即地区耕地利用周期各阶段的差距随着时间的推移而缩小；②空间效应系数 ρ 均为正数且显著，表明地区间耕地绿色利用效率收敛性具有空间正向溢出效应；③空间条件 β 收敛速度为 0.043，明显大于经典条件 β 收敛速度 0.036，表明空间因素对耕地绿色利用效率收敛具有加速效应。耕地投入和生产阶段空间要素的联系不断增强，尤其是空间溢出效应的存在，加强了效率低值区向高值区的"追赶效应"，促进要素整合和发挥后发优势，从而加速了耕地绿色利用收敛率。

表5-3 耕地绿色利用效率收敛模型检验结果

变量	(1) 经典条件 β 收敛		(2) SDM 模型		(2) SLM 模型		(3) SEM 模型	
	系数	z 值	系数	z 值	系数	z 值	系数	z 值
β	-0.453***	-12.26	-0.511***	-14.24	-0.479***	-13.36	-0.478***	-13.34
C	-0.359***	-4.73						
ρ			0.239***	3.02	0.260***	3.49	0.277***	3.81
R^2			0.534		0.462		0.468	
$logL$			701.089		686.489		686.424	
$Sigma^2$			0.006***	17.75	0.007***	18.50	0.007***	17.82
$Wald\_spatial\_lag$			19.58**					
$LR\_spatial\_lag$			26.55***					
$Wald\_spatial\_error$			18.84**					
$LR\_spatial\_error$			26.63***					
收敛率	0.036		0.043		0.038		0.039	

（3）局部收敛特征。①江西、湖南及湖北三省收敛系数及空间效应系数均通过显著性检验，表明耕地绿色利用效率依然具有条件 β 收敛趋势，即"俱乐部收敛"，表现出正向空间溢出效应；②三省收敛速度存在差异性，呈现江西（0.062）、湖北（0.054）、湖南（0.048）依次递减的格局（表5-4）；③各省收敛速度均高于整体收敛水平0.043。究其原因，在耕地绿色利用效率"位势差"作用下，由于各省内部单元地缘相接且地域一体，在耕地绿色生产周期中要素流动、信息传递和技术交流等方面更具优势，引领了高值地区对低值地区的辐射带动作用，使局部地区收敛率更高。

表5-4 耕地绿色利用效率 SDM 模型回归结果

变量	区域整体		江西省		湖南省		湖北省	
	系数	z 值	系数	z 值	系数	z 值	系数	z 值
β	-0.511***	-14.24	-0.633***	-9.32	-0.512***	-7.10	-0.570***	-9.66
$\ln PUL$	0.066	0.50	0.327**	-2.15	0.036	0.51	0.094	1.25
$\ln MCI$	-0.073**	-2.44	-0.145***	-4.04	-0.206**	-2.13	-0.200***	-2.99
$\ln RDL$	0.062**	2.33	0.068**	2.43	0.102**	2.11	0.147**	2.14
$\ln ASTL$	0.158***	3.01	0.023*	1.68	0.092*	1.91	0.236***	2.61
$\ln CPS$	-0.025	-1.36	-0.028	-1.63	-0.014	-0.12	-0.045	-1.18

（续）

变量	区域整体		江西省		湖南省		湖北省	
	系数	z 值	系数	z 值	系数	z 值	系数	z 值
ln$ECFA$	0.089***	2.74	0.035*	1.83	0.202**	2.05	0.128*	1.92
lnFSA	0.054**	1.98	0.047**	2.08	0.146**	2.00	0.243***	2.74
ρ	0.239***	3.02	0.203**	1.86	0.628**	1.96	0.283**	2.56
R^2	0.534		0.440		0.237		0.314	
log$L$	701.089		216.635		226.460		286.892	
$Sigma^2$	0.006***	17.75	0.004***	9.08	0.007***	10.22	0.006***	11.29
收敛率	0.043		0.062		0.048		0.054	

注：***、**、*分别代表1%、5%、10%的显著水平。

5.4.2.3　耕地绿色利用效率影响因素分析

（1）前期投入阶段各影响因素对耕地绿色利用效率影响差异明显（表5-4）。①人口城镇化水平（PUL）整体回归系数为0.066，呈正相关。其中，江西省回归系数为0.327，显著性最强。究其原因，发现江西省提高农业机械化水平且优化劳动力结构，提升了赣鄱平原耕地绿色利用效率，尤其是环鄱阳湖城市群城镇人口增加扩大了人们对绿色农产品的需求，直接提高了江西省耕地生产绿色化投入力度；②复种指数（MCI）整体回归系数为−0.073，呈显著负相关，江西和湖北回归系数分别为−0.145和−0.200。意味着虽然增加了耕地播种面积，带来农产品产量和农业经济的增长，并强化了农作物碳汇功能，但化学制品投入的增加所带来的污染排放抑制了耕地绿色利用效率的提升。

（2）中期生产阶段各影响因素对耕地绿色利用效率呈显著正向影响。①经济发展水平（RDL）回归系数为0.062，呈显著正相关，表明经济发展推动了耕地绿色生产模式转变以及提升了农业生产服务水平，有利于集聚绿色生产要素和协作区域生产过程，推动耕地绿色利用效率向较高稳态水平收敛；②农业科技水平（ASTL）整体回归系数为0.158，呈显著正相关。其中，湖北省回归系数为0.236，显著性最为明显。究其原因，在于湖北省耕地绿色生产技术革新，尤其是江汉平原大力推广测土配方施肥技术，导致湖北省耕地绿色利用效率走上高值收敛；③作物种植结构（CPS）整体回归系数为−0.025，呈负向影响但不显著。究其原因，长江中游粮食主产区农户耕地保护意识相对滞后，生产调整灵活度较差，生产过度追求经济作物的规模比较效应，加剧了耕地面源污染和碳排放。

（3）后期产出阶段各影响因素对耕地绿色利用效率呈显著正向影响。①财政支农力度（FSA）整体回归系数为 0.054，呈显著正相关。其中，湖北省回归系数为 0.243，显著水平最高。究其原因，发现长江中游粮食主产区财政支农资金满足耕地社会、经济与绿色生产等多重需求，尤其是湖北省通过环境规制加强了耕地污染综合防治，提升了农户耕地绿色利用转型内生动力与调节效应，对耕地绿色利用效率的正向收敛产生理想效果；②家庭农业经济贡献力度（ECFA）整体回归系数为 0.089，呈显著正相关，其中湖北省回归系数为 0.128，高于地区整体水平，表明农业收入增加促进了农户耕地绿色再生产的积极性，推动了耕地绿色利用效率的正向收敛。

5.4.3 长江中游粮食主产区耕地绿色利用效率提升路径

（1）顺应绿色空间关联规律，推动区域耕地绿色生产协作。研究区耕地绿色利用效率具有显著的空间正向收敛，在长江中游地区一体化背景下，首先，完善区域农业生产社会化服务体系，建立横向合作联动机制，畅通农业绿色生产要素的空间流动渠道，发挥湖北省效率高值区对邻近区域的辐射示范作用；其次，增加农业固定资产投入，促进区域间村集体经济组织生产交流合作，发挥其在农业基础设施建设方面的引领作用，遏制湖南省耕地绿色利用效率两极分化趋势，形成耕地绿色生产协同转型的良好氛围（陈美球，2022），实现资源投入阶段优化。

（2）持续推广绿色生产技术，实现耕地绿色利用模式转型。科技水平对研究区整体耕地绿色利用效率提升具有显著促进作用，而江西和湖南地区显著性较弱，一方面通过鄱阳湖平原和洞庭湖平原商品粮基地的耕地绿色生产技术推广，注重环保农机的升级改造，组织面向耕地生产主体的绿色利用技术培训，推广测土配方施肥技术，降低传统投入要素依赖度（石嫣等，2011）；另一方面，引导农产品生产符合绿色消费需求，以提高耕地绿色生产回馈能力，稳定耕地绿色生产收入预期、提升农户绿色利用转型内生动力，实现减污降碳与节本增效并行，不断强化耕地生产阶段。

（3）加快推进耕地绿色综合整治，重视耕地微生态环境保护。通过实施高标准基本农田建设等土地综合整治工程，改良土壤结构和提高耕地肥力，稳定耕地社会经济期望产出的农业生产基础；严格控制和选取耕地绿色生产的化肥农药种类，合理确定其施用阈值，实现生产减量化，降低耕地土壤环境压力；江西和湖北地区复种指数对耕地绿色利用效率提升的抑制作用明显，要优化耕地种植结构，通过引进良种良法，增强农作物固碳增汇能力，实现粮食主产区农业生产与环境保护相协调，追求期望产出最大化。

（4）强化耕地绿色环境规制，保障耕地绿色利用有序推进。一是制定长江中游一体化耕地绿色环境规制准则，明确耕地绿色生产主体、实施模式和资金管理等约束机制；二是建设耕地绿色生产信息动态管理系统，严格管控致污要素使用，构建合理的监督体系；三是加大推进湖南省和江西省耕地绿色化生产与耕地地力保护和惠农支农补贴直接挂钩，激发地区财政支农力度的促进作用，凸显耕地生态系统服务价值，减污降碳，确保期望产出的最小化，保障粮食主产区农业绿色转型的稳定性和连续性（图5-5）。

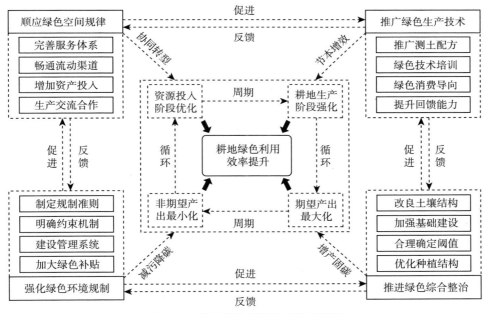

图5-5　耕地绿色利用效率提升路径

5.5　本章小结

本章在界定耕地绿色利用效率内涵基础上，基于生命周期的耕地绿色利用效率空间收敛理论分析，基于长江中游粮食主产区2005—2020年面板数据，采用超效率SBM、核密度估计、空间自相关和空间 β 收敛模型，探究农业绿色转型约束下耕地绿色利用效率动态演进及其空间收敛性特征，结论如下：

（1）长江中游粮食主产区整体耕地绿色利用效率由 2005 年的 0.978 波动增加至 2020 年的 1.066，效率均值为 1.035。局部耕地绿色利用效率差异明显，湖北省和湖南省效率均值也呈现波动上升趋势，江西省则呈现倒 V 形趋势，效率值总体下降。

（2）长江中游粮食主产区整体和局部耕地绿色利用效率收敛速度呈江西、湖北、湖南和区域整体依次递减格局，存在显著的空间 β 收敛趋势和空间正向溢出效应，且空间因素对耕地绿色利用效率收敛具有加速效应。

（3）长江中游粮食主产区城镇化水平、经济发展水平、农业科技水平、家庭农业经济贡献度和财政支农力度对耕地绿色利用效率提升具有明显推动作用，而复种指数和种植结构呈现抑制作用。

（4）未来应顺应耕地绿色生产空间关联规律、持续推广绿色生产技术、加快推进耕地绿色综合整治和强化耕地绿色环境规制，以保障区域农业绿色转型的稳定性和连续性。对比发现，已有研究得出的长江中下游粮食主产区耕地利用生态效率中湖北省和湖南省耕地利用生态效率呈现下降趋势，与本研究结果不同，究其原因，一方面在于指标选取层面差异，特别是本研究将测土配方施肥推广规模纳入投入指标中，极大地促进了耕地生产的节本增效，同时在期望产出中加入碳汇量，考虑了农作物生长过程的碳吸收作用；另一方面，主要将地均指标量作为测算依据，存在指标测算角度的差异。事实上，耕地利用水平对保障国家重要农产品有效供给具有决定性作用，在农业绿色转型约束下，对粮食主产区耕地绿色利用提出了更高要求。值得注意的是，耕地绿色利用生产周期的投入、生产和产出阶段也受到智慧农业、农耕文化和国际粮食贸易等多重影响，本研究仅从农业绿色转型视角探讨耕地利用绿色效率演进规律及空间收敛特征，未来研究还应拓展多因素对耕地利用绿色效率的交互作用机制，及致污要素投入减少量与耕地绿色利用效率增加率之间的关系，以期构建更加合理的耕地绿色利用转型政策支撑体系。

6 中国粮食主产区耕地碳源汇时空演化特征及绿色驱动分析

推动农业农村绿色发展，实施农业农村减排固碳行动，是加快经济社会发展全面绿色转型的重要举措。为此，辨识粮食主产区耕地碳源汇平衡特征及驱动因素，对推动耕地低碳生产跃迁和稳固粮食安全至关重要。本章将基于碳源—碳汇双重视角测度2005—2021年长江中游粮食主产区耕地利用净碳汇量，运用空间自相关、核密度估计和地理探测器等方法探究其时空演化特征及驱动因素，并提出固碳减排绿色利用对策。

6.1 引　言

农业系统温室气体占全球碳排放的23%，成为农业生产领域低碳减排的重大挑战，中国作为积极应对气候变化的践行者，致力于推动农业生产低碳转型以稳固增强农业生态系统碳汇能力（张林秀等，2021）。耕地系统作为农业生产的主要碳排放源，同时兼具农作物碳吸收功能（Benbi et al.，2018），尤其是粮食主产区耕地碳源-碳汇双重效应在农业低碳转型中发挥重要作用（李强等，2022）。因此，科学测度粮食主产区耕地碳源汇，分析其净碳汇水平变化及驱动机理，可为实现"双碳"愿景下的耕地低碳生产跃迁和稳固粮食安全提供参考。

国内外学者围绕耕地碳源汇研究主题开展了广泛探讨，构建涵盖"效应核算-演变评价-影响分析-管理调控"的综合研究脉络。在核算方法上，多运用模型估算法和直接系数法（田云等，2022），通过厘清耕地系统碳循环机制和关键参数进行核算。在评价内容方面，从传统集中于农地利用碳排放及耕地农作物生命周期碳吸收，发展为现有纳入土壤管理和秸秆处理等新要素（周思宇等，2021），进而聚焦耕地碳源汇水平的构成解析（李明琦等，2018）、空间相关性测度（王莉等，2022）以及区域差异性分析（郑博福等，2022）等。在影响因素方面，主要采用计量统计和分解分析法（任世鑫等，2023），地理探测器等统计学方法兼顾识别主导驱动因素并量化各因素相互作用得到有效应用（张玥等，2023），揭示了社会经济、农业技术与政策对耕地碳源汇的多重影响（王若梅等，2019；钱凤魁等，2024）。在管理调控方面，侧重基于不同农业低碳生产模式转型提出定制化建议（陈国进等，2023）。研究尺度从国家到省市（李波等，2019；王如如等，2023）层面均有涉及。综上，已有研究为耕地碳源汇和碳效应的核算评价奠定了良好的理论基础，然而，核算边界界定模糊和碳循环过程梳理尚未详尽，导致耕地碳源碳汇和碳效应等研究交叉混淆。此外，长江中游重要粮食生产区耕地利用系统内外碳效应较为复杂，对其耕地碳源汇构成及机理空间异质性研究亟需深化，从而能识别粮食主产区耕地碳循环重要机制，进而响应耕地低碳增汇转型的现实需求。鉴于此，本研究从耕地利用系统碳循环过程出发，确定耕地碳源汇核算边界，运用空间自相关和核密度估计分析长江中游粮食主产区 31 市 2005—2021 年耕地净碳汇的时空演变特征，并运用 Pearson 相关性分析和地理探测器探究多因素对耕地净碳汇水平空间格局的综合作用，以期为制定粮食主产区差别化耕地固碳减排政策提供参考。

6.2 理论分析框架

耕地是土地资源关键组成部分，也是陆地生态系统碳库中最活跃的角色，既会在其投入和利用过程中释放碳，也会在培育农作物过程中吸收碳。作为受气候变化等自然因素以及耕种、施肥等人类农业管理活动多重影响的开放式系统，耕地的碳循环过程至关重要。由此，本研究借鉴生命周期界定方式，构建了耕地利用全过程碳效应来源、影响因素和温室气体类别的理论分析框架（图 6-1）。总体而言，耕地利用系统碳循环是碳以不同形式在大气碳库、作物碳库和土壤碳库之间循环往复的活动，涉及自然生产和人类活动。具体包括碳的吸收、排放和系统外转移三个环节（Wu et al.，2022；吕添贵等，2023），碳循环流动路线包括以下过程：

（1）碳的吸收过程。在全生长周期中，耕地农作物通过光合作用从大气中吸收二氧化碳，扣除呼吸作用消耗的部分，剩余部分转变为有机物并将其储存在农作物体内，形成碳汇。

（2）碳的排放过程。耕地利用具有碳源效应，在农业生产中各类农资使用、能源消耗、残留物处理等活动频繁，涉及化学品的大量投入，均会导致二氧化碳、甲烷、氧化亚氮等温室气体排放。耕地利用系统碳源主要包括：①耕地利

K

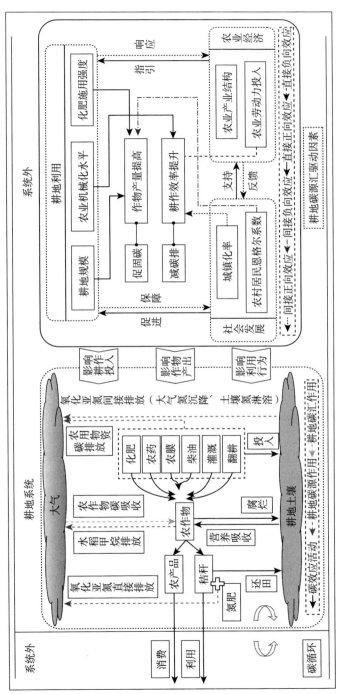

图 6 - 1　耕地碳源汇分析框架

用过程中的农药农膜等物质投入、柴油电力等能源消耗和农业管理等产生的碳排放；②稻田种植过程中产生 CH_4 排放；③施用氮肥与秸秆还田直接产生 N_2O 排放，氮氧化物与氨挥发沉降及土壤氮淋溶或径流间接引起 N_2O 排放。

（3）碳的系统外转移过程。耕地利用系统内的部分碳储存在各类农作物中，其成为农产品及其制成品而被人类利用和消耗。为保证系统边界的完整性，将其相当的碳量定义为碳转移。

综上，耕地碳源汇是基于人—耕地系统相互作用与制约而达到的动态平衡状态，并在新平衡状态下循环往复的发展过程。在此过程中，耕地利用系统保持着系统内部动态稳定，加以人类活动干预，基本呈现"净碳汇"良好态势（陆苹茹等，2023）。系统外的社会发展、农业经济和耕地利用子系统相互支持和响应，共同驱动作物产量提高以及耕作效率提升，以有效推动耕地固碳减排。其中，在社会发展方面，城镇化率的提高以及农村恩格尔系数的减低均促进了耕地有效流转和规模经营，进而对耕地净碳汇产生间接影响。在农业经济方面，减少农业劳动力投入以及调整农业产业结构，即种植业产值占农业总产值之比提高，可以有效优化耕作模式，提升耕地劳作效率，以此减少温室气体排放。在耕地利用方面，耕地规模扩大和化肥使用强度合理增强能够有效促进作物产量提高，进而促进耕地碳吸收；而农业机械化水平提高促进耕作生产各环节资源利用率提升，有助于减少过度消耗而产生的耕地碳排放。

6.3 材料与方法

6.3.1 研究区概况

长江中游粮食主产区位于 $26°03'—32°38'$ N，$110°45'—118°21'$ E，涵括江西、湖南、湖北三省内 31 个城市。区域耕地总面积约 11.30 万 km^2，约占中国耕地总面积的 9.25%，地形以平原和丘陵为主，农作物生长的水热条件优良，是中国重要粮食生产基地。2022 年，区域粮食总产量为 7 906 万 t，农业总产值达到 8 252 亿元，约占全国农业总产值的 12%（吕添贵等，2023）。然而，作为人口聚集区以及社会经济热点区，长江中游粮食主产区耕地生产面临超地力开发与高致碳物资投入等现实问题，导致区域耕地固碳减排任务尤为严峻。在此背景下，响应"双碳"（Carbon）＋城市群（Cities）＋合作（Cooperation）的 3C 理念，探讨区域性"双碳"目标的实现策略，对稳步提升长江中游粮食主产区耕地净碳汇及实现农业低碳转型具有促进作用。

6.3.2　耕地净碳汇核算

耕地净碳汇，即碳吸收量与碳排放量之间的差值。计算公式如下：

$$C_{NS} = C_S - C_E \qquad\qquad (6-1)$$

式中，C_{NS} 为耕地净碳汇量（t）；C_S 和 C_E 为耕地碳吸收量（t）与碳排放量（t）。耕地净碳汇量的正负情况及大小反映了耕地系统的碳效应。

6.3.2.1　耕地碳排放测算

根据研究分析框架，分别测算并汇总农用物资排放、稻田甲烷排放和土壤氧化亚氮排放 3 类，得出耕地碳排放量。其中，依据增温潜势系数将 CH_4 和 N_2O 排放量进行等量换算（贯君等，2024），以便后续比较与分析（表 6-1）。

表 6-1　耕地碳排放类别、测算公式及数据说明

类别	测算公式	公式说明
农用物资排放	$E_{material} = \sum_{i=1}^{I} \sum_{m=1}^{M} h_{im} \cdot \delta_m$	式中，$E_{material}$ 为农用物资碳排放量；h_{im} 为城市 i 因子 m 的碳排放量与各类农用物资使用量；δ_m 为因子 m 的碳排放系数，文中 $m=5$。
水稻甲烷排放	$E_{CH_4} = \sum_{i=1}^{I} S_i \cdot f_i$	式中，E_{CH_4} 为稻田甲烷排放总量；S_i、f_i 分别为城市 i 的水稻种植面积与对应排放系数。
土壤氧化	$E_{N_2O} = E_{xl} + E_{si}$	式中，E_{N_2O} 为土壤氧化亚氮排放总量；E_{xl} 为直接排放量；E_{si} 为间接排放量。
亚氮排放	$E_{xl} = (N_{fer} + N_{straw}) \times ef_{xl}$	式中，N_{fer} 为氮肥氮输入量；N_{straw} 为秸秆还田氮输入量；ef_{xl} 为直接排放系数。
	$N_{straw} = \sum_{k=1}^{k} N_{straw,k}$ $= \sum_{k=1}^{k} \left[\begin{array}{l} \left(\dfrac{Y_k}{H_k} - Y_k \right) \times r_k \times J \times \\ b_k + \dfrac{Y_k}{H_k} \times r_k \times g_k \times b_k \end{array} \right]$	式中，N_{straw} 为秸秆还田氮输入量；k 为农作物种类数，文中 $k=13$；$N_{straw,k}$、Y_k 分别表示作物 k 的秸秆还田氮输入量和经济产量；J 为秸秆还田率；H_k、g_k、b_k、r_k 为作物 k 的经济系数、根冠比、秸秆含氮率、经济产品部分的干重比。相关系数详见表 6-2。
	$E_{st} = E_{atmos} + E_{leach}$ $= (N_{fer} + N_{straw}) \times V \times ef_{atmos} + (N_{fer} + N_{straw}) \times L \times ef_{leach}$	式中，E_{atmos} 为大气氮沉降排放；V 为沉降率，ef_{atmos} 为对应排放因子；E_{leach} 为土壤氮淋溶排放；L 为淋溶率；ef_{leach} 为对应排放系数。

注：①各类农用物资碳排放系数分别为：化肥 0.895 6kg/kg、农药 4.394 1kg/kg、农膜 5.18kg/kg、农业柴油 0.592 7kg/kg、灌溉 266.48kg/hm²、翻耕 312.60 kg/km²。②各省份水稻甲烷排放系数为：江西省 42.2g/m²、湖北省 38.23g/m²、湖南省 35.01g/m²。③土壤氧化亚氮直接排放系数为 0.017 8kg/kg。④沉降排放系数为 0.01kg/kg；淋溶排放系数为 0.007 5kg/kg；沉降率与淋溶率分别为 10% 和 20%。

6.3.2.2 耕地碳吸收测算

从耕地利用角度看，耕地碳汇主要指农作物在生长过程中通过光合作用而吸收的二氧化碳量（李园园等，2023），估算公式为：

$$S = \sum_{k=1}^{k} S_K = \sum_{k=1}^{k} \frac{c_k Y_k (1 - r'_k)}{H_k} \tag{6-2}$$

式中，S 为耕地碳汇量（t）；S_k 为作物 k 的碳吸收量（t）；c_k 为作物 k 的碳吸收率；Y_k 为作物 k 的经济产量（t）；r'_k 为含水率（％）。相关系数详见表 6-2。

表 6-2　各农作物碳排放及碳吸收量核算参数

单位：％

作物类型	根冠比	经济系数	含水率	秸秆含氮率	碳吸收率
稻谷	0.125	0.45	0.12	0.007 5	0.414
小麦	0.166	0.40	0.12	0.005 2	0.485
玉米	0.170	0.40	0.13	0.058 0	0.471
豆类	0.130	0.34	0.13	0.018 1	0.450
薯类	0.050	0.70	0.70	0.011 0	0.423
棉花	0.200	0.10	0.08	0.005 5	0.450
麻类	0.200	0.36	0.15	0.013 1	0.450
甘蔗	0.050	0.50	0.50	0.830 0	0.450
花生	0.200	0.43	0.10	0.018 2	0.450
油菜籽	0.150	0.25	0.10	0.005 5	0.450
烟叶	0.200	0.55	0.85	0.014 4	0.450
蔬菜	0.250	0.60	0.90	0.008 0	0.450
瓜类	0.050	0.70	0.90	0.011 0	0.450

6.3.2.3 空间自相关分析

探索性空间数据分析是揭示不同区域数据的结构性和规律性的数据分析方法，通常分为全局自相关和局部自相关两方面。为此，采用全局自相关分析方法，反映区域内耕地净碳汇量总联系程度和空间关联格局，通过全局 Moran's I 指数反映该变量样本在区域空间内的时空演变规律（Moran et al.，1950），计算公式为：

$$\text{Moran's } I = \frac{\sum_{i=1}^{n} \sum_{j=1}^{n} w_{ij}(x_i - \overline{x})(x_j - \overline{x})}{S^2 \sum_{i=1}^{n} \sum_{j=1}^{n} w_{ij}} \tag{6-3}$$

式中，n 为区域数量；$S^2 = \frac{1}{n}\sum\limits_{i=1}^{n}(x_i - \bar{x})$，$\bar{x} = \frac{1}{n}\sum\limits_{i=1}^{n}x_i$，$x_i$ 和 x_j 分别代表 i 区域和 j 区域耕地净碳汇值；w_{ij} 则表示邻接空间权重矩阵。

6.3.2.4　核密度估计

核密度估计是一种用于估计概率密度函数的非参数方法，可描述事物分布形态及演进特征，用于探究统计数据非均衡的动态演进特征（张卓群等，2022）。本研究采用核密度探究研究区耕地净碳汇值动态分布和演进趋势，借助波峰高度和宽度等指标分析集聚性和分散性特征。对于来自连续总体 X 的样本数据 x_1，x_2，x_3，$\cdots$，x_n，在任意一点处总体密度函数 $f_h(x)$ 的核密度估计可定义为：

$$f_h(x) = \frac{1}{nh}\sum_{i=1}^{h}K\left(\frac{x - x_i}{h}\right) \qquad (6-4)$$

式中，n 为观测数量；h 为带宽，根据均方误差最小的原则选择最优带宽；K 为核函数，采用最常用的高斯核函数。核密度越大，则表示数据集中程度越高；反之，则表示数据集中程度越小。

6.3.2.5　Pearson 相关系数

采用 Pearson 相关系数来确定耕地净碳汇与各因子之间的相关性和方向性。Pearson 相关系数取值范围为 $[-1，1]$，绝对值越高，表示相关性越强。公式如下：

$$r_{xy} = \frac{\sum\limits_{i=1}^{n}(x_i - \bar{x})(y_i - \bar{y})}{\sqrt{\sum\limits_{i=1}^{n}(x_i - \bar{x})^z}\sqrt{\sum\limits_{i=1}^{n}(y_i - \bar{y})^z}} \qquad (6-5)$$

式中，r_{xy} 为耕地净碳汇与各因子的相关系数；n 为区域数量；x_i 表示第 i 个地级市的驱动因素指标，y_i 表示第 i 个地级市耕地净碳汇值；$\bar{x}$ 和 $\bar{y}$ 分别为驱动因素指标和耕地净碳汇值的平均数。

6.3.2.6　地理探测器

地理探测器模型能够有效分析地理要素空间分异性各变量的影响程度。通过运用因子影响力探测和多因子交互探测功能（王劲峰等，2017），科学合理地探究耕地净碳汇时空格局成因。使用 K - means 聚类法对各影响因素指标进行离散化分级，计算各因素及其各交互作用对耕地净碳汇水平的影响力值 q，q 的取值区间为 $[0，1]$，q 越大，表明因子对耕地净碳汇影响程度越高。其计算公式为：

$$q = \frac{N\sigma^2 - \sum_{k=1}^{L} N_h \sigma_h^2}{N\sigma^2} \qquad (6-6)$$

式中，N_h 为下一级区域样本单元数；N 代表整个研究区域样本单元数；L 为下一级研究区域个数；σ^2 代表整个研究区域耕地净碳汇平方差；σ_h^2 为下一等级研究区域方差。

6.3.2.7 驱动因子指标体系构建

基于"社会发展—农业经济—耕地利用"框架，选取城镇化水平（x_1）、农村恩格尔系数（x_2）、农业产业结构（x_3）、农村劳动力投入（x_4）、耕地规模（x_5）、农业机械化水平（x_6）和化肥施用强度（x_7）7 个因子，运用地理探测器方法探讨影响耕地利用净碳汇的主导因素，为耕地利用固碳减排提供政策依据。

（1）在社会发展方面，选取城镇化率和农村居民恩格尔系数作为表征指标。城镇化率反映人口角度的地区经济水平，在城镇化推进过程中，耕地数量质量、利用方式均受到很大影响。农村恩格尔系数从乡村振兴角度衡量乡村发展状况（任世鑫等，2023），其在一定程度上影响了耕地利用主体决策，即农村居民的农业生产情况。

（2）在农业经济方面，选取农业产业结构和农业劳动力投入作为表征指标。农业产业结构体现农业产值结构侧重的不同，由于种植业兼具碳源和碳汇双重功能，种植业产值占农业总产值比重的不同会直接对净碳汇产生影响。农业劳动力投入反映耕地利用中的人员配置情况，与配套农用物资情况和农业生产经营模式关系密切（王如如等，2023）。

（3）在耕地利用方面，选取耕地规模、农业机械化水平和化肥施用强度作为表征指标。耕地面积直接决定农资投入和农作物产量，进而直接影响耕地碳源汇水平。农业机械化水平体现农业生产过程中农机使用状况，能够直接反映耕地利用的技术普及程度。化肥施用强度表示地均农业化学化程度（张慧等，2024），化肥作为耕地碳排放主要来源的同时也具备一定的作物增产作用，通过化肥施用量和农作物总播种面积的比值表示。

6.3.2.8 数据来源

研究对象为长江中游粮食主产地区 31 个地级市（县），所用数据来自《江西统计年鉴（2006—2022 年）》《湖南统计年鉴（2006—2022 年)》《湖北统计年鉴（2006—2022 年)》、各地市统计年鉴、社会经济统计公报以及 EPS 数据统计平台（https：//olap. epsnet. com. cn）。其中灌溉为有效灌溉面积，化肥施用量为折纯量，翻耕为农作物实际播种面积，个别缺失数据采用均值插补、线性插补及趋势外推法补齐。

6.4　结果与分析

6.4.1　耕地碳源汇时空演进分析

6.4.1.1　耕地碳源汇时序变化特征

基于研究框架核算长江中游粮食主产区耕地碳源汇水平，绘制研究区耕地碳源汇情况表和演进过程。

（1）耕地净碳汇。由表6-3、图6-2可知，长江中游粮食主产区耕地净碳汇量持续为正值，表明区域整体长期发挥碳吸收功能。2005—2021年耕地净碳汇总量从2 674.09万t增长到3 757.58万t，年均增速2.22％，碳汇功能不断凸显。耕地净碳汇增长主要经历三个阶段。①2005—2010年为高速增长期，年均增幅为3.61％，主要由碳吸收的增加驱动；②2011—2015年为稳步提升期，耕地净碳汇值增长约2.73％，主要受碳排放快速减少影响；③2016—2021年为波动递增期，其间虽有两年的减少，但期末碳吸收的基数和增速显著超过碳排放，致使净碳汇水平加速提升。在各市的净碳汇均值方面，均呈净碳汇效应，大多数低于150万t，高于200万t的仅有襄阳、上饶、荆州、宜春、常德五个城市。

（2）耕地碳源。研究期内长江中游粮食主产区耕地碳源经历了“先波动上升、后持续下降”的变化趋势，并于2012年达到峰值3 392.18万t。此后，特别是研究期末五年内，碳源年均下降率达到2.92％。从细分结构来看，各排放源贡献不一，发展趋势异同并存。其中，耕地土壤碳排放（氧化亚氮）占比最大，其次是农业物资碳排放，而水稻甲烷碳排放量占比最小。就各源头发展趋势而言，耕地土壤碳排放量发展轨迹先波动上升，期末有所下降；农业物资碳排放自2013年达到峰值后呈现下降态势；水稻甲烷碳排放量基数小且波动不明显。值得注意的是，三省耕地碳源时序变化趋势与区域整体大致一致，由于江西省氮肥施用量远低于其他两省，其耕地土壤碳排放量维持在较低水平。

（3）耕地碳汇。在研究期内，长江中游粮食主产区耕地碳汇能力持续波动上升，总碳汇量从5 782.24万t增加到6 583.73万t，年均增速0.84％。2015年前，碳汇量保持稳步上升，并达峰值6 970.65万t。此后，受耕地种植结构和农业布局调整影响，各类农作物种植面积和产量发生变化，导致耕地碳汇量出现波动性下降。三省中湖北省耕地碳汇量变化最为显著，研究期内上涨了401.79 万 t。

表 6-3　长江中游粮食主产区耕地碳源汇情况（2005—2021 年）

年份	碳源					碳汇			
	农业物资碳排放量（10^4 t）	水稻甲烷碳排放量（10^4 t）	耕地土壤碳排放量（10^4 t）	碳源总量（10^4 t）	增速（%）	碳汇总量（10^4 t）	增速（%）	净碳汇总量（10^4 t）	增速（%）
2005	1 293.43	288.08	1 526.63	3 108.15		5 782.24		2 674.09	
2006	1 306.71	287.33	1 499.80	3 093.85	−0.46	5 920.16	2.39	2 826.32	5.69
2007	1 321.13	287.20	1 486.57	3 094.90	0.03	6 047.72	2.15	2 952.83	4.48
2008	1 351.80	288.43	1 503.89	3 144.12	1.59	6 189.54	2.35	3 045.42	3.14
2009	1 395.96	300.19	1 533.32	3 229.47	2.71	6 443.13	4.10	3 213.67	5.52
2010	1 412.54	304.32	1 632.48	3 349.35	3.71	6 537.60	1.47	3 188.25	−0.79
2011	1 432.95	305.27	1 640.54	3 378.76	0.88	6 566.64	0.44	3 187.88	−0.01
2012	1 450.52	309.93	1 631.73	3 392.18	0.40	6 889.83	4.92	3 497.65	9.72
2013	1 467.43	312.06	1 607.28	3 386.77	−0.16	6 895.65	0.08	3 508.88	0.32
2014	1 456.26	314.68	1 578.26	3 349.20	−1.11	6 946.28	0.73	3 597.08	2.51
2015	1 439.57	317.02	1 576.51	3 333.10	−0.48	6 970.65	0.35	3 637.55	1.13
2016	1 423.22	312.19	1 542.55	3 277.96	−1.65	6 647.46	−4.64	3 369.50	−7.37
2017	1 382.69	306.44	1 518.48	3 207.61	−2.15	6 746.54	1.49	3 538.93	5.03
2018	1 349.75	298.46	1 421.15	3 069.36	−4.31	6 614.04	−1.96	3 544.68	0.16
2019	1 316.85	292.50	1 356.49	2 965.84	−3.37	6 476.25	−2.08	3 510.41	−0.97
2020	1 294.16	295.09	1 304.38	2 893.63	−2.43	6 533.52	0.88	3 639.88	3.69
2021	1 284.99	292.42	1 248.74	2 826.16	−2.33	6 583.73	0.77	3 757.58	3.23

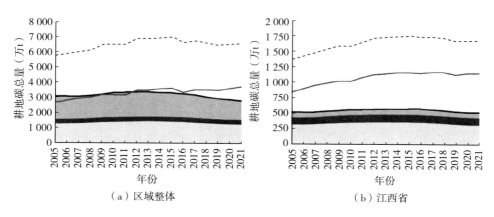

（a）区域整体　　　　　　（b）江西省

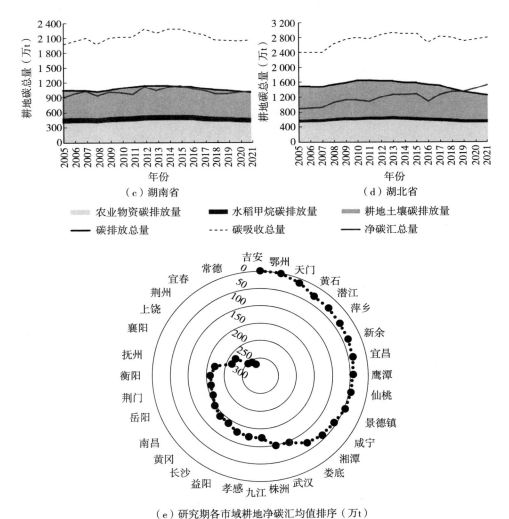

（e）研究期各市域耕地净碳汇均值排序（万t）

图 6-2　长江中游粮食主产区耕地碳源汇演变（2005—2021 年）

6.4.1.2　耕地净碳汇空间格局演变特征

为了更加直观展示长江中游粮食主产区耕地碳源汇水平时空动态演化过程，选取 2005 年、2010 年、2015 年和 2021 年为典型年份，结合手动分类法并对分段数值进行统一分级，将耕地净碳汇量由低到高分为低（负值）、中低（0 至 100 万 t）、中高（100 万至 160 万 t）和高（160 万 t 以上）4 类，分析长江中游粮食主产区耕地利用净碳汇水平空间分布格局。

（1）整体分析。研究区内部各地市在耕地净碳汇水平上存在显著差异，空间格局上整体呈低值点状分散分布、高值片状集聚分布的空间分布特征。相对而言，湖北省 13 市的平均耕地净碳汇水平高于江西 10 市和湖南 8 市。首先，长江中游粮食主产区耕地净碳汇水平逐年整体上升，表明耕地利用系统碳盈余优势的增强。其次，特别是在 2010—2015 年，市级单元间的净碳汇值差异显著扩大。此外，研究期末耕地净碳汇低水平地区逐渐减少至无，即研究区全域耕地净碳汇值均为正数，发挥良好的耕地碳汇功能；而耕地净碳汇高水平地区从 2005 年的 3 市增长至 2021 年的 13 市，呈现出空间集聚态势。

（2）演变分析。①2005—2010 年，长江中游粮食主产区耕地净碳汇水平普遍提高，特别是襄阳市、荆门市、岳阳市、抚州市、九江市和上饶市 6 市，由中高水平区跃升为高水平区，形成了西北-东南的条状高值聚集格局；②2010—2015 年，该区域的净碳汇水平普遍达到中低水平及以上，仅有吉安市为耕地净碳汇低水平地区，且净碳排量由 7.32 万 t 减少为仅 1.37 万 t，整体趋势向好。③2015—2021 年，研究区耕地净碳汇水平基本为中高水平及以上，已无地市为低水平地区，究其原因，主要是研究区各地市耕地碳排放量的显著减少和碳吸收量的适度增加。尤其是，荆州、常德和宜春三市由于其良好的耕地生态和合理的农业投入，始终保持在净碳汇的高水平区域，并呈现出稳定的增长趋势。

6.4.2 耕地净碳汇空间关联性分析

借助 Geoda 软件，对 2005—2021 年长江中游地区耕地净碳汇进行全局自相关性检验，得出 Global Moran's I 指数与显著性 P 值（表 6-4）。结果表明，Global Moran's I 指数值介于 $-0.235 \sim 0.212$，呈波动变化，有"先波动下降、后持续上升"态势。且基本通过 1% 的显著性检验，表明长江中游粮食主产区耕地净碳汇存在一定空间自相关性，但呈"正集聚—负集聚—正聚集"两种状态变化。从演变趋势来看，2008—2017 年，Moran's I 值持续为负值，且在 2015 年达到最低值 -0.235，耕地净碳汇呈显著空间负相关，区域差异显著。而 2018 年后 Moran's I 值呈上升趋势，且在研究期末 2021 年达到 17 年内的最高值 0.212，空间相关性有所增强，空间正相关集聚格局显现。这表明近年随着对农业固碳减排的认知日益深入，各地陆续制定各类耕地保护政策与低碳农业发展规划促使耕地碳净碳汇发挥正向空间溢出效应，同时，区域内低碳交流合作的不断加强也促进了耕地净碳汇水平的集聚性逐渐提升。

表 6 - 4　2005—2021 年长江中游粮食主产区耕地净碳汇水平 Global Moran's I 指数

年份	Moran's I	P 值	年份	Moran's I	P 值
2005	0.159	0.004	2014	−0.202	0.032
2006	0.202	0.001	2015	−0.235	0.022
2007	0.195	0.003	2016	−0.123	0.044
2008	−0.025	0.355	2017	−0.026	0.127
2009	−0.043	0.422	2018	0.129	0.005
2010	−0.163	0.064	2019	0.149	0.067
2011	−0.074	0.321	2020	0.168	0.031
2012	−0.168	0.084	2021	0.212	0.016
2013	−0.173	0.023			

6.4.3　耕地净碳汇演进趋势分析

为科学反映长江中游粮食主产区整体和各省局部耕地净碳汇的动态演进特征，借助 Matlab 软件绘制核密度估计图，纵坐标代表概率密度（图 6 - 3）。

（1）整体分析。如图 6 - 3a 所示，研究区整体耕地净碳汇核密度曲线中心有一定向右偏移趋势，这印证了研究期内耕地净碳汇量有所上升。从主波峰和波峰数量看，由研究期期初的"低宽峰"演变为研究期期末的"高尖峰"，尽管主峰数量不变，但侧峰隆起幅度变大且数量趋于稳定为 2 个，多极分化现象显著。总体上看，核密度函数变动区间变宽，区间变化明显，表明耕地净碳汇集聚度呈下降趋势，差距分化态势增强。从分布延展性来看，研究期内右拖尾现象增强，说明区域整体净碳汇水平有向高值方向扩散的趋势，揭示了长江中游粮食主产区耕地净碳汇水平及其区域差异均不断提高。

（2）省域分析。由结果可知，首先，江西省核密度曲线变化情况与区域整体保持一致，波峰变多增高而变动区间变宽并右迁，耕地净碳汇水平提高和扩散现象逐步凸显。其次，湖南省核密度曲线中心有向左偏移趋势，经历了"一主一侧"到"一主两侧"峰值的发展态势，期末三个峰值大概位于 100 万 t、270 万 t 和 300 万 t 位置处，且峰值高度差距较大，即耕地净碳汇空间非均衡性更加严重。此外，湖北省核密度曲线同样经历了一样的波峰数量变化，但主峰位置相对其他两个省份更靠左，且主峰峰值下降、宽度扩大，说明耕地净碳汇水平相对较低，且集聚性下降，在空间格局上愈发趋于分散。综上，区域整体和局部各省耕地净碳汇均存在整体扩散现象，逐渐演变为"一主两次"的波峰态势，即逐渐确定三个集聚高峰区间，形成三极分化格局。

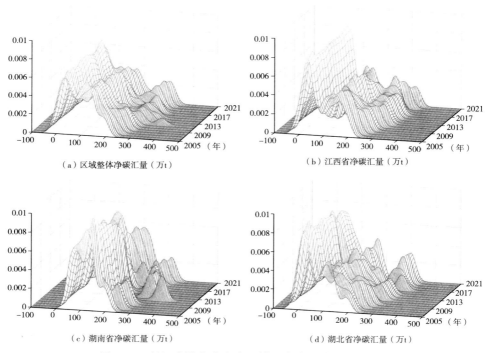

图 6-3　长江中游粮食主产区耕地净碳汇动态演进趋势

6.4.4　耕地净碳汇驱动因素分析

6.4.4.1　主要驱动因子识别及作用分析

　　运用地理探测器对长江中游粮食主产区耕地净碳汇量空间分异的驱动因子进行分析，运用 Pearson 相关系数确定驱动因子对耕地净碳汇的相关性和作用方向，结果如表 6-5 所示，所有探测因素均通过 1‰ 的显著性检验。由此可见，耕地利用和农业经济因素在耕地净碳汇空间格局驱动力较强，而社会发展因素对其影响相对较弱。

　　（1）耕地规模、农业机械化水平和化肥施用强度 q 值分别为 0.583、0.497 和 0.468，是影响耕地净碳汇空间布局的主导因素。结果表明，较大的耕地面积有助于提高耕作产量，进而有效增加耕地净碳汇量。同时，农业机械化水平的显著提升促进农业生产的低能耗和高效率，减排增汇作用明显。此外，化肥的合理施用对粮食增产具有显著促进作用，其对粮食单产的贡献率能达到40％以上。因此，基于土壤测试和作物营养需求的科学施肥能积极影响耕地的碳效应。

（2）农业劳动力投入和农业产业结构q值分别为0.354和0.103，是影响长江中游粮食主产区耕地净碳汇空间格局的重要因素。一方面，农业生产经营模式由劳动密集型向技术密集型转变，尽管劳动力投入的增加可能会伴随更多的农业物资使用，从而增加碳排放量，但技术密集型的经营模式能有效提高净碳汇；另一方面，种植业与畜牧业、渔业等相比具有较高碳汇功能，在农业产业中发挥特殊作用，农业产业结构变化对耕地净碳汇具有驱动作用。

（3）城镇化水平和农村居民恩格尔系数的q值较低，分别为0.076和0.032，表明其驱动力相对较弱。提高城镇化水平和降低农村居民恩格尔系数均可有效促进过剩的农村劳动力向非农行业转移，间接推动农业生产的规模化和集约化，在一定程度上影响耕地净碳汇水平。

表6-5　长江中游粮食主产区耕地净碳汇空间格局驱动因子探测结果

因子	$x1$	$x2$	$x3$	$x4$	$x5$	$x6$	$x7$
q值	0.076	0.032	0.103	0.354	0.583	0.497	0.468
p值	0.000	0.000	0.000	0.000	0.000	0.000	0.000
排序	7	6	5	4	1	2	3

6.4.4.2　驱动因子交互作用分析

由图6-4可知，不同的因子两两交互作用均增强，没有减弱或独立的情况。具体类型表现为双因子增强和非线性增强。其中，有13个交互项表现为双因子增强，余下8个则皆为非线性增强，直接表明研究区耕地净碳汇是多个不同因子交互作用的结果。

事实上，耕地面积和农业机械化水平与其他因子的交互作用对耕地净碳汇的空间格局具有显著影响，q值均在0.5以上，验证了耕地面积和农业机械化水平是影响耕地净碳汇空间分异的主导因子。特别是，二者的交互作用q值高达0.706，进一步证实了该协同效应在决定耕地净碳汇空间分异中的关键作用。值得注意的是，农村居民恩格尔系数与耕地规模、农业从业人员数、农业产业结构和城镇化水平因子之间交互作用呈现出非线性增强的特征，表明农村恩格尔系数的关键交互因子对耕地净碳汇空间分异格局具有多重空间叠加交互效应。

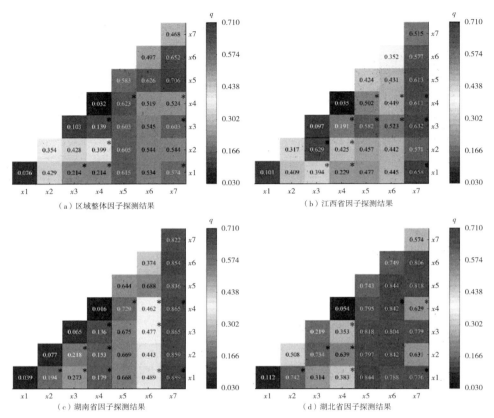

图6-4 长江中游粮食主产区耕地净碳汇空间格局驱动因子交互探测结果

6.4.4.3 驱动因素区域差异性分析

为探究不同驱动因子对长江中游粮食主产区耕地碳源汇空间分异格局的影响，消除地理位置跨度大以及各省份农业发展资源不均的影响，分别计算研究期内江西省、湖南省和湖北省3个地区单因子及交互因子的决定力，为后续制定差异化政策提供相关依据。

（1）从各省份因子探测情况来看，三省份耕地净碳汇的驱动因子影响程度与区域整体情况不尽一致，但均受耕地规模、农业机械化水平和化肥施用强度的显著影响。其中，导致江西省和湖南省耕地净碳汇区域差异的主导因子均为化肥施用强度，其 q 值分别为 0.515 和 0.822，明显高于其他因子。相对于其他两省，湖北省耕地净碳汇空间分异格局并不存在唯一显著的主导因子，耕地规模和农业机械化水平为影响力最大的2个驱动因子，其 q 值分别为 0.743 和

0.749。值得注意的是，农业从业人员数、农业产业结构、城镇化水平、农村居民恩格尔系数 4 因子对湖南省耕地净碳汇影响较小，q 值均小于 0.1。

（2）从因子交互作用结果来看，三省份不同因子两两交互作用均为双因子增强和非线性增强，这与区域整体情况一致，说明三省耕地净碳汇空间变化是多因子共同作用的结果。其中，从江西省交互因子探测结果来看，农业产业结构和农村居民恩格尔系数因子具有较强协同性，与其他因子的交互作用均为非线性增强。此外，从湖南省各因子交互作用来看，化肥施用强度因子与其他各因子交互作用最大，q 值均在 0.8 以上，说明化肥施用强度对湖南省耕地净碳汇空间分异格局起到决定性作用。最后，湖北省各因子交互作用水平普遍高于另两省，表明所选驱动因子对湖南省耕地净碳汇空间格局的解释力相对较高。

6.5 讨论与对策

6.5.1 研究讨论

耕地是自然-人工充分交互的复杂系统，其系统内碳源汇水平具有明显的阶段分化和空间分异性（张玥等，2023）。因此，本研究综合考量耕地系统的内外碳循环过程，科学引用以往研究的碳排放与吸收系数，将耕地碳源与碳汇有效衔接并进行合理测算，揭示了长江中游粮食主产区耕地系统碳平衡的客观状态。在此基础上，判断耕地净碳汇水平的时空演进过程及发展趋势，丰富了净碳效应视角下的粮食主产区耕地碳源汇核算研究。此外还明确了驱动因素间的较强协同作用以及区域内部的差异性，为理解耕地净碳汇作用机理提供了新见解。

结果表明，长江中游粮食主产区耕地净碳汇水平整体随时间呈波动上升态势，其中耕地碳源先波动上升、后持续下降，而耕地碳汇基本稳步提升。这揭示了该区域耕地利用正稳步向低碳化和绿色化转型，与多位学者探讨的中国耕地利用系统呈碳盈余状态的研究结果相一致（李强等，2022；钱凤魁等，2024），表明研究区域响应了全国耕地固碳减排加强的趋势。然而，在空间关联性和演进趋势研究结果中，均表现出区域内耕地净碳汇水平空间差异不断扩大，差距分化态势增强，在一定程度上与区域农业协同发展愿景不符。长江中游粮食主产区具有相似的气候地理条件和耕地利用方式，在后续发展中应积极加强区域内耕地净碳汇高值区的扩散效应，如推广低碳耕作技术、开展绿色农业交流合作等。在驱动因素研究结果部分，相较于已有研究成果（王莉等，

2022；贯君等，2024），本研究不仅评估了各驱动因素对耕地净碳汇的独立贡献，还深入探讨了这些因素之间的协同作用及其对空间分异格局的多重交互效应。其交互结果表明，耕地规模和农业机械化水平的协同效应在决定耕地净碳汇空间分异中起关键作用，这与相关研究结果相似（张慧等，2024）。基于以上耕地碳源汇分析结果，并结合区域耕地利用的实际状况得出针对长江中游粮食主产区的固碳减排策略。从驱动因素探讨方面提出效率促进建议，从碳源结构剖析方面提出科学引领建议，立足交流合作实际提出人才带动建议。

值得注意的是，尽管本研究对耕地碳源汇主题研究进行了补充和拓展，但仍存在以下局限。一是以长江中游粮食主产区 31 市耕地为研究对象，虽可为中部粮食主产区合作实现双碳目标提供耕地助力，但后续研究宜将东部和西部不同地理范围粮食主产区纳入进行横向比较，以增强政策建议的普适性和实施性；二是囿于核算结果区域可比性，基础排放与吸收系数相对固定且未考虑多重碳效应，仅考虑秸秆按比例还田措施的土壤氧化亚氮排放，而忽视了产量提升的碳汇效果以及过去部分秸秆露天燃烧的碳排现象，这些都是未来值得进一步研究的方向。

6.5.2　研究对策

（1）推动耕地规模化与机械化经营，以效率促进耕地低碳转型。影响耕地净碳汇空间分异主导因素为耕地规模和农业机械化水平。一方面，支持襄阳市、娄底市、萍乡市等耕地相对零散地区进行整合建设，同时能够有效促进撂荒地复耕复种，提高耕地碳汇能力；另一方面，农业机械化作为农业技术进步表现之一，对耕地碳减排有着持续推动作用，尤其是在环保农业机械设施的降耗提效促产方面。此外，耕地规模化与机械化经营使得保护性耕作得以有效推行，包括少/免耕、多样性复合种植系统等固碳减排措施。

（2）科学确定化肥等物资投入，以科学引导耕地低碳利用。农用物资碳排放是耕地碳源的主要构成，且降低空间最大。提高化肥等物资投入与耕地生产情况的适配度，一是需大力推广测土配方施肥、秸秆资源化利用和有机覆盖养土（盘礼东等，2021）等绿色生产技术，充分发挥技术驱动下的"高产高碳汇、低投低碳排"优势模式，特别是在受化肥施用强度驱动的湖南省株洲市、湘潭市等地市重点实施化肥减量增效行动；二是应积极响应国家绿色种养循环试点工作，探索禽粪污和废旧农膜科学回收再利用的长效机制，协同耕地面源污染与温室气体排放。

（3）重视农业从业人员素养培养，以人才带动耕地低碳发展。长江中游粮食主产区具有优渥的耕种条件，但农业产业多依靠于农村，农户作为耕地最直接的使用主体，其低碳理念直接关乎耕地碳源汇转换过程。为此，在区域合作背景下，一是应立足武汉城市圈、环长株潭城市群、环鄱阳湖城市群为主体的合作交流优势，形成政府、科研机构和农业劳动力群体多重主体的齐力合作方式；二是建立区域农学人才培养和低碳技术共享平台，不断夯实农业科技创新核心基础，通过技术与人才溢出效应使耕地净碳汇区域差异降低。

6.6　本章小结

（1）2005—2021 年，长江中游粮食主产区耕地净碳汇总量整体呈波动上升态势，经历了"稳步提升—高速增长—波动递增"阶段；从 2005 年的 2 674.09 万 t 提高到 2021 年的 3 757.58 万 t，年均增速 2.22%，碳汇功能不断凸显。研究区内部各地市的耕地净碳汇水平差异明显，但相对差距逐渐缩小，在空间格局上呈"低值点状分散、高值片状集聚"分布态势。

（2）从空间关联性演变规律来看，长江中游粮食主产区耕地净碳汇存在空间自相关性，全局 Moran's I 指数值介于 $-0.235 \sim 0.212$，且大多通过 1% 的显著性检验，呈"正集聚—负集聚—正聚集"交替状态变化。从动态演进上看，区域整体和局部各省耕地净碳汇均存在整体扩散现象，演变为"一主两次"的三极分化格局，随着时间推移耕地净碳汇水平及其区域差异均不断提高。

（3）长江中游粮食主产区耕地净碳汇驱动因素综合排序为：耕地规模＞农业机械化水平＞化肥施用强度＞农业从业人员数＞农业产业结构＞城镇化水平＞农村居民恩格尔系数，其中耕地利用和农业经济因素对耕地净碳汇空间格局驱动力较强，而社会发展因素影响相对较弱。此外，交互探测结果印证了耕地面积和农业机械化水平是最大影响力的主导因子，省域间耕地净碳汇驱动因子影响力探测结果存在区域差异性。

7 中国粮食主产区耕地利用转型空间演化特征

在对长江中下游粮食主产区耕地绿色利用效率时空演变特征分析基础上，从空间视角出发，尝试探究长江中游粮食主产区耕地利用转型过程的空间自相关性和重心迁移发展规律。本章将运用探索性空间数据分析方法，初步明晰研究区耕地利用综合转型、空间转型以及功能转型的全局空间自相关和局部空间自相关变化趋势。在此基础上，运用标准差椭圆分析方法，对耕地利用转型的重心迁移方向和速度变化进行总体测度和评价，以掌握研究区耕地利用转型重心发展方向和均衡性特征。

7.1 研究区域与理论分析框架

7.1.1 研究区域

长江中下游粮食主产区位于中国南方地区，地处 24°29′—35°20′N，108°21′—121°57′E，该区域包括江西、湖南、湖北、安徽和江苏五个省所管辖区域。2020 年，土地总面积约 81.19 万 hm²，约占我国总土地面积的 8.46%。区域耕地面积广阔，总面积约 21.77 万 hm²，约占我国耕地总面积的 17%。平原、丘陵、山地和水域面积占该区域总面积比重分别为 32.6%、27.47%、36.55% 和 3.38%。平均海拔高度在 0～3 105m，地势整体呈现西南高、东北低的特征。西部邻武陵山、巫山；东部有武夷山；北部靠大别山；南部有南岭，区域内还有黄山、庐山、雁荡山、衡山、武当山等名山。该区域属于亚热带季风气候，年均温 14～18℃，年降水量 1 000～1 500mm。该区域也是中国淡水湖群分布最集中地区，河网密布，湖泊主要有鄱阳湖、洞庭湖、太湖等。受河流湖泊冲刷淤积影响，分布有鄱阳湖平原、洞庭湖平原、江汉平原、江淮平原和太湖平原。优越的自然地理条件为该地区粮食生产奠定了良好的资源禀赋和发展基础，使该地区成为中国重要的粮、油、棉生产基地，2020 年农作物总播种面积为 3 831.40 万 hm²，地区粮食总产量达到 1.56×10⁴ 万 t，占全国粮食总产量的 23.53%（中华人民共和国国家统计局，2021）。尤其是，江西省开展耕地生态补偿，提升农业绿色转型积极性。为保护耕地资源，江西省全面实施耕地保护补偿制度，每年向耕地农民发放约 4.2 亿元补助，着力提高农业生态资源保护意识，促进耕地质量提升，尤其是 2021 年全省耕地质量平均等级上升至 4.75，近三个年度累计提升 0.22 个等级。

7.1.2　耕地利用理论分析框架

耕地利用是人类活动与耕地系统相互作用的综合过程，耕地利用转型是社会经济转型的结果。社会阶段由 A 点向较高的 B 点进行演替，在 A 点时，耕地资源条件和农业生产水平承载能力及运行机制达到饱和状态时，不同主体部门的利益冲突将在耕地上显现出来（宋小青等，2014）。为满足区域社会经济和环境持续发展要求，同时在自然环境、社会经济、政策技术等内外因素共同驱动下，围绕可持续利用和效益最大化目标，耕地利用主体会根据社会需要和耕地的实际条件来调整耕地利用行为来适应社会发展（龙花楼等，2012）。在初期阶段，由于调整要素相对较少，耕地利用形态的变化开始出现萌芽。耕地利用作为一个系统性的农业生产过程，其变化会带动多种相关要素的协同变迁，从而推动耕地利用形态的变化加速发展（马敬盼，2017；田俊峰，2020）。随着调整的深入，各要素之间的变化在各部门利益不断协调融合下，最终趋于平稳，耕地利用新格局显现，耕地利用形态变化，与 B 点社会阶段对应。当社会阶段朝着更高的 C 点发展时，原来 B 点社会阶段的耕地利用形态又需要随着发展做出调整，形成新一轮"萌芽期""快速期""融合期"和"平稳期"（李全峰，2017）。

对于不同尺度，耕地利用转型是基于人-地系统相互作用和联合制约的动态平衡以及循环反复过程（Lv et al.，2022）。而了解耕地利用的形态是解读耕地利用转型的关键，耕地利用形态演变涉及空间形态和功能形态，前者主要指的是耕地数量和景观的变化，以及利用结构的调整，而后者主要体现为耕地功能的变化，耕地功能是耕地的自然物质性与人类利用需求结合产生的，是耕地的固有属性（宋小青等，2014）。基于土地利用功能分类并结合粮食主产区特征状况，其功能可以分为粮食安全、经济贡献、生活保障和生态维持四项基本功能。据此，本研究构建了耕地利用"空间-功能"转型综合框架，从多个维度梳理和阐述耕地利用转型形成机理，有助于全面识别和评价耕地利用转型

（图 7 - 1）。

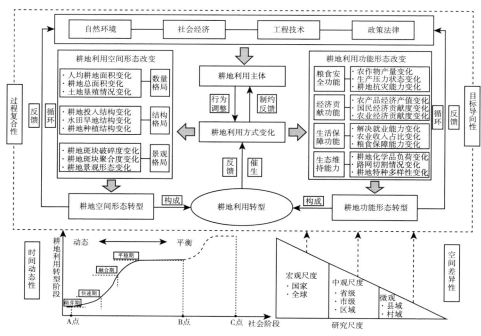

图 7 - 1 耕地利用转型理论分析框架

7.1.2.1 耕地利用空间形态转型

农业社会阶段，受人类需求动力以及生产水平所限，人地矛盾并未凸显。随着步入工业社会阶段，工业化、城镇化进程下，建设用地面积不断扩大，城市人口迅速增加，为适应社会发展需求，耕地利用空间形态也发生着变化（图 7 - 2）。

在耕地数量格局方面，中国城市扩张过程中挤占着城区周边大量优质耕地，特别是过去一些地方政府为追求短期利益，土地保护意识薄弱，出现违法占地行为，有限的耕地资源被侵蚀，并且我国人口基数大，人口总量不断增加，人均耕地面积呈现减少的趋势（Xu et al.，2021）。然而，粮食主产区在保障国家粮食安全、满足社会口粮需求和社会经济建设多重压力下，耕地开垦力度加大，土地垦殖率和利用强度随之增加（马贤磊等，2019）。在耕地利用结构上，随着农业生产方式的进步，社会耕地利用水平得到加强，为追求更高的生产效益，一方面，通过完善农业基础设施，加大农业科技及机械动力投入，同时加大农药化肥和农膜等化学物质的投入，来提高劳动生产率；另一方

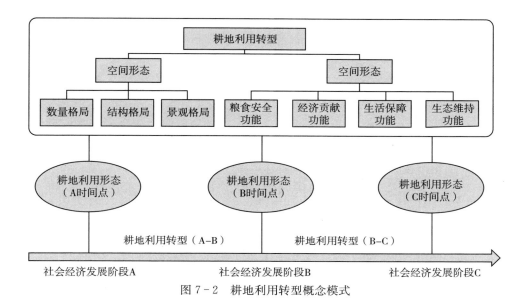

图 7-2　耕地利用转型概念模式

面，为稳定生产能力，地方将结合地区实际自然降水状况，对中低产田进行"旱改水"整治项目，造成水田和旱地结构发生变化。此外，在社会农产品需求结构以及耕地生产者比较利益驱使下，耕地生产的粮食作物和经济作物面积分别出现减少和增加的现象，甚至出现大量耕地非粮化现象，种植结构发生变化（许艳等，2022）。在景观格局上，城乡建设用地被侵占，加之过去耕地分配方式和产权调整过程存在的问题，共同导致耕地景观破碎化严重，形态不规则，不利于土地适度规模化经营和机械、信息技术的生产应用（Pierre et al.，2020）。

当耕地面积下降、非粮化及破碎化等现象不能顺应社会发展并威胁着可持续进程时，政府各部门会加大对耕地利用可持续性的关注，并通过采取相关措施遏制一系列问题。对于耕地数量的减少，其目标是引导耕地面积呈现从"增加"到"稳定"的变化趋势（李贤等，2024）。而面临粮食种植比例过低，个体种植户非粮种植风险较大的问题，政府将加强耕地用途管制，通过核实永久基本农田并加大种粮补贴等措施来控制耕地非粮化趋势，从而形成合理的种植结构。为便利农业生产，通过工程技术手段加强耕地整治来不断调整耕地地块的分布，并鼓励农户采取互利互换方式整合耕地，促使耕地景观格局不断朝着集中聚合和规则化的方向发展（Ma et al.，2020；陈艳林等，2023）。

7.1.2.2　耕地利用功能形态转型

耕地是复杂的自然-社会-经济系统，为保证生产和发展，人类对耕地利用产生了除粮食生产外更多元化的需求，如经济贡献、生活保障和生态维持等方面，耕地利用方式得到优化并不断多样化（姜广辉等，2011）。耕地多功能性是耕地的基本特性，从供给上看，耕地多样化利用是发挥耕地功能，满足需求的必然途径，从需求上看，实现耕地功能的拓展和升级，也要以满足人类社会需求为前提，从而耕地利用功能形态也发生着变化。

粮食主产区由于耕地资源先天优势及政府政策导向，粮食生产责任重大。对于耕地粮食安全功能而言，要保证粮食稳增保产，就要通过加大资源投入，改进农业生产技术，来提高农作物的生产能力（Liang et al.，2020）。但在此过程中，若高强度经营，耕地生产压力过大，可能产生超负荷经营，导致地力透支。同时耕地生产受自然影响十分显著，农业生产部门会兴修水利设施来缓解和抵抗旱涝等自然灾害。对于耕地经济贡献功能而言，将耕地生产农产品货币价值累加换算成经济产值，反映其经济价值生产能力（罗成等，2016）。同时，随着国家产业结构的调整，第一产业比重有所下降，加之生活水平的改善及消费能力的增加，居民食物需求不限于单一种类，而是追求多元化，因而农林牧副渔业结构不断调整，耕地对国民经济、农业经济的贡献作用随之变化。对于耕地生活保障功能而言，过去由于耕地利用机械化和规模化程度低，农作方式以精耕细作为主，因此农业劳动力占比较大，耕地生产效率较低。对大多数耕地生产者来说，耕地劳作可以提供就业机会，收获的农作物又可以满足自身和社会的基本口粮，且农作物售卖所获收入又是家庭重要经济来源，这不仅保障了农民的生活，也防止饥饿、失业等社会风险的发生，确保社会的稳定发展（张一达等，2020）。对于耕地生态维持功能而言，其生态状况的良好直接决定了可持续利用能力，但要注意到当前粮食产量提高，多依赖于农药化肥等化学制品使用的增加，加上农村公路铁路的修建，切割耕地的同时，加大地块间封闭性，这都会导致耕地土壤污染降解能力下降、生物多样性减少等问题，制约了耕地的生态功能（张英男等，2018）。

事实上，在社会经济发展由初级向较高级过渡过程中，耕地各功能之间也存在此消彼长的动态转型过程。随着土地、劳动力及资本市场的快速发展，耕地粮食安全和经济贡献功能将得到提升。耕地粮食生产效率得到提高的同时，也更加关注其利用的可持续性，地方政府通过休耕来让紧张的耕地得以休养生息，同时也缓解生态压力。而在城市化进程中，城市发展带来的机遇增加，在经济利益刺激下，大量农村劳动力向非农转移，导致农业人口减少，影响着耕地的生活维持功能（吕添贵等，2013）。此外，面对农业粗放利用带来的耕地生态环境问题，人类开始调整其与自然的关系，减少农药化肥的使用并推广绿色肥料，耕地的生态维护功能受到关注并得到改善。

7.1.3　耕地利用转型评价指标体系

7.1.3.1　耕地利用空间转型评价指标选取

　　基于上述耕地利用空间和功能转型过程以及特征理论分析，本研究将指标体系分为耕地空间形态和功能形态两大目标层。结合已有研究和区域实际，耕地空间形态用数量格局、结构格局及景观格局表征，耕地功能形态用粮食安全功能、经济贡献功能、生活保障功能和生态维持功能表征（表 7-1）。

　　（1）耕地数量格局评价指标的选取综合考虑了人均耕地资源禀赋、耕地数量变化情况和耕地利用程度三个方面。耕地数量的增减对粮食生产至关重要，人均耕地面积可以体现区域内耕地资源禀赋条件（马敬盼等，2017）；耕地面积的增减情况体现了耕地数量的变化；土地垦殖率可以反映耕地利用程度（柯善淦等，2021）。因此，选择人均耕地面积（x_1）、新增/减少耕地面积（x_2）和土地垦殖率（x_3）来衡量耕地数量格局的变化（Ma et al.，2020）。

表 7-1　耕地利用转型评价指标体系与各指标权重

目标层	因素层	指标层	单位	权重	解释	属性
空间形态	数量格局	人均耕地面积	hm²	0.070	耕地面积/农村人口	+
		新增/减少耕地面积	hm²	0.021	耕地较上一年增加/减少的面积	+
		土地垦殖率	%	0.080	耕地面积/总土地面积	+
	结构格局	省增投入比例	—	0.067	劳均农业机械总动力/地均化学品投入	+
		粮经比	—	0.047	粮食作物种植面积/经济作物种植面积	+
		水田旱地比例	—	0.106	水田面积/旱地面积	+
	景观格局	斑块破碎度	—	0.055	耕地斑块总数/耕地景观总面积	+
		斑块聚合度	—	0.073	邻接斑块数量/耕地斑块总数	+
		景观形态指数	—	0.050	E/min_E	—

(续)

目标层	因素层	指标层	单位	权重	解释	属性
功能形态	粮食安全功能	地均粮食产量	kg/hm²	0.014	粮食总产量/粮食播种面积	+
		耕地压力指数	—	0.010	（粮食自给率×人均粮食需求量）/（粮食单产×粮食作物播种面积比例×复种指数×人均耕地面积）	—
		有效灌溉系数	%	0.052	有效灌溉面积/农作物播种面积	+
	经济贡献功能	地均种植业产值	元/hm²	0.079	种植业总产值/耕地面积	+
		国民经济贡献度	%	0.047	种植业总产值/地区生产总值	+
		农林牧副渔业贡献度	%	0.031	种植业总产值/农林牧副渔业总产值	+
	生活保障功能	种植业从业比例	%	0.032	种植业从业人口/总劳动力人口	+
		人均农业收入占比	%	0.039	农民人均农业收入/农民人均纯收入	+
		人均粮食保障率	%	0.036	粮食总产量/（常住人口×400 kg)	+
	生态维持功能	耕地化学品负荷	t/hm²	0.025	农药、化肥、农膜使用量/耕地面积	—
		路网密度	km/hm²	0.026	（公路里程＋铁路里程）/耕地面积	—
		耕地物种多样性	—	0.038	$Sim = 1 - \sum_{i=1}^{n} P_i^2$	+

注：式 $Sim = 1 - \sum_{i=1}^{n} P_i^2$ 中，Sim 是物种多样性指数；P_i 是第 i 种作物的播种面积与作物总播种面积的比率；i 是作物类型；n 是作物类型的数量。根据研究区域的实际种植情况，选择粮食作物、蔬菜作物、瓜类作物和油料等作物进行计算。

（2）耕地结构格局评价指标体现出耕地投入结构、种植结构和类型结构三方面的变化。农业机械动力投入与化学品投入分别代表耕地生产过程中节省劳动力的投入和增加产量的投入，两者比例的变化反映了耕地投入结构的变化（牛善栋等，2020）；粮食作物和经济作物种植面积的比例代表耕地的种植结构；长江中下游粮食主产区的耕地类型主要为水田和旱地，两者面积比例的变化反映了耕地类型的变化（郭凯等，2021）。因此，选择耕地投入结构（x_4）、粮食作物和经济作物种植面积比例（x_5）、水田和旱地面积比例（x_6）来表征耕地结构格局的变化。

（3）耕地景观格局评价指标要反映耕地景观形态在农业生产活动中的变化。景观格局主要包括耕地斑块的破碎度、聚集度和不规则情况，既反映了耕地地块经营的集中程度，又反映了耕地耕作的便利性。如果耕地斑块破碎度较高且景观形状指数较大，表明耕地相对零散，形状不规则，不利于耕地的规模化经营和机械化生产（Deng et al.，2015）。因此，选择耕地斑块破碎度（x_7）、聚合度（x_8）和景观形态指数（x_9）来反映耕地景观格局变化（向敬伟等，2016）。

7.1.3.2　耕地利用功能转型评价指标选取

（1）耕地粮食安全功能不仅表现在耕地对粮食数量安全的保障，还体现在耕地利用可持续性的维持上，评价指标可以从耕地粮食生产能力、耕地生产压力情况和自然灾害抵御能力三个方面考虑。作为粮食重要生产基地，耕地粮食安全功能是长江中下游粮食主产区耕地最重要的功能（朱庆莹等，2018）。粮食作物产量可以反映耕地的粮食生产能力；耕地压力指数体现出耕地在粮食生产过程中的资源紧张程度（姜广辉等，2011）；耕地有效灌溉面积越大，表明耕地抗旱性越强。故选择耕地地均粮食产量（x_{10}）、耕地压力指数（x_{11}）和有效灌溉系数（x_{12}）来表征耕地的粮食安全功能。

（2）耕地经济贡献功能主要体现在耕地自身经济价值生产能力以及促进国民经济、农业经济等方面发展的能力上（郭凯，2011）。耕地地均种植业产值越大，表明耕地自身经济生产价值越高；耕地种植业产值在国民经济总产值和农业经济总产值中所占的比重越大，表明耕地对经济发展的贡献能力就越强（姜广辉等，2011）。因此，选取地均种植业总产值（x_{13}）、国民经济贡献度（x_{14}）和农林牧副渔业贡献度（x_{15}）体现耕地经济贡献功能。

（3）耕地生活保障功能评价指标应反映耕地对农村人口就业、经济收入和社会粮食的保障（杜国明等，2021）。在长江中下游粮食主产区农村劳动力大量流向非农产业的背景下，种植业人口占农村人口的比例代表了耕地对农村人口的就业吸纳力（彭小敏，2019）。农民人均农业收入占总收入的比例代表了农村人口对耕地的经济依赖程度。人均粮食保障率表征人们生存对耕地的依赖程度。因此，选择种植业从业人员比例（x_{16}）、人均农业收入比（x_{17}）和人均粮食保障率（x_{18}）来度量耕地生活保障功能（Jiang et al.，2020）。

（4）耕地生态维持功能评价指标可分为农业生产活动中耕地对化学品和公路设施建设造成的耕地生态系统负面压力的承载力，以及耕地生态系统自身的恢复力。耕地化学负荷越重，对耕地生态破坏程度越大（李秀芬等，2010）；路网密度越大，对耕地切割作用越明显，会破坏生态系统的完整性；作物物种多样性指数越高，耕地生态系统的恢复力就越强。长江中下游地区是中国重要的生态安全区，耕地作为农田生态系统的一部分，合理有效地利用耕地将减少对自然环境的破坏，维护生态系统的平衡（宋小青等，2020）。因此，生态维持功能用耕地化学负荷（x_{19}）、路网密度（x_{20}）和作物物种多样性（x_{21}）来反映。

7.1.3.3　耕地利用功能转型评价结果

耕地利用转型评价指标体系中各指标都在不同程度上影响了耕地利用形态的变化状况，对长江中下游粮食主产区耕地利用转型整体状况进行了评价，根据各指标权重，运用加权求和法测度得到耕地利用转型指数，公式如下（张一达等，2020）。

$$E = \sum_{i=1}^{n} W_j \times y_{ij} \qquad (7-1)$$

式中，E 为耕地利用转型指数；W_j 为各指标权重；y_{ij} 为各指标标准化值。

本研究将空间转型和功能转型指数进行加权求和，测度得到 2000—2020 年长江中下游粮食主产区耕地利用综合转型指数均值，并在此基础上绘制研究区耕地利用综合转型变化趋势图（图 7-3）。

（1）从整体上看，研究区耕地利用综合转型指数为 0.245，呈明显上升趋势，由 2000 年的 0.191 上升至 2020 年的 0.283，转型指数增加 0.092，增幅为 48.168%。其中，研究区耕地利用综合转型指数极差由 2000 年的 0.128 扩大至 2020 年的 0.215，表明研究区耕地利用综合转型指数区域间内部差异性不断扩大。

（2）分省域看，2000—2020 年，各省耕地利用综合转型指数同样呈上升趋势，但省域间耕地转型发展非均衡性较显著。综合转型指数均值由高到低排名依次为：江苏省（0.271）、安徽省（0.251）、湖南省（0.237）、江西省

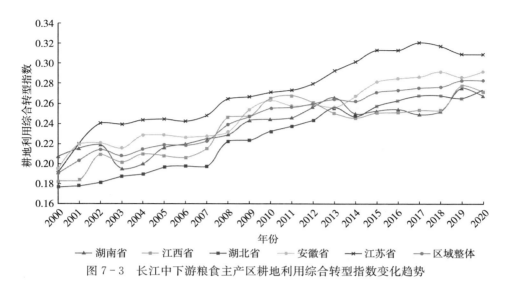

图 7-3 长江中下游粮食主产区耕地利用综合转型指数变化趋势

（0.236）、湖北省（0.227），增长率分别为 62.264%、49.590%、29.951%、49.123%、54.943%。可推测各地区之间自然及社会经济状况的整体差异，导致耕地利用转型的变化发展也差别鲜明。

（3）从极值来看，综合转型指数均值最高的是恩施州（0.408），最低为苏州市（0.138）。其中，综合转型指数排序前 20 的地市中，所占城市数量最多的省份分别为湖北省和安徽省，均为 6 个。湖北省依次是恩施州（0.408）、天门市（0.299）、荆门市（0.290）、荆州市（0.289）、潜江市（0.287）和鄂州市（0.284），安徽省依次是亳州市（0.340）、宿州市（0.326）、蚌埠市（0.318）、淮北市（0.309）、阜阳市（0.304）和滁州市（0.283）。

综合对比来看，综合转型指数排序后 20 的地市中，所占城市数量最多的省份分别为湖南省和安徽省，均为 6 个。湖南省依次是娄底市（0.209）、株洲市（0.208）、邵阳市（0.207）、湘西州（0.197）、怀化市（0.185）和常州市（0.179），安徽省依次是六安市（0.205）、马鞍山市（0.197）、宣城市（0.177）、池州市（0.170）、黄山市（0.164）和铜陵市（0.154）。综上反映出安徽省耕地利用综合转型指数虽较高，但城市间的耕地利用综合转型指数差距较大，两极分化现象严重，其主要原因是受区位因素影响，江苏省经济发达，辐射作用较大，距离江苏省较近的安徽省北部地市耕地利用转型程度较强，而距离较远的安徽省南部地市耕地利用转型程度较弱（表 7-2）。

表7-2 长江中下游粮食主产区耕地利用综合转型指数均值

城市	转型均值	城市	转型均值	城市	转型均值	城市	转型均值
恩施州	0.408	滁州市	0.283	淮南市	0.241	六安市	0.205
亳州市	0.340	淮安市	0.276	黄冈市	0.231	九江市	0.200
盐城市	0.338	仙桃市	0.276	咸宁市	0.231	马鞍山市	0.197
南通市	0.331	新余市	0.270	孝感市	0.230	湘西州	0.197
宿州市	0.326	长沙市	0.269	合肥市	0.228	宜昌市	0.190
蚌埠市	0.318	鹰潭市	0.269	萍乡市	0.226	怀化市	0.185
淮北市	0.309	宜春市	0.268	景德镇市	0.225	十堰市	0.183
阜阳市	0.304	益阳市	0.267	黄石市	0.223	常州市	0.179
常德市	0.301	宿迁市	0.266	南京市	0.221	赣州市	0.177
南昌市	0.300	连云港市	0.260	芜湖市	0.217	宣城市	0.177
天门市	0.299	吉安市	0.257	安庆市	0.217	池州市	0.170
荆门市	0.290	武汉市	0.255	随州市	0.213	神农架林区	0.164
荆州市	0.289	衡阳市	0.254	郴州市	0.213	黄山市	0.164
潜江市	0.287	襄阳市	0.253	张家界市	0.210	铜陵市	0.154
岳阳市	0.287	永州市	0.249	上饶市	0.210	无锡市	0.153
徐州市	0.286	扬州市	0.248	娄底市	0.209	苏州市	0.138
泰州市	0.285	湘潭市	0.243	株洲市	0.208	均值	0.245
鄂州市	0.284	抚州市	0.243	邵阳市	0.207		

7.2 耕地利用转型空间自相关发展特征

7.2.1 耕地利用转型空间自相关研究方法

探索性空间数据分析（Exploratory spatial data analysis，ESDA）是在地理空间邻域基础上对空间数据关联性和集聚性的可视化分析，被广泛用来解释事物间的空间关联程度以及离散程度，因而能够有效判别长江中下游粮食主产区耕地利用转型空间集聚特征，该方法通常采用全局和局部两种空间自相关系数进行测度（王喜等，2006）。

（1）全局空间自相关系数。全局空间自相关可以探索空间样本属性的总体均衡情况，用统计量 Global Moran's I 表示，以 Moran 散点图的分布表现研究区整体耕地利用转型的变动趋势是否存在空间相关性，并对应到 HH、HL、

LH、LL 四个象限，代表四种集聚类型。其公式如下。

$$I = \frac{n \sum\limits_{i=1}^{n} \sum\limits_{j=1}^{n} w_{ij}(x_i - \overline{x})(x_j - \overline{x})}{\sum\limits_{i=1}^{n} \sum\limits_{j=1}^{n} w_{ij} \sum\limits_{i=1}^{n} (x_i - \overline{x})^2} \qquad (7-2)$$

式中，I 为全局莫兰指数；x_i、x_j 分别为城市 i 和城市 j 的耕地利用转型指数；$\overline{x}$ 是各区域转型指数平均值；n 表示样本总量；w_{ij} 是对应于区域 i 和区域 j 的空间权重矩阵的权重值。I 取值范围为 $[-1, 1]$。$I < 0$ 表示负相关，$I = 0$ 表示不相关，$I > 0$ 表示正相关。并且 I 绝对值越接近 1，则集聚程度越明显，空间相关性越强。

（2）局部空间自相关系数。可进一步验证空间样本观测值的局部集聚情况，用 Moran's I_i 指数表示，通常采用 $LISA$ 聚集图的形式展示空间邻近区域单元属性值的相似程度，本研究用此来检验研究区耕地利用转型在空间上的局部集聚特征。其表达式如下。

$$I_i = \frac{(x_j - \overline{x}) \sum\limits_{j} [W_{ij}(x_j - \overline{x})]}{\sum\limits_{j} \dfrac{(x_j - \overline{x})^2}{n}} \qquad (7-3)$$

当 $I_i > 0$ 时，则以高-高/低-低表示该空间单元耕地利用转型指数均高/低于周围空间单元指数，并且综合空间差异较小。当 $I_i < 0$ 时，则以低-高/高-低表示耕地利用转型指数低/高的空间单元，以及高/低于周边单元指数，而且综合空间差异较大。

7.2.2　耕地利用转型全局空间自相关发展特征分析

为深入分析长江中下游粮食主产区耕地利用转型全局空间自相关发展规律，借助 GeoDa 软件测算 2000—2020 年耕地利用转型全局 Moran's I 指数（图 7-4），发现研究期间耕地利用转型全局 Moran's I 指数均为正值，且均通过 1% 或 5% 的显著性检验，说明研究区耕地利用转型在地理空间分布上存在显著的正集聚效应。

（1）耕地利用综合转型全局 Moran's I 指数均值为 0.420，波动范围为 0.339~0.523，并存在阶段性的差异。其中，2000—2008 年，全局 Moran's I 值由 0.409 增加至 0.523，表明耕地利用综合转型过程的全局空间自相关性不断增强，在此之后，主要呈现下降趋势，2020 年指数降至 0.401，反映耕地利用综合转型过程的空间协同性逐渐减弱。

（2）耕地利用空间转型过程全局 Moran's I 指数均值达到 0.447，全局空间自相关性相对较高，主要原因在于研究区各单元耕地数量、结构和景观格局的变化发展受国家政策导向影响较大。从发展趋势来看，全局 Moran's I 值大致呈"上升—下降—上升"的浮动状态，但空间集聚性总体增强，由 2000 年的 0.370 增加至 2020 年的 0.467。

（3）耕地利用功能转型过程全局 Moran's I 指数均值为 0.240，全局空间自相关性始终弱于空间转型过程，究其原因，在于研究区各单元间对耕地不同功能的需求差异受区域社会经济影响明显。其发展趋势相对稳定，全局 Moran's I 值主要处于 0.2～0.3，从 2000 年的 0.198 增加至 2020 年的 0.285，空间集聚性总体有所强化。

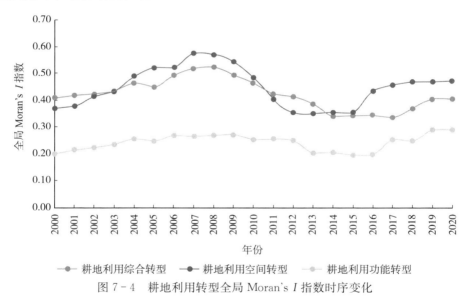

图 7-4 耕地利用转型全局 Moran's I 指数时序变化

7.2.3 耕地利用转型局部空间自相关发展特征分析

为进一步明晰长江中下游粮食主产区耕地利用转型的局部空间自相关发展规律，本研究将耕地利用转型过程 I_i 值导入 ArcGIS 软件绘制研究时点耕地利用转型 LISA 集聚图。总体上，耕地利用转型局部集聚特征变化差异明显。

（1）从耕地利用综合转型来看，空间集聚整体上表现出东北—西南高、中部低的特征。2000—2020 年，HH 集聚主要分布在研究区东北部边缘的江苏

省和安徽省内以及西南部的湖南省内，其中，东北部的宿州—宿迁—淮安一带
HH 集聚较稳定，而西南部变化明显，2014 年集聚消散后，至 2020 年又开始
显现。LL 集聚始终稳定处于研究区中部地区的湖北省和安徽省内，以宣城—
芜湖—安庆一带集中分布，形成耕地利用综合转型"洼地"。LH 集聚主要邻
HH 集聚分布，有娄底、株洲和淮北等地市，表明这些地市耕地利用转型水平
明显弱于周边地市。HL 集聚主要邻 LL 集聚分布，有荆门、襄阳和景德镇等
地市，反映这些地区耕地利用转型较为强劲，却未对周边地区产生辐射带动
作用。

（2）从耕地利用空间转型上看，空间集聚整体上表现出东北高、中部低的
特征。2000—2020 年，HH 集聚持续集中分布于研究区东北部，从安徽省内
的徐州、亳州和宿迁等地市向东部的连云港、淮安和盐城等地市辐射扩散后又
有所收缩。而西南部湖南省内 HH 集聚现象仅在 2000 年襄阳和永州显现，
2007—2020 年集聚现象消失。LL 集聚经历了"增强-弱化"发展过程，从最
初呈带状分布在中部地区湖北省和安徽省内的荆门、黄冈和宣城等地市，后逐
步向东偏移并收缩至池州、黄石等地市。LH 集聚仅在 2020 年显现于徐州，
HL 集聚主要分布在恩施和襄阳。

（3）从耕地利用功能转型上看，空间集聚整体上表现出西南高、中部低的
特征。2000—2020 年，研究区 HH 集聚与 LL 集聚的分布与空间转型相反，
HH 集聚主要分布在西南部湖南省内的益阳、娄底和湘潭等地市，并出现向中
部方向发展的苗头。LL 集聚数量不断增加，2020 年仅有黄石市，此后扩张到
中部的安徽省内，包含亳州、六安和合肥等地市。LH 集聚单元散落在随州、
孝感和怀化等地市，HL 集聚主要分布在抚州和襄阳。

7.3　耕地利用转型空间重心迁移特征

7.3.1　耕地利用转型重心迁移研究方法

标准差椭圆法（*Standard Deviational Ellipse*，SDE）是利用椭圆长短轴
和重心分布情况来定量描述空间要素全局特征的空间统计方法。其中椭圆方位
角表示主趋势方向，长轴表示地理空间要素在其方向上的离散程度，平均重心
点表示相对位置，平均重心点随时间移动的方向和速度可以反映空间要素整体
偏移方向和速度，本研究利用该方法能够直观地表达耕地利用转型重心的迁移
特征，从而了解耕地利用转型发展的方向和均衡性，具体公式如下。

$$\tan\theta = \frac{(\sum_{i=1}^{n} w_i^2 x_i'^2 - \sum_{i=1}^{n} w_i^2 y_i'^2) + \sqrt{(\sum_{i=1}^{n} w_i^2 x_i'^2 - \sum_{i=1}^{n} w_i^2 y_i'^2)^2 + 4\sum_{i=1}^{n} w_i^2 x_i'^2 y_i'^2}}{2\sum_{i=1}^{n} w_i^2 x_i'' y_i''}$$

$$(7-4)$$

$$\overline{X} = \frac{\sum_{i=1}^{n} w_i x_i}{\sum_{i=1}^{n} w_i}; \overline{Y} = \frac{\sum_{i=1}^{n} w_i y_i}{\sum_{i=1}^{n} w_i} \qquad (7-5)$$

$$\sigma_x = \sqrt{\frac{\sum_{i=1}^{n} (w_i x_i' cos\theta - w_i y_i' sin\theta)^2}{\sum_{i=1}^{n} w_i^2}}; \sigma_y = \sqrt{\frac{\sum_{i=1}^{n} (w_i x_i' sin\theta - w_i y_i' cos\theta)^2}{\sum_{i=1}^{n} w_i^2}}$$

$$(7-6)$$

式中，$\tan\theta$ 表示椭圆方位角正北方向顺时针旋转到椭圆长轴所形成的夹角；$(\overline{X},\overline{Y})$ 为耕地利用转型重心坐标；x_i、y_i 为空间区位要素；w_i 表示权重；x_i'，y_i' 表示不同点要素距离平均中心的坐标偏差；σ_x 和 σ_y 分别为沿 x 轴和 y 轴的标准差。

7.3.2 耕地利用转型重心迁移方向发展特征分析

利用 ArcGIS 软件对长江中下游粮食主产区耕地利用转型空间重心迁移路径进行分析。2000—2020 年研究区耕地利用综合、空间及功能转型标准差椭圆整体迁移均呈东北—西南格局，具有向东北偏移趋势，椭圆长轴均呈东北—西南格局，短轴均呈西北—东南格局，椭圆形态变化幅度相对稳定，但转型发展空间非均衡显著（表 7-3）。

（1）耕地利用综合转型重心总体由西南向东北方向迁移，且出现向西南方向迂回的趋势，表明转型热点主要在研究区东北部的安徽省、江苏省以及湖北省东部的地市。其椭圆转角由 2000 年的 52.515°缩小至 2007 年的 49.500°，继而扩大到 2020 年的 51.523°，从长轴方向上看，主半轴标准差由 2000 年的 568.008km 减少至 2014 年的 559.224km，后又增长至 2020 年的 568.362km，表明耕地利用综合转型在东北—西南方向极化现象减弱后又得到加强。从短轴方向上看，辅半轴标准差由 300.182km 减少至 292.389km，表明西北—东南方向的耕地利用综合转型空间地区分散性减弱。

表 7 - 3　耕地利用转型标准差椭圆参数变化

类型		年份			
		2000	2007	2014	2020
综合转型	转角 θ°	52.515°	49.500°	52.067°	51.523°
	沿 x 轴的标准差（km）	300.182	293.807	294.232	292.389
	沿 y 轴的标准差（km）	568.008	560.550	559.224	568.362
空间转型	转角 θ°	52.058°	48.192°	51.074°	50.476°
	沿 x 轴的标准差（km）	304.821	294.466	295.573	292.081
	沿 y 轴的标准差（km）	570.397	564.146	559.163	565.779
功能转型	转角 θ°	53.504°	52.447°	53.714°	53.063°
	沿 x 轴的标准差（km）	291.835	290.809	291.583	291.269
	沿 y 轴的标准差（km）	559.983	550.793	555.403	566.556

（2）耕地利用空间转型重心迁移方向与综合转型基本一致，呈西南—东北方向并出现迂回状态，表明耕地利用空间转型热点也主要在研究区东北部。由于区位条件优越及国家发展政策支持，研究区东北部的江苏省和安徽省内等地市经济快速发展，工业化、城镇化的"跃进"及农业现代化的积极探索，使城乡土地作用频率增强、耕地生产结构调整加快，进而导致耕地数量、结构及景观格局变化更为凸显。其椭圆转角由 2000 年的 52.058°缩小至 2020 年的 50.476°，从长、短轴方向上看，主半轴和辅半轴标准差分别由 570.397km 和 304.821km 减少至 565.779km 和 292.081km，表明耕地利用空间转型在东北—西南方向呈收缩趋势，而在西北—东南方向出现极化现象。

（3）耕地利用功能转型重心迁移方向与空间转型相反，呈东北—西南方向且有所回旋，反映耕地利用功能转型热点主要集中在研究区西南部的湖南省、江西省以及湖北省西部等地市。由于鄱阳湖平原和洞庭湖平原农业基础好，农业综合生产能力强，随着近年长江中游城市群一体化战略的推进，产业结构调整加快，耕地生产劳动力向二、三产业流动加剧，加上国家生态文明建设试点的推进，耕地生态问题有所改善，使耕地各功能之间不断协调制约。其椭圆转角和辅半轴标准差较稳定，而主半轴标准差由 559.983km 增加至 566.556km，表明东北—西南方向耕地利用功能转型极化现象显著。

7.3.3 耕地利用转型重心迁移速度发展特征分析

从重心迁移路程上看，2000—2020 年长江中下游粮食主产区耕地利用转型重心迁移路径变化并不特别显著，转型重心始终位于黄冈市范围内。其中，耕地利用综合转型重心共迁移 30.475km，空间转型重心共迁移 59.393km，功能转型重心共迁移 42.802km。

从重心迁移速度上看，研究期间耕地利用迁移速度主要呈放缓趋势。耕地利用综合转型重心迁移速度先从 2.580km/年下降到 0.835km/年后略微增大至 1.095km/年，空间转型重心迁移速度从 5.264km/年下降到 1.507km/年，功能转型重心迁移速度从 3.553km/年下降到 0.864km/年。这主要是社会经济转型驱动的结果，区域经济发展带来耕地生产投入要素改变和调整以及不同经济发展阶段对耕地需求不同，最终改变耕地利用方向和深度。近年来，国家愈发重视区域高质量发展，长江中下游地区经济增长及城镇化进程速度有所放缓，因而耕地转型重心迁移速度放缓（表 7 - 4）。

表 7 - 4　耕地利用转型重心迁移速度

单位：km/年

类型	时段			
	2000—2007	2007—2014	2014—2020	2000—2022
综合转型	2.580	0.835	1.095	1.534
空间转型	5.264	1.929	1.507	2.970
功能转型	3.553	1.821	0.864	2.140 1

7.4　耕地利用转型驱动机制分析

耕地利用转型驱动机制反映的是耕地利用因何变化，如何变化的过程，是区域自然环境内部条件和社会经济外部条件联合驱动下，耕地利用自身要素属性发生改变以适应特定时期，而导致耕地利用形态转变的过程。

7.4.1 自然环境内部条件驱动

自然环境因素通过决定耕地先天生产能力来影响耕地利用转型的大方向，是耕地利用转型的基础支撑，主要包括区域地形地貌、气温、降水和土壤等自然禀赋要素，与人口产业的分布、耕地数量、类型和景观形态状况，以及农作物的生长周期、耕种方式等密切相关，自然环境因素的变化可以促进耕地利用形态转变（李全峰等，2017）。受地理空间差异性影响，不同地域的主导自然驱动因子不同，如干旱地区，气候、水文是影响耕地利用转型的重要自然驱动力，而在喀斯特地区，则是地形地貌和土壤条件（史洋洋，2019）。

长江中下游粮食主产区地域跨度广，自然环境差异对耕地利用转型的影响不容忽视。从地形条件看，地势平坦地区一般水热条件良好，土壤肥沃，耕地集中连片，且人口集聚，生产基础好，便于耕地规模经营，以及推广农业技术来提高耕地粮食和经济生产效益（廖柳文等，2021）。而地形起伏、崎岖地区，耕地破碎化程度高则不利于耕地生产利用。温度是农作物能量的来源，能够促进合成有机质来满足耕地农作物生长的必要条件，影响作物种植类型和分布格局等方面。降雨通过调节区域水资源分布状况并进行灌溉，对农作物生长发育及其质量和产量的影响不容忽视。若地区发生旱涝灾害通常导致耕地水田旱地占比结构发生变化以及农作物减产，威胁到耕地产出能力和粮食安全。另外耕地土壤质量对农作物生长有着直接影响，其透水性、酸碱度和有机质含量等影响着作物类型的产出率，同时其土壤生态系统为持续耕作提供良好生态维持（龙花楼等，2022）。综上，自然环境因素在空间格局上的差异通过耕地景观、温度、水分和土质等分配状况的变化从而改变耕地生产能力，影响着耕地空间形态和功能形态，推动着耕地利用转型。

7.4.2　社会经济外部条件驱动

社会经济发展转型过程中，在国家和区域发展目标的刺激下，耕地利用对应的社会经济结构的调整是耕地利用转型的核心驱动力。社会经济外部条件驱动以经济发展为主轴伴生着人口、技术和制度因素的改变，从而影响着耕地利用方式及功能结构变化，推动耕地利用转型（图7-5）。

（1）经济发展因素。社会经济发展是耕地利用转型的直接动力，耕地利用形态通常与经济发展阶段相对应，其包含的经济发展水平、资产投入力度、产业结构以及交通能力的空间格局差异与耕地利用状况有直接关系（Li et al.，2021）。长江中下游粮食主产区经济较发达，人口密集，对于粮食的数量需求和种类要求较大，在工业化、城镇化快速推进中，建设用地的不断扩张，挤压、占用并分割耕地资源，耕地数量格局和粮食安全功能稳定面临压力时，将促使耕地利用朝集约化、规模化方向演替（Hong et al.，2021）。固定资产投

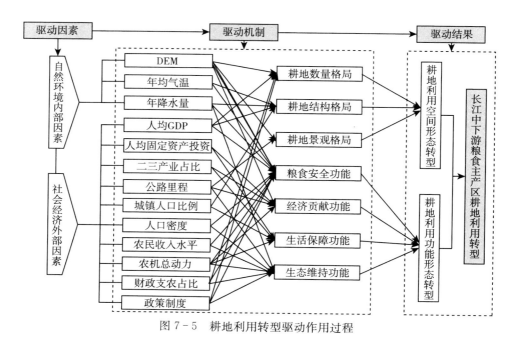

图 7-5　耕地利用转型驱动作用过程

资水平和产业结构在社会经济转型的同时发生调整，固定资产投资表征经济发展过程中第二三产业增长情况，随着二三产业比重的不断上升，大量人口、资金和资源等生产要素脱离耕地，影响着耕地经济贡献功能和生活保障功能（吕添贵等，2023）。与此同时，二三产业的反哺作用会带来完善的农业基础设施、现代化耕地生产技术，并加快农产品的商品化，进而推动耕地利用转型。另外，区域交通运输能力越强，农作物运输越便捷，越有助于减少运输成本，推动农产品走向市场化，提高农户粮食生产积极性和耕种意愿。但需要注意的是，交通运输设施的建设会也对耕地造成切割，从而破坏耕地的景观形态和生物多样性，制约耕地的生态维持功能。

（2）社会人口因素。我国经济结构调整加快，城镇化水平大幅提高，耕地生产受人口需求变化的直接作用，保障生态和粮食安全，对耕地集约化、规模化经营提出了迫切需求。人口因素涵盖城镇发展程度、人口承载能力和农民生活水平等方面，它们共同作用于耕地的家庭生活保障能力、种植结构及生产要素配置状况（钱凤魁等，2022）。城镇化过程中大量农村人口流入城镇定居及务工，造成了耕地撂荒、非农化、农村空心化等现象，改变了以往以种植业为获取家庭经济收入主要途径的生活模式，耕地生活保障功能发生变化。此外，人们生活水平提高，对农产品品质和种类提出更高要求，促进着耕地种植结构的调整（Wang et al.，2022）。人口承载能力通常体现为因自然增长或人口迁移所导致的人口密度变化。人口越集聚，人均耕地越少，但对农产品需求量却越大，这就要求必须提升耕地的生产率（张一达等，2020）。然而，耕地过度利用易造成耕地地力下降，同时也给耕地粮食生产和生态环境造成巨大压力。此外，农民生活水平的提高，使其有能力改善资金、服务和技术等生产投入要素，实现耕地生产资源优化配置，增加耕地产出率，特别是环保意识的不断提升促使耕地生产要素更加集聚并朝绿色高效方向发展，促进耕地利用转型。

（3）农业技术因素。技术是经济发展的手段，经济发展过程中对耕地生产效益提出了更高要求，耕地利用水平的提高则需要现代化农业技术支持。同时，经济发展作用于农业生产人才、技术和生产工具，带来技术提升和农机普及，改变了耕地生产条件、生产主体积极性以及耕地生态建设，提高了耕地生产效率（蒋正云等，2021）。农机总动力是区域农业技术水平的重要标志，农机总动力的提高一方面释放部分农业劳动力，提升农业劳动力素质，增强了耕地综合生产能力，影响着耕地粮食生产、经济贡献和生活保障功能；另一方面，产生的农机污染排放影响着耕地生态系统状况（马贤磊等，2019）。财政支农力度体现区域对农业技术建设重视程度，支农力度越大，越有利于普及农业技术人才、完善农业基础设施、改善农业技术条件，进而稳固农业基础地位，提高生产主体积极性。尤其是当前农业绿色转型背景下，财政支农资金将更多倾向于耕地绿色生产技术提升，减少化肥农药农膜使用量和利用率，增加绿肥使用量，推广测土配方施肥技术以改善耕地生态环境，稳定耕地生态维持功能，推动耕地利用转型（于法稳，2016）。

（4）制度因素。相应社会经济阶段有与之匹配的政策制度，耕地利用转型主要受产权制度、土地管理政策影响显著。一般而言，土地产权结构影响着耕地利用经济效益行为，决定着农业经济活动主体及其财富的分配（李全峰等，2017）。过去"耕地私有化"利用下，农户对耕地依附性较强，而在当前加快推进土地使用权流转的背景下，农业生产朝资本化发展，耕地生产要素配置水平不断优化，农户不再过度依附耕地，耕地生产方式改变（史洋洋等，2019）。可以看出土地产权结构的调整，带来耕地利用要素组合变化，促进耕地利用转型。对于土地管理层面而言，在区域人地相互作用下，一定时期耕地利用方式难以适应可持续发展要求时，导致的社会经济和生态问题显现时，政府会出台相应的法律制度来响应（宋小青，2017）。如当前实施的耕地占补平衡、耕地用途管制、永久基本农田以及征收耕地占用税,通过引导或约束耕地利用主体行为,来保证耕地数量质量稳定,同时遏制非农化趋势(龙花楼,2006)。此外,配合土地整治等相关工程与技术将政策制度落地实施,从而实现对耕地利用转型的有效管控。

7.5 耕地利用转型驱动因素分析

7.5.1 耕地利用转型驱动因素选取

区域范围在自然环境内部条件和社会经济外部条件相互作用、共同约束下,耕地利用空间和功能形态随耕地利用方式和经营形式调整发生转变(表7-5)。在上文驱动机制分析的基础上,结合科学性、系统性和可操作性原则,本研究从地形、气温和降水角度选取 DEM、年均气温和年降水量构成自然环境驱动因素(李全峰等,2017),从经济、人口和技术角度选取人均GDP、人均固定资产投资、二三产业占比、公路里程、城镇人口比例、人口密度、农民收入水平、农机总动力和财政支农占比构成社会经济发展外部驱动因素(柯善淦等,2021),对长江中下游粮食主产区耕地利用空间和功能形态转型驱动机制进行综合量化考察。

表7-5 耕地利用转型驱动因素指标选取

目标层	指标层	指标计算	指标释义
自然环境内部条件	DEM	城市平均高程	地形地貌基础
	年均气温	年平均气温	区域气温条件
	年降水量	平均年降水量	区域降水条件
社会经济外部条件	人均GDP	GDP/总人口	经济发展水平
	人均固定资产投资	固定资产投资/总人口	资产投入力度
	二三产业占比	二三产业产值/GDP	产业结构水平
	公路里程	年终公路里程	交通运输能力
	城镇人口比例	城镇人口/总人口	城镇发展程度
	人口密度	总人口/土地总面积	人口承载能力
	农民收入水平	农民人均纯收入	农民生活水平
	农机总动力	农业机械总动力	农业科技水平
	财政支农占比	财政支农支出/财政总支出	财政支农力度

7.5.2　耕地利用转型驱动因素研究方法

由于长江中下游粮食主产区耕地利用转型指数存在显著空间正相关性，故引入空间计量模型探究耕地利用转型的驱动因素，本研究运用 *GeoDa* 软件分别进行最小二乘回归模型（*Ordinary least square*，OLS）、空间滞后模型（*Spatial lag model*，SLM）与空间误差模型（*Spatial error model*，SEM）回归分析，选取拟合效果最优的回归模型，进而分析各因素对耕地利用转型驱动作用机制。

（1）最小二乘回归模型为线性回归模型，它以全部因变量估计值与实际值的误差平方和最小为原则来寻找最优匹配函数，其表达形式如下（卢新海等，2018）。

$$Y_i = \beta_0 + \sum_{j=1}^{k} \beta_j X_{it} + \varepsilon_i \qquad (7-7)$$

式中，Y_i 为因变量，X_{it} 为自变量；$i=1$，$\cdots$，n 是观测单元个数；β_0 为常数项；β_j 为第 j 个回归参数；ε_i 为随机误差项。

（2）空间滞后模型反映各变量在地理空间上的空间溢出效应，其表达形式如下。

$$Y = \rho W y + X\beta + \varepsilon \qquad (7-8)$$

式中，Y 为因变量，X 为自变量；W 为空间权重；ρ 是空间自回归系数，反映观测值之间空间相互作用程度；β 是 X 的参数向量；ε 是随机干扰项。

（3）空间误差模型反映空间扰动相关和空间总体相关。其表达式如下。

$$Y = X\beta + \varepsilon \qquad (7-9)$$
$$\varepsilon = \lambda W \varepsilon + \mu \qquad (7-10)$$

式中，Y 是因变量，X 为自变量；W 为空间权重；β 是回归残差向量；ε 是随机误差向量；λ 为自回归参数，反映观测值之间的空间依赖作用；μ 为正态分布的随机误差向量。

7.5.3　耕地利用空间转型过程驱动因素分析

对 2000—2020 年长江中下游粮食主产区耕地利用空间和功能形态变化的驱动因素进行空间计量回归分析，各时段耕地利用形态指数均通过空间自相关检验。通常拟合系数 R^2 越高、自然对数似然函数值（logL）越大、赤池信息准则（AIC）和施瓦茨准则（SC）越小，则拟合效果越好，模型解释力越强

（付慧等，2020）。据此，本研究 SEM 模型解释研究时段内耕地利用空间转型和功能转型的驱动机制，计量结果分别如表 7-5 和表 7-6 所示。其中，2000—2020 年长江中下游粮食主产区耕地利用空间转型主要驱动因素是 DEM、年均气温、年降水量人均 GDP、人均固定资产投资、二三产业占比、公路里程、城镇人口比例、人口密度、农民收入水平、农机总动力和财政支农占比，各驱动因素均呈现明显的时空非平稳性。

（1）自然环境内部因素对耕地利用空间转型的驱动机制。2000—2020 年自然环境内部驱动因素中仅 DEM 表现出显著性，其中：①DEM 对耕地利用空间转型指数在研究时段内呈 1% 显著性水平下的负相关，主要在于地形较高区域多以山地地形为主，人口密度较低，农业发展受限，耕地利用空间格局受人为因素干扰较小，因此耕地利用转型指数较低；②年均气温未通过显著性检验，研究区降雨量在研究时点内变化较小，因而未产生显著影响；③年降水量也未通过显著性检验，表明其也未对研究区耕地利用空间转型产生显著影响。

（2）社会经济外部因素对耕地利用空间形态转型的驱动机制。2000—2020 年社会经济外部因素对耕地利用空间形态转型影响深远，且各驱动因素作用方向和程度差异显著。在经济发展层面：①人均 GDP 从 1% 显著性水平下的正相关转为 5% 显著性水平下的正相关，显著性下降，随着经济发展更加追求质量以及耕地可持续利用不断得到重视，地方政府投入大量资金进行耕地综合整治，稳定了人均耕地数量和地块完整度；②人均固定资产投资由不显著发展为呈 10% 水平下的负相关，日益增长的固定资产投资会侵占耕地资源与发展空间，同时当前固定资产投资粗放、资源开发过度等导致城乡建设用地无序扩张、水土环境污损，进而造成耕地斑块聚集度降低；③二三产业占比主要在 5%～10% 置信水平下显著负相关，随着二三产业占比的增加，城镇化、工业化过程中建设用地蔓延侵蚀着耕地，影响了耕地数量和景观形态，同时伴随城乡人口结构和食物需求不断转变，影响了耕地利用方式，特别是垦殖强度、投入结构和种植结构的调整；④公路里程由在 10% 显著性水平下负相关发展为不显著，交通基础设施建设的完善虽然便利了农产品市场化，但对耕地景观完整性造成一定破坏，随着近年耕地用途管制的持续推进，耕地斑块破碎化趋势得到有效控制，这使得耕地空间转型影响系数被弱化。

在社会人口层面：①城镇人口比例影响力度增强，由不显著发展为 5% 的显著正相关，城市对农村人口的吸收，造成农业人口下降，推动了耕地规模经营和机械化生产，促使农村人均耕地面积增加，生产投入结构发生改变；②人

表7-6　耕地利用空间转型驱动因素空间回归分析结果（2000—2020年）

影响因子	2000 OLS	2000 SLM	2000 SEM	2007 OLS	2007 SLM	2007 SEM	2014 OLS	2014 SLM	2014 SEM	2020 OLS	2020 SLM	2020 SEM
DEM	-0.128***	-0.036**	-0.099***	-0.105***	-0.080**	-0.123***	-0.139***	-0.072**	-0.176***	-0.171***	-0.085**	-0.189***
年均气温	0.023	0.018	0.026	-0.007	0.023	0.029*	0.021	0.032	0.025	-0.012	0.029	0.011
年降水量	0.009	0.009	0.003	0.010	0.006	0.005	-0.021	-0.012	0.007	-0.026*	-0.022	-0.015
人均GDP	0.118***	0.132***	0.134***	0.134***	0.151***	0.156***	0.087**	0.106***	0.144***	0.062*	0.038*	0.036*
人均固定资产投资	-0.018	-0.031	-0.032	-0.040*	-0.054*	-0.052*	-0.055**	-0.052**	-0.064**	-0.046	-0.36	-0.043**
三二产业占比	-0.087**	-0.065**	-0.066**	-0.018*	-0.012*	-0.038*	-0.015	0.038*	-0.045*	-0.064**	-0.047**	-0.029*
公路里程	-0.012*	-0.036*	-0.062*	-0.015	-0.027*	-0.073*	-0.028*	-0.049*	-0.042*	0.003	-0.013*	-0.004
城镇人口比例	0.013	0.020	0.024	0.071	0.100***	0.108**	0.055**	0.084**	0.109**	0.085**	0.090**	0.115***
人口密度	0.071**	0.079**	0.088**	0.033*	0.031*	0.069*	0.070**	0.081*	0.072**	0.111**	0.097**	0.102**
农民收入水平	-0.006	0.022	0.025	0.023	0.043*	0.042*	0.047*	0.073**	0.092**	0.054*	0.056*	0.082*
农机总动力	0.036*	0.033*	0.015	0.032*	0.054*	0.039*	-0.053**	0.021	0.043**	-0.002	-0.067	0.027*
财政支农占比	0.036*	0.062*	0.060*	0.059*	0.052*	0.067*	0.055**	0.071**	0.085**	0.057*	0.069*	0.078*
W-Y		0.716***			0.705***			0.689***			0.713***	
Lambda			0.792***			0.776***			0.739***			0.789***
R^2	0.521	0.756	0.795	0.646	0.725	0.746	0.534	0.715	0.749	0.553	0.774	0.792
logL	353.219	408.365	418.067	309.050	373.516	378.196	339.304	400.237	408.876	308.284	319.263	335.432
AIC	-678.353	-786.221	-808.050	-590.017	-716.394	-724.309	-650.652	-785.710	-790.668	-588.613	-601.761	-611.590
SC	-635.462	-739.372	-765.158	-547.125	-667.673	-681.289	-607.761	-738.989	-759.414	-545.721	-560.912	-568.826

注：*、**、***分别表示在10%、5%、1%的显著性水平下显著相关。

口密度由5％的显著性水平下正相关发展为1％的显著性水平下正相关，人口的集聚影响了人均耕地面积，同时也影响了耕地的种植结构，从而促进耕地利用空间形态的转型；③农民收入水平由不显著转为5％显著性水平下正相关，农民人均纯收入的增加意味着农民有能力投入更多的机械和化肥农药等耕地生产物资，同时有能力进行良田改造，影响了耕地利用空间形态。

在农业技术层面：①农机总动力主要在5％～10％置信水平下显著正相关，农业机械化程度的提高促进耕地生产现代化水平的提升，另外，机械化生产推广对耕地的集中连片程度提出更高要求，从而促进耕地景观的集聚性提升；②财政支农占比主要在5％置信水平下呈正相关，政府财政支农占比的提升，加大了土地整治项目的资金支持，促进了如旱改水、垦造耕地等项目的有效实施。

7.5.4 耕地利用功能转型过程驱动因素分析

2000—2020年长江中下游粮食主产区耕地利用功能转型主要驱动因素是DEM、年均气温、降水量、人均GDP、人均固定资产投资、二三产业占比、城镇人口比例、人口密度、农民收入水平、农机总动力和财政支农占比，各驱动因素均呈现明显时空非平稳性（表7-7）。

（1）自然环境内部因素对耕地利用功能转型的驱动机制。2000—2020年自然环境内部各驱动因素作用方向和程度差异显著，其中：①DEM对耕地利用功能转型指数主要呈10％显著性水平下的负相关，长江中下游粮食主产区西部山地丘陵区耕地生产限制较大，不利于农田基础设施建设和耕地有效生产，制约了耕地粮食生产、经济产值和对农民生活的保障程度，因而未对耕地利用功能转型起到良好推动作用；②年均气温由5％的显著性水平下正相关发展为10％的显著性水平下正相关，长江中下游粮食主产区处于亚热带季风气候，热量充沛，有利于丰富物种多样性，缩短生产周期，提升农作物熟制，增加农产品产量和经济产值，同时也有利于增加农户收入，稳定粮食保障率；③年降水量主要在5％置信水平下显著正相关，研究区降雨充沛，雨热同期，不仅有利于耕地生产，同时一定程度上净化了耕地生产的化学制品残留，维持耕地生态环境。

（2）社会经济外部因素对耕地利用空间形态转型的驱动机制。2000—2020年社会经济外部各驱动因素作用方向和程度差异显著。在经济发展层面：①人均GDP呈1％水平下的显著正相关，长江中下游粮食主产区作为中国经济增

表7-7　耕地利用功能转型驱动因素空间回归分析结果（2000—2020年）

影响因子	2000 OLS	2000 SLM	2000 SEM	2007 OLS	2007 SLM	2007 SEM	2014 OLS	2014 SLM	2014 SEM	2020 OLS	2020 SLM	2020 SEM
DEM	-0.034*	-0.032*	-0.036*	-0.045*	-0.039*	-0.047*	-0.029	-0.047*	-0.046*	-0.041*	0.048*	-0.050*
年均气温	0.056**	0.056**	0.061**	0.047*	0.045*	0.044*	0.022	0.026	0.015	0.037	0.044**	0.042*
年降水量	0.077**	0.081**	0.091**	0.069**	0.079***	0.083***	0.072**	0.083***	0.087***	0.050**	0.066**	0.067***
人均GDP	0.232***	0.265***	0.269***	0.186***	0.191***	0.196***	0.207***	0.246***	0.249***	0.162***	0.198***	0.216***
人均固定资产投资	0.085*	0.112***	0.092**	0.071**	0.128***	0.132***	0.69**	0.96**	0.098**	0.073**	0.076**	-0.085**
二三产业占比	-0.063**	-0.071***	-0.074**	-0.058*	-0.069**	-0.073**	-0.092***	0.086**	-0.090**	-0.077**	-0.089**	-0.092**
公路里程	0.023	-0.015	-0.009	-0.018	-0.006	-0.003	-0.005	-0.020	-0.011	-0.061***	-0.061***	-0.073***
城镇人口比例	0.065**	0.069**	0.066**	0.183***	0.229***	0.218***	0.099***	0.159***	0.173***	0.140***	0.173***	0.194***
人口密度	0.051**	0.062**	0.068**	0.065**	0.054*	0.050*	0.072**	0.075*	0.081**	0.46**	0.044	0.032
农民收入水平	0.085**	0.103**	0.115**	0.072**	0.068**	0.051*	0.047*	0.095***	0.010°	0.088**	0.102**	0.093**
农机总动力	0.128***	0.092***	0.089**	0.082**	0.054**	0.069**	0.057**	0.041**	0.043**	0.041**	0.062**	0.067**
财政支农占比	0.038*	0.073**	0.076**	0.027	0.047*	0.058*	0.037*	0.076**	0.058**	0.044**	0.071**	0.049**
W-Y		0.574**			0.693***			0.732***			0.740***	
Lambda			0.612***			0.725***			0.763***			0.774***
R²	0.425	0.654	0.664	0.595	0.637	0.640	0.519	0.561	0.606	0.552	0.640	0.669
logL	425.94	473.636	486.577	433.763	498.573	505.546	386.452	455.753	479.746	458.284	476.643	482.543
AIC	-886.365	-901.579	-918.564	-758.017	-886.864	-893.566	-799.242	-852.578	-874.630	-745.543	-825.346	-834.763
SC	-742.574	-808.304	-831.386	-686.572	-699.458	-747.364	-743.747	-758.347	-779.764	-637.645	-645.740	-649.647

注：*、**、***分别表示在10%、5%、1%的显著性水平下显著相关。

长极，经济发展的反哺作用带来资金技术等支持，同时在社会需求变化和政策调整共同作用下，耕地作物产量和经济价值持续增长，耕地粮食安全和经济贡献功能不断提升；②人均固定资产投资主要在5％的置信水平下呈显著正相关，固定资产投资增长有利于推动乡村企业发展，改善农业生产设备和基础设施条件，提升耕地生产水平，拉动农民收入增长，但同时也释放了部分务农人口，影响耕地生活保障功能；③二三产业占比主要在5％的置信水平下显著负相关，长江中下游粮食主产区工业发展迅速，二三产业产值占GDP比重的快速增长必然导致农业份额收缩，同时二三产业建设项目占用大量优质耕地，部分地区在工业进程中对农业基础地位有所忽视，为保证粮食产量，过度使用农药化肥，影响了耕地的生态维持功能，特别是工业化进程中农民就业的渠道增加，不仅收入来源多元化，也影响了耕地的生活保障功能；④公路里程由未通过显著性检验转为在5％置信水平下显著负相关，研究区交通运输业发达，公路铁路密集，不仅阻碍了耕地自然排灌，割裂了耕地地块，还易对农田造成污染，影响作物生长，阻碍了耕地生态维持功能，因而未对耕地利用功能转型产生正向作用。

在社会人口层面：①城镇人口比例影响力度增强，由5％的显著性水平下正相关发展为1％的显著性水平下正相关，长江中下游粮食主产区自21世纪初以来城镇化水平进入迅速提升期，农业人口大量减少，影响着耕地生活保障功能，同时社会粮食需求结构的改变，促使农作物种植结构调整，也影响着农作物经济产值的变化；②人口密度由5％的显著性水平下正相关发展为10％的弱显著，在优越的自然地理和经济条件下，研究区人口总量较大，社会口粮需求极大，因此，在资金、技术和政策的综合作用下，粮食产量不断提升。近年来，随着人口增速放缓及粮食生产的稳定发展，耕地功能转型的影响作用逐渐减弱；③农民收入水平主要在5％显著性水平下正相关，长江中下游粮食主产区农民人均收入不断提升意味着农民有能力投入更多耕地生产物资，使得农业生产效益提升，巩固耕地粮食安全和经济贡献功能，同时在环保观念不断普及下，农民也会减少化学制品施用量，购置良种，进行绿肥种植，有利于促进耕地生态维持功能提升。

在农业技术层面：①农机总动力主要在5％置信水平下显著正相关，长江中下游粮食主产区农业生产条件好，农业机械普及率较高，一定程度上减轻了农民负担，在保证农产品质量和产量的同时，提高耕地的生产效益，促进耕地利用功能转型；②财政支农占比主要在10％置信水平下显著正相关，研究区粮食安全生产责任重大，因此政府对农业生产较为重视，财政对农业生产资金支持力度较强，保障了农业基础设施和农田改造项目推进，提高了农户积极性。另外支农资金侧重于农业技术提高和农业生态改善方面，有利于耕地质量提高，促进了耕地粮食安全和生态维持功能的转型。

7.5.5　耕地利用转型调控路径分析

基于长江中下游粮食主产区耕地利用转型理论框架、演变特征和驱动机制分析等章节，能够有效辨别研究区耕地利用转型发展目标，面临的突出问题及主导驱动因素。为实现社会经济发展过程中耕地利用正向转型、有序转型，在上述分析基础上搭建耕地利用转型优化调控框架，依据调控目标，针对研究区耕地利用现实问题厘清调控思路，并结合主要驱动因素进一步提出优化调控路径。耕地利用转型优化调控要根据耕地利用过程中存在的现实问题，采用相对应的政策、技术等手段和方法，在满足人地系统良性互动客观规律下，有目的地对耕地利用现状进行调整，从而促使耕地利用形态转型的不断优化，提出以自然生态与人文社会为核心的双重调节结构，为实现耕地可持续利用提供调控参考。

7.5.5.1　耕地利用转型优化调控目标

耕地资源可持续利用是耕地利用转型优化调控的首要目标，也是社会经济向高阶段、有序发展的前提（周健民，2015）。一是耕地数量稳定，包括严密耕地保护法律制度体系，严格划定耕地和永久基本农田保护红线，严控耕地转为非农建设用地和其他农用地等。二是耕地质量提升，通过改良土壤，改进栽培方式，实现保水节肥，控污修复，建设高标准农田，不断提升耕地基础地力。三是耕地生态优化，通过建立耕地生态保护激励机制，完善耕地生态保护监督机制，创新保护性耕作技术，使耕地生态系统保持良好状态。

7.5.5.2　耕地利用转型优化调控思路

根据耕地利用转型调控目标，结合长江中下游粮食主产区耕地利用转型现状特征和驱动因素，从自然生态与人文社会角度，提出耕地利用转型优化调控思路，包含耕地资源综合治理，经济、社会和生态效益相协调，宏观引导与规划调控，集约节约高效利用等方面（吕添贵，2015；龚河阳，2022）。

（1）耕地资源综合治理。伴随经济快速发展，长江中下游粮食主产区景观破碎化程度加剧，威胁耕地生态系统安全。耕地资源综合治理是改善耕地生态环境的重要手段，也是实现耕地资源利用与社会经济发展协调的基础。在快速城市化过程中，耕地资源开发利用范围在不断拓展延伸，与耕地整体环境不相协调，因此，对耕地资源进行综合治理是实现耕地利用转型调控的根本。

（2）宏观调控与规划引导。当前长江中下游粮食主产区耕地利用转型放缓，但在市场主体利益导向规律下，耕地"非农化""非粮化"现象更易凸显，严重破坏了耕地质量，更威胁着国家粮食安全，因而促进耕地优化利用需要政府加强宏观调控，在深刻把握区域耕地利用转型时空特征及驱动机制的基础上，适时调整耕地保护国土空间规划体系及相关土地调控配套政策。

（3）社会、经济和生态效益相协调。长江中下游粮食主产区耕地粮食安全、社会保障、经济贡献和生态维持功能发展不协调。从社会层面看，耕地对农民就业吸纳能力下降；从经济层面看，耕地对家庭经济和社会经济的贡献度也有所下降；从生态层面看，物种多样性逐渐下降，耕地农药化肥农膜施用总量依旧巨大。因此在耕地利用转型优化调控过程中，应当统筹考虑社会、经济和生态多重效益的协调。

（4）集约节约高效利用。长江中下游粮食主产区耕地依然面临利用粗放，生产结构不合理，工业、交通等建设用地挤压等问题。不同区域的自然和社会经济发展条件区域差异显著，应形成区域化的发展目标和功能定位，结合地区实际来构建差异化的转型调控框架，不断优化耕地利用结构和布局，充分挖掘耕地利用生产潜力，提高资源配置水平和利用效率，加快农业集约化、产业化进程。

7.5.5.3 耕地利用转型优化调控框架

研究结果表明，研究期内长江中下游粮食主产区耕地利用转型受到多方因素影响。一方面是耕地利用转型空间非均衡性显著，且耕地利用功能形态转型快于空间形态转型。与此同时，耕地利用转型存在空间集聚效应，空间形态转型较高区主要分布在研究区东北部的江苏和安徽东部等区域，功能形态转型较高区主要分布在江西、湖南和湖北西部等区域，空间转型和功能转型区域不协同；另一方面是依据驱动因素计算可知，耕地利用转型受到 DEM、年均气温和年降水量、人均 GDP、人均固定资产投资、二三产业占比、公路里程、城镇人口比例、人口密度、农民收入水平、农机总动力和财政支农占比等因素影响。为实现长江中下游粮食主产区耕地利用转型优化调控，还应从综合治理、效益协调、引导调控和高效利用着手，提高研究区耕地可持续利用水平（图 7 - 6）。

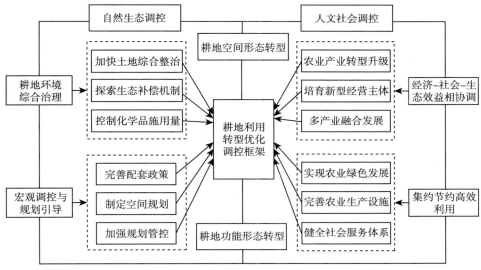

图 7-6　耕地利用转型优化调控框架

7.6　本章小结

本章通过对耕地利用转型驱动机制进行定性分析，进而选取耕地利用转型驱动因素，并运用空间计量模型对长江中下游粮食主产区的耕地利用转型的驱动因素进行定量探究，具体结论如下：

（1）从耕地利用转型空间自相关发展特征看，在全局空间自相关上，2000—2020 年耕地利用综合、空间和功能转型在地理空间分布上存在显著的正集聚效应，全局 Moran's I 指数均值分别为 0.420、0.447 和 0.240，功能转型过程全局空间自相关性始终弱于空间转型过程；在局部空间自相关上，耕地利用转型局部集聚特征变化差异明显，2000—2020 年综合转型空间集聚表现出东北—西南高、中部低的特征；空间转型上空间集聚表现出东北高、中部低的特征；从功能转型上看，空间集聚表现出西南高、中部低的特征。

（2）从耕地利用转型空间重心迁移特征看，2000—2020 年研究区耕地利用综合、空间及功能转型的标准差椭圆形态变化幅度相对稳定。在转型重心迁移方向上，耕地利用综合转型空间发展不均衡，耕地利用综合转型重心总体由西南向东北方向迁移，表明转型热点主要在研究区东北部的安徽省、江苏省以及湖北省东部的地市，空间转型重心迁移方向与综合转型基本一致，而耕地利用功能转型重心迁移方向与空间转型相反，呈东北—西南方向，反映出耕地利用功能转型热点主要集中在研究区西南部的湖南省、江西省以及湖北省西部等地市；在重心迁移路程上，研究区耕地利用转型重心迁移路径变化并不显著，转型重心始终位于黄冈市范围内，耕地利用综合、空间和功能转型重心分别迁移 30.475km、59.393km 和 42.802km；在重心迁移速度上，研究期间耕地利用迁移速度主要呈放缓趋势。

（3）耕地利用空间和功能转型受自然环境内部条件和社会经济外部条件联合驱动，自然环境因素是转型的基础支撑，包括区域地形地貌、气温、降水和土壤等自然禀赋要素；社会经济因素是转型的核心驱动力，以经济发展为主轴伴生着人口、技术和制度因素的改变，内外部因素影响着耕地利用方式及功能结构变化，共同推动耕地利用转型。

（4）从耕地利用空间转型驱动因素上看，人均 GDP、城镇人口比例、人口密度、农民收入水平、农机总动力、财政支农占比对耕地利用空间转型呈显著正相关；DEM、人均固定资产投资、二三产业占比对耕地利用空间转型呈显著负相关。

（5）从耕地利用功能转型驱动因素上看，年均气温、年降水量、人均 GDP、人均固定资产投资、城镇人口比例、人口密度、农民收入水平、农机总动力和财政支农占比对耕地利用功能转型呈显著正相关；DEM、二三产业占比、公路里程对耕地利用功能转型呈显著负相关。

8 耕地轮作休养：耕地绿色利用偏离风险与形成机制

耕地是我国最为宝贵的资源。轮作休耕可高效整合与优化配置资源，是耕地生态保护的新途径，对推动耕地绿色利用具有重要战略意义。在当前耕地休养生息制度背景下，探索休耕政策实施偏离风险新命题，客观认知休耕政策实施的偏离风险源与形成路径的理论脉络，以期为保障我国休耕政策试点的稳定性和连续性提供参考。本章将基于生命周期法、文献综述法和逻辑推理法，分析休耕政策存在的偏离风险、形成机制和提升路径，基于生命周期理论剖析偏离风险与形成路径为有序推进休耕政策实施以及耕地绿色利用提供了新视角。

8.1 休耕政策演变与理论框架

人均耕地少、耕地质量总体不高和后备资源不足是中国耕地资源的基本国情，尤其是生态脆弱区耕地的高强度利用行为，导致土壤理化性状恶化和地力衰退，严重影响了耕地可持续利用（李平等，2001；陈展图等，2017）。休耕作为耕地休养生息、提升地力以及农田生态保育的重要手段，已成为实现耕地资源可持续利用的重要途径。因此，在中央政府提出在部分地区探索耕地轮作休耕制度试点以来（中华人民共和国农业部，2016），逐渐得到试点地区的积极响应（赵雲泰等，2011；赵其国等，2017；张慧芳，2018）。然而，休耕尚处于试点阶段，在实施过程中休耕政策仅作为一项公共政策得以实际展开，在执行中受到耕地权益、组织保障、农户生计和后续利用等偏离因素的共同影响，阻碍了休耕政策的有序推进。因此，剖析休耕政策实施存在的偏离风险，已成为当前研究热点之一。

目前学术界围绕休耕政策实施偏离风险进行了大量探索。有关休耕政策在国外已形成较为成熟的制度体系，如美国农地休耕项目、欧盟农业共同政策、

澳大利亚夏季休耕、加拿大农业环境健康计划、日本农田休耕项目等（饶静，
2016；朱国锋等，2018；李娅，2018）；休耕政策的偏离与粮食安全、农地
产权、农户生计、社会保障和法律制度等密切相关（谭永忠等，2018；江娟
丽等，2018；Lu et al.，2019，研究发现休耕政策试点存在休耕认知不足、
休耕补贴偏低、休耕保护与合理安置休耕农户不到位等问题（陈展图等，
2017）；休耕政策偏离风险防范体系则围绕提高休耕认识、划定休耕区域、
构建休耕补偿体系等方面展开（沈孝强等，2016；钟媛等，2018）。综上，
已有研究在休耕政策制定、偏离成因与防范对策等方面进行了诸多探讨，为
中国休耕政策的有序推进奠定了良好基础。然而，关于休耕政策实施存在的
偏离风险研究却鲜有文献系统梳理。为此，本研究尝试以生命周期理论作为
分析工具（孙华等，2016），从不同的发展阶段对休耕政策执行存在的偏离
风险进行梳理与辨析，克服传统分析分散单一的弊端，而且有助于从全过程
构建休耕政策实施偏离风险防范体系，为中国休耕政策的有序推广提供借鉴
参考。

8.1.1 休耕政策演变与实施成效

为应对生态环境脆弱敏感地区的耕地地力透支、土地污染和生态退化等问
题，从国家颁布《探索实行耕地轮作休耕制度试点方案》至今（中华人民共和
国农业部，2016），轮作休耕呈现以下特征：一是试点规模不断扩大且年均翻
一番，从2016年的616万亩到2018年的2 400万亩，2020年预计达5 000万
亩以上；二是休耕试点区域不断丰富，在地下水漏斗区、重金属污染区和生态
严重退化区的基础上，新增地下水超采区和寒地井灌稻地下水超采区等；三是
休耕实施主体多元化，包含政府主导型、市场引导和农村集体自主运作等；四
是休耕模式多样化，包含休养式休耕、治理式休耕和生态式休耕（表8-1）。
总体而言，休耕政策使土壤获得休养生息机会，使恢复耕地地力成为可能（张
慧芳等，2013）。与此同时，耕地具有显著的外部性和公共物品特征，通过休
耕可实现外部效益内部化和提高区域生态资源承载能力。更重要的是，通过休
耕使农户认识了科学生产理念，有助于转变传统意义上的农业生产习惯，避免
过度利用耕地的短期行为（Xie et al.，2018；中华人民共和国中央人民政府，
2018）。

表 8-1　耕地轮作休养政策试点演化（2016—2018 年）

年份	轮作休耕区域	分布省份	规模（万亩）	资金（亿元）	休耕年限（年）	实施主体	补助标准[元/（亩·年）]	休耕类型
2016	地下水漏斗区 重金属污染区 生态严重退化区	内蒙古、辽宁等 9 个省份	616	14.36	3	政府 市场 农村集体	轮作：150 休耕：漏斗区 500 金属污染区：1 300	休养式 治理式 生态式
2017	地下水漏斗区 重金属污染区 生态严重退化区	内蒙古 等 9 个省份	1 200	25.60	3	政府 市场 农村集体	轮作：150 休耕：漏斗区 500 金属污染区：1 300	休养式 治理式 生态式
2018	地下水漏斗区 重金属污染区 生态严重退化区 地下水超采区	江苏、江西、新疆等 12 个省份	2 400	50.90	3	政府 市场 农村集体	轮作：150 休耕：漏斗区 500 金属污染区：1 300	休养式 治理式 生态式

8.1.2　理论分析框架

耕地因其可再生利用的特征，客观上决定了耕地利用必然要经历耕地地力等级衰减、形成、修复、稳定和管护等阶段，处于不同阶段的耕地地力等级差异明显，为维持耕地质量借助休耕政策外力显得尤为必要。项目生命周期管理（*Life Cycle Management*）同样包含项目发展、成长、成熟和衰退等阶段，遵循生命周期过程有助于推进项目有效管理（王行风，2009）。而耕地开发再生资源同样遵循生命周期特征，即随着时间变化对空间位置上的耕地开发利用全过程存在周期性特征。因此，运用生命周期理论将耕地地力属性改变与休耕过程相结合，可满足项目周期性管理要求（图 8-1）。根据已有研究（常伶丽，2007；吴一恒等，2018），结合耕地开发再生资源特征，将休耕实施过程划分为前期筛选、中期实施和后期管护三个阶段。其中，前期筛选包含待休耕地产权调查、休耕类型、资金筹备和休耕计划等；中期实施包含土壤培肥和改善土壤微生物环境等措施，提高土壤肥力和通透性，使耕地地力等级达到可重新利用的状态；后期管护包含休耕地复种和休耕地用途管制等。

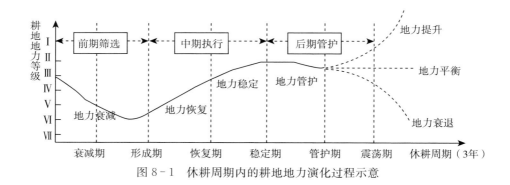

图 8-1 休耕周期内的耕地地力演化过程示意

8.2 中国休耕政策实施的潜在偏离风险

由于休耕周期内休耕政策实际执行情况与休耕制度设定配置规则存在不一致，使得休耕政策实施面临理论目标难以实现的风险。为此，对休耕地地力处于不同阶段的耕地产权、目标定位、组织管理和激励约束等潜在冲突所引发的偏离风险进行梳理（匡兵等，2018）（表 8-2）。

表 8-2 基于生命周期的休耕政策偏离风险表征

休耕阶段	潜在风险类型	休耕政策实施偏离风险表征
前期筛选	权益风险： （1）政策风险 （2）产权风险	（1）以产出面积为核心的农业补贴与休养面积为核心的休耕补贴出现目标冲突 （2）土地所有权、承包权和经营权边界不明，休耕补偿主体缺位
	保障风险： （1）农户生计风险 （2）基层执行风险 （3）粮食安全风险	（1）休耕周期长达三年，部分纯农户缺乏非农业技能和途径，直接影响休耕农户生计 （2）基层过分追求休耕规模指标，强制推行整村休耕导致农户抵触或复耕 （3）在短期内休耕可能对国家粮食安全带来一定的社会保障风险
中期实施	组织风险： （1）资金短缺风险 （2）资金不均衡风险 （3）技术不足风险 （4）管护缺失风险	（1）休耕历时长、工程量大和单一资金来源，使休耕面临资金短缺风险 （2）试点区域内的补偿缺乏差异性，造成补助过度与补助不足并存 （3）休耕技术标准规范、休耕专业人员缺失和休耕工程技术储备不足风险 （4）休耕主体未按要求进行松土、培肥和水土保持等，耕地维护过程不达标

（续）

休耕阶段	潜在风险类型	休耕政策实施偏离风险表征
后期管护	利用风险： （1）用途转换风险 （2）闲置撂荒风险 （3）过度利用风险 （4）辅助设施损毁风险	（1）社会投资主体下乡导致休耕地面临用途转变甚至非农化 （2）种粮收入与产出缺乏比较优势，容易出现休而不耕，甚至耕地闲置或撂荒 （3）农户为追求短期产出，过度开发利用耕地，导致耕地地力衰退 （4）水利配套设施未纳入休耕基金，复耕面临水利配套设施破损风险

8.2.1 补贴冲突与产权错位交织，无法统筹相关主体权益

休耕作为一项公共政策，不仅受到耕地补贴政策影响，还与耕地产权密切相关。一方面，粮农补贴以农业种植面积为核算依据，选择休耕意味着可能丧失农业补贴，使得休耕补偿政策与农业补贴政策出现目标冲突；另一方面，在实际生产中，部分地区对土地所有权、承包权和经营权边界界定尚不足够明晰，导致休耕主体与补偿对象发生错位，即休耕补偿对象是拥有耕地承包权的农户，对经营者而言休耕则意味着直接损失。因此，产权边界不明导致休耕补偿错位，形成了休耕产权冲突。

8.2.2 参与主体目标定位存在差异，难以保障多元主体利益

休耕目标的实现与参与主体利益诉求密切相关。农户作为休耕活动的微观行为主体和基本决策单元，是直接执行者与受益者，选择休耕意味着放弃耕作收入，直接影响农户可持续生计（匡兵等，2018）。对基层组织而言，村集体经济组织为追求休耕规模，存在忽视农户休耕意愿，强制推行整村休耕导致农户抵触和复耕等情况（沈孝强等，2016），难以保障休耕有序推进；对政府而言，尽管休耕有助于恢复耕地地力，但大规模休耕导致粮食播种面积减少，可能对国家粮食安全带来影响。

8.2.3 资金单一与技术滞后并存，阻碍休耕制度的有序组织

休耕政策有效组织是实现休耕目标的重要前提，而单一化休耕资金来源和滞后的技术标准体系直接衍生了多重组织风险。首当其冲，组织休耕将面临资

金短缺风险。休耕周期一般为三年，历时长且工程量大，而休耕资金以中央财政纵向转移支付为主，缺乏市场机制的横向补给渠道，单一资金来源难以满足休耕工程需求。与此同时，休耕资金分配存在补偿不均衡风险。同类型休耕区域内差异明显却统一休耕补助资金，使得农户休耕发展机会成本和休耕养护成本不能得到有效补偿，造成补助过度与补助不足并存，降低了休耕补偿的公平性（江娟丽等，2018）；此外，休耕还面临技术标准体系储备不足风险，当前耕地地力评估体系处于起步发展阶段，休耕地质量评价技术规范尚未大规模推广，表现为休耕技术标准尚未规范化、休耕技术人员缺失和休耕工程技术滞后等（杨文杰等，2018）。此外，管护缺失风险同样不容忽视，当前休耕地养护更多强调农户自主行为，对休耕周期内未按要求采取培肥养护等行为缺乏监督，难以保障休耕地地力如期恢复到可耕作状态。

8.2.4 激励与监管约束机制不配套，增加休耕地后续利用难度

休耕后期管护目标是休耕地地力恢复和后续利用，而休耕地再利用机制不配套导致后续利用存在风险。首先是用途转换风险，各类型社会力量投资农业农村造成大规模农地流转，复耕的休耕地成为首选，而资本短期性与逐利性使得休耕地面临用途转换风险（陈振等，2018）；其次，偏远或贫瘠的休耕地面临撂荒风险，尤其是粮食种植存在比较优势，在种粮收入与支出不均衡情况下休耕地后期有"休而不耕"甚至撂荒风险；而对于交通通达度高和耕地地力高的休耕地，则存在过度利用风险，农户为追求耕地产出利益最大化，待休耕周期完成后，易出现"报复性"利用，即尽可能提高单位面积的产出率，使耕地重新陷入板结和土壤肥力下降的恶性循环（杨文杰等，2018）。此外，休耕地还存在辅助设施损坏风险，尤其是休耕期间出现突发性自然灾害等易导致休耕区域田间水利设施有被损毁风险，直接影响休耕地复耕（钟媛，2018）。

8.3　中国休耕政策实施的偏离风险源辨识与形成路径

休耕政策实施偏离风险不仅是单一因素导致的结果，更多地来自耕地权益、社会保障、组织实施和后续利用等多种组合，从而形成了休耕政策的多种偏离路径。

8.3.1　休耕政策实施偏离风险源辨识

8.3.1.1　耕地权益风险源辨识

休耕前期权益风险主要来自政策目标和产权调整。一方面，中央财政以粮食播种面积为依据核算直接补贴、良种补贴、农机具购置补贴和农资综合补贴，极大地提升了农户种粮积极性，在一定程度上刺激了农民加大土地利用强度，使得农业补贴政策与以休耕规模为依据的种粮补贴目标相偏离（陈展图等，2017）；另一方面，耕地承包经营权频繁调整降低了农户休耕意愿，农户担忧休耕后耕地地力提升带来的经济效益可能为其他农户所享有，尤其是产权界定不明可能导致农户排斥耕地休养行为（杨文杰等，2018）。

8.3.1.2　社会保障风险源辨识

社会保障风险源于休耕执行主体认知偏离。在政策执行过程中，地方政府为落实休耕任务，层层分解休耕指标，导致基层政府忽视农户种植意愿而强调"整村推进"模式，甚至不得不以行政手段强制农户休耕，出现休耕政策目标认知偏离。在休耕政策认知层面，休耕涉及地块调查、管护监督和地力评价等，而基层政府对休耕政策的认知水平偏离导致难以保障休耕政策达到预期目标。

8.3.1.3　组织实施风险源辨识

休耕组织实施风险受资金和技术的双重约束。在资金层面，休耕资金来源单一与应急资金缺乏并存，一方面，休耕市场化体系尚未形成，休耕资金主要来自政府财政预算拨款，资金来源单一且政府财政压力较大；另一方面，休耕地复耕的应急配套资金不足，难以保障后期复耕的顺利实施。在技术层面，休耕技术储备相对薄弱，尤其是休耕区域划分方法、休耕地块遴选标准、耕地质量状况调查、休耕技术运作模式和休耕效果评估体系等还不够完善。此外，休耕周期内培肥、翻耕等管护措施更依赖农户自组织行为，缺乏有效监督体系。

8.3.1.4　后续利用风险源辨识

休耕政策后续利用偏离风险与有效复耕、应急监管密切相关。休耕地多处于生态环境脆弱区，若休耕周期内沟渠以及道路水利设施缺乏维护，势必造成田间水利配套设施无法使用（陈振等，2018）；或是休耕地突发自然灾害，缺乏相应的复耕应急方案。与此同时，休耕地用途转换偏离风险源于种粮预期收益，当休耕制度变迁符合农户长远收益预期时，农户才会采取积极行为，否则可能采取用途转换、撂荒甚至过度利用行为。

8.3.2 休耕政策实施偏离风险形成路径分析

休耕政策实施偏离风险源折射了现行休耕制度的缺陷，休耕地实际配置状况不仅由国家层面的耕地保护制度所决定，还受基层政府"整村推进"等休耕政策创新和农户执行休耕契约的影响（吴一恒等，2018）。由此，国家、基层组织和农户等主体对休耕制度认知偏离形成了"产权公共域"（宋文飞等，2016），即在休耕地产权制度管制下，休耕主体行为空间受到约束，带来休耕政策实施偏离造成的外部性损失，以"产权公共领域—行为空间—负外部性"逻辑形成了休耕政策实施偏离风险的内在路径（图8-2）。

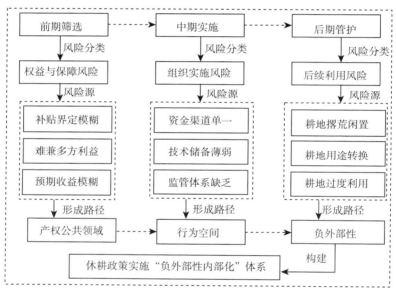

图8-2 休耕政策实施偏离风险形成路径示意

（1）产权公共领域。在前期筛选阶段，存在国家种粮补贴与休耕补贴并行的耕地保护体系，以粮食播种面积为依据的种粮补贴与休耕补贴存在界定模糊；基层组织则在休耕政策创新中选择整村推进等模式，难以兼顾村集体、承包户和经营户等各方利益；休耕农户强调当前生计保障和耕地产权调整预期而陷入模糊状态。显然，国家、基层组织和农户等休耕主体多元，尤其是耕地产权和利益分配规则处于模糊状态，容易导致部分耕地通过休耕政策获得补贴而处于"公共领域"。

（2）行为空间。在中期实施阶段，休耕地产权处于公共领域时，在缺乏有效组织情况下，为地方基层、村集体获取部分处于"公共领域"有价值的休耕地提供了行为空间，表现为休耕资金来源单一、应急资金缺乏、技术储备薄弱和监管体系缺失等。

（3）负外部性。在后续管护阶段，休耕地在从"产权公共领域"到"行为空间"的作用路径下，加上监管机制缺失、应急资源缺乏和休耕支持体系薄弱等，产生了"负外部性"，即休耕地处于撂荒、用途转换或过度利用等状态，休耕政策实施效果与目标设定不一致，造成负外部性成本重新转嫁给社会，而缺乏休耕政策实施"负外部性内部化"途径（吴一恒等，2018）。

8.4 中国休耕政策实施偏离风险的防范体系构建

休耕政策"负外部性内部化"需借助外力才能保障休耕制度的稳定性与连续性，即风险防范体系构建应借助权益认知、法律保障、组织管理和利用预警等外部力量，以实现生命周期内休耕地地力从衰落向提升休耕设定目标的转变（图8-3）。

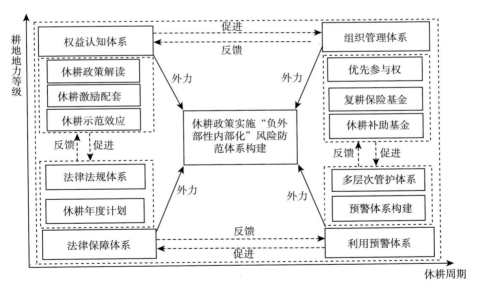

图8-3 休耕政策实施"负外部性内部化"的风险防范体系构建

8.4.1 重视政策宣传与培训，提高休耕主体权益认知

在休耕前期筛选阶段，休耕主体认知程度影响休耕产权与利益分配，尤其

是休耕地"产权公共域"视角下耕地承包户、经营户、村集体和政府的冲突风险较大。为此，相关休耕政策宣传与培训可提高休耕权益认知，通过加强休耕政策解读，确保农户、村集体和地方政府对休耕政策有统一认识，避免休耕行为与休耕目标偏离；在休耕配套措施层面，配套休耕激励政策，降低休耕准备阶段的契约风险；在休耕示范效应层面，组织有条件的承包户与经营户实行休耕，界定休耕产权收益，通过示范效应扩大休耕政策影响力。

8.4.2 制定休耕法律法规政策，保障休耕规划有序推进

休耕规划和监督体系是休耕政策的重要保障体系。首先，出台休耕约束性法律法规，明确休耕补助目的、实施模式、补助对象和资金管理等，建设休耕信息动态管理系统（张慧芳等，2013）；其次，制定耕地休耕年度计划，将休耕与土地整治有机结合，把休耕地纳入土地整治规划；再次，运用市场杠杆将休耕补偿与撂荒、闲置赔偿及预期收回等政策工具结合，构建休耕赔偿体系（罗婷婷等，2015）；最后，明确休耕地权利束分配和厘清权利归属，避免休耕地"产权公共域"的存在，从而减少休耕权利侵害和租值耗散（宋文飞等，2016）。

8.4.3 组织多元化休耕资金渠道，稳定休耕农户预期收益

拓宽休耕资金来源渠道，是规避休耕实施风险与后续利用风险的重要体系。在休耕资金来源层面，一是拓展资金筹措渠道，建立政府财政补助与市场付费补助相结合的补助机制（俞振宁等，2018）；二是将耕地异地占补平衡、耕地进出平衡与区域休耕农户的粮食补助、绿色补助等直接经济损失挂钩，用财政拨款与受益者联合建立专门的休耕补助基金（汪立等，2024）。在预期收益层面，赋予休耕农户优先参与权，优先雇佣休耕农户参与土地整治等相关工作，提高休耕农户生计，稳定休耕农户收入预期（俞振宁等，2018）；与此同时，建立复耕保险基金，以赔偿休耕周期内发生的耕地灾毁、水利设施损坏及休耕到期后因产权调整所带来的损失，稳定农户复耕预期。

8.4.4 完善休耕风险预警机制，实现休耕地持续合理利用

基于休耕生命周期评估耕地权益、社会保障、组织实施等偏离风险，建立休耕政策实施偏离风险预警机制，为休耕试点地区提供风险防范技术和管理支持（谢花林等，2018）。与此同时，建立以农户为主、村集体为辅、地方政府

指导的休耕地多层次后续管护体系，从设置社会力量助力乡村振兴准入门槛、制定用途转换负面清单、鼓励生态种植等方面，提升休耕地地力和生态管护能力，从而实现休耕地持续合理利用。

8.5 本章小结

本章通过生命周期工具探讨休耕政策实施偏离风险，是分析休耕政策的有效手段，更是合理制定休耕政策目标的重要依据。本研究得出以下结论：一是休耕政策实施偏离风险由前期筛选阶段的权益与保障风险、中期实施阶段的组织风险和后期管护阶段的利用风险组成；二是休耕政策实施偏离风险源于休耕地存在产权公共领域，由此衍生的休耕行为空间和负外部性形成了休耕政策实施偏离风险的内在路径；三是构建"负外部性内部化"休耕实施偏离风险防范体系还应借助权益认知体系、政策保障体系、组织管理体系和预警体系等外力推动。

值得注意的是，随着生态文明建设的不断推进，对耕地保护和生态利用转型提出了更高要求，不断扩大休耕政策试点规模符合国家整体利益和长远发展要求。尽管休耕政策实施过程中各类型偏离风险客观存在且无法消除，但地方政府可通过创新休耕模式，因地制宜地缩小休耕主体利益分歧，减少由争夺休耕地产权公共领域造成的负外部性，以实现休耕政策实施的偏离风险外部效应内部化。值得注意的是，本研究仅从生命周期视角以耕地地力为脉络探讨了休耕政策实施的偏离风险，未来研究还应选取具体休耕项目进行实证分析，以构建休耕政策实施偏离风险的规避和消解路径。

9 乡村数字化赋能：对耕地绿色利用效率的影响作用

科学探究乡村数字化转型对耕地绿色利用效率的影响机制，从技术层面出发探讨，为推进乡村数字化转型赋能耕地绿色生产提供理论依据。本章将基于非期望产出 SBM 模型、Tobit 回归模型和面板门槛回归模型，分析乡村数字化发展对中国耕地绿色利用率的影响效应。这不仅能进一步扩大数字技术对耕地利用环境污染的缓释效应，还能满足耕地利用主体的数字化耕种需求，更是实现耕地绿色利用的长效驱动路径，可为在技术层面探讨数字发展与耕地绿色利用的关系提供实践参考。

9.1 / 引　言

提高耕地绿色利用效率不仅是农业绿色转型的重要环节，更是破解资源环境约束和保障粮食安全的必然要求（刘蒙罢等，2022）。然而，我国耕地生产依然面临投入要素冗余、环境污染等现实约束，亟待寻求新质提效动能（黄晓慧等，2023）。数字经济兴起为绿色发展转型带来新契机，其开放性、流动性和普惠性等特征，能够有效打破传统投入要素束缚（范翔宇等，2023）。事实上，数字经济正与农业农村全方位加速融合，乡村数字化转型凭借数字技术优势，嵌入耕地利用投入产出过程，成为驱动耕地绿色利用效率提升的新质生产力（周文等，2023）。2022 年我国乡村互联网普及率达 58.8%，农业数字经济渗透率达 10.50%（杜建军等，2023）。中央政府提出实施数字乡村发展行动，提升农业农村数字化水平，推进农业生产方式绿色转型（温涛等，2020）。为此，如何量化乡村数字化转型对耕地绿色利用效率的影响和客观辨识乡村数字化转型赋能耕地绿色生产跃迁，已成为当前推动农业绿色转型研究热点之一。

围绕耕地绿色利用效率主题国内外学者进行了诸多探讨，在概念界定方面，认为耕地绿色利用效率强调降污减排增汇，获取最大粮食产量、碳汇等期望产出和最小耕地碳排放、面源污染等非期望产出（吕添贵等，2023）；在指标选取方面，多基于耕地利用"投入＋产出"过程，兼顾社会、经济、生态维度（符海月等，2023）；在测度方法方面，主要采用 SBM 模型、超效率 SBM 模型和 Malmquist 生产指数等（Zhang et al.，2024）；在影响机理方面，多运用地理加权回归模型、地理探测器和空间计量模型等，揭示生产集聚、技术水平和农业人口转移等多重因素影响（赵丹丹等，2022；邹秀清等，2023）。相应地，乡村数字化转型是推动农业绿色发展和现代化建设的关键举措（李丽莉等，2023），现阶段研究尚未就乡村数字化转型内涵达成一致，但已有研究认为乡村数字化转型是以数字技术为外生动力激发乡村的内源发展动力，强调信息化、网络化、数字化在乡村发展中的应用（殷浩栋等，2020）；主要从乡村数字资金投入、数字产业发展、数字服务水平、数字信息基础等维度构建指标（朱红根等，2023；李旭辉等，2023），重点探究空间非均衡性（夏显力等，2019；张帅等，2022；）以及乡村数字化转型对农业高质量发展、农业全要素生产力和经济效率等传导效应（张旺等，2022；江小涓等，2022；王定祥等，2023）。

综上，已有研究为测度耕地绿色利用效率和乡村数字化转型提供了良好理论基础，随着乡村数字化转型的绿色效应在农业生产中持续涌现与扩散，耕地绿色利用与新兴数据要素在联动互通中相互映射，尤其是不同区域资源禀赋、经济发展水平与粮食生产消费特征等存在空间差异性和动态性，目前鲜有文献探索乡村数字化转型影响耕地绿色利用效率的空间异质性和阶段性特征，致使无法客观反映乡村数字化转型在不同区域耕地生产领域的绿色效应渗透水平，难以响应乡村数字化转型与耕地绿色利用的匹配需求。鉴于此，本研究基于耕地生产"投入要素优化配置—致污要素投入减少—期望产出增加—非期望产出减少"的绿色驱动逻辑，阐释乡村数字化转型中数字基础设施、数字服务及数字产业间协同效应，探究 2011—2021 年中国整体和区域乡村数字化转型和耕地绿色利用效率的时空演化特征，采用 Tobit 回归模型和面板门槛模型探索乡村数字化转型对耕地绿色利用效率的空间异质性和阶段性特征，以期为推进乡村数字化转型赋能耕地绿色利用提供实践支撑。

9.2　乡村数字化转型对耕地绿色利用效率内在驱动逻辑

乡村数字化转型蕴含乡村数字基础设施、数字服务及数字产业协同，嵌入耕地绿色利用呈现"投入要素优化配置—致污要素投入减少—期望产出增加—非期望产出减少"的驱动逻辑（吕添贵等，2019），共同提升耕地绿色利用效率（图 9-1）。

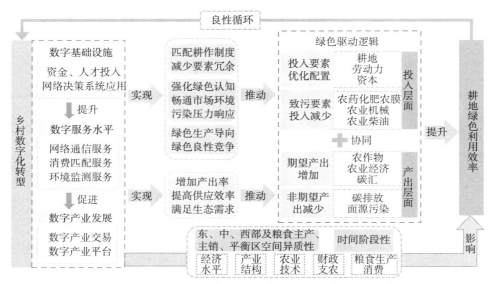

图 9-1　乡村数字化转型对耕地绿色利用效率的驱动逻辑

（1）在耕地生产要素投入层面，乡村数字化转型为实现耕地投入要素优化配置及致污要素投入减少提供决策支持。一是在乡村数字基础设施建设方面：①乡村数字专项资金、信息人才等投入促进耕地水肥状况、气候条件等环境数据采集分析基础设施建设，精准匹配种植、施肥和灌溉等耕作制度，为减少生产投入要素冗余提供价值信息（杜建国等，2023）。②随着移动电话、互联网等跨时空传播网络决策系统应用程度加深，实现耕地绿色生产信息和生产要素区域共享，耕地生产者根据区域劳动力供需、技能和时间等数据，合理调度并分配劳动力（韩晶等，2022），同时提高农业机械、农业灌溉、化学制品等资本配置水平。

二是在乡村数字服务方面：①网络通信服务强化耕地生产者绿色认知水平和绿色技术应用（陈雨露等，2023）。网络通信服务范围扩大会加快耕地环境规制和环保理念普及，促进耕地生产者偏好绿色生产技术应用，实现精准施肥，减少对农药、化肥、农膜和机械能源等致污要素的依赖（周文，2023）。②消费数字匹配服务畅通绿色市场环境（毛薇等，2019）。在市场绿色农产品消费需求信号下，促进耕地生产者做出要素投入合理决策，激发有机农业、生物防治、轮作种植等生态农业实践（Ogutu et al.，2014），不断减少致污要素使用，降低耕地环境污染风险。③环境监测服务倒逼耕地生产模式绿色转型（韩晶等，2022）。基于数字检测等智能化农业服务管理平台，整合耕地生产过程中碳排放和面源污染等生态环境信息，传递给耕地生产主体、相关部门和系统，以及政府决策者，使其及时调治致污投入要素。

三是在乡村数字产业发展方面：①乡村数字产业绿色农产品交易信息对耕地生产要素投入利用具有导向性（易法敏等，2023），耕地生产者结合市场绿色农产品实际需求，调整耕地生产投入要素结构，减少环境污染要素的使用。②淘宝村、电商企业等数字产业平台为促进生态耕作模式、绿色农业技术等信息共享提供载体（陈一明，2021），作为理性经济主体，实现耕地投入要素绿色利用的良性竞争。

（2）在耕地生产产出层面，乡村数字化转型中数字基础设施、数字服务和产业发展共同促进耕地期望产出最大化和非期望产出最小化。①在乡村数字基础设施和数字服务对耕地生产要素精准化、技术化、监测化加持下，制定合理耕地生产决策，节约生产成本，提高农产品产量和产值水平（漆雁斌等，2023），推广生态农业实践增加耕地碳汇量。②数字产业交易信息对耕地产出的导向性（毛薇等，2019），帮助耕地生产者了解市场趋势，制定销售策略，满足社会对耕地绿色生产的社会—生态—经济产出需求。数字产业平台凭借购物、物流配送等数字营销技术，提高供应链效率，促进农产品销售，增加农产品产量和产值产出率（韩海彬等，2015）。在乡村数字化转型中绿色效应不断扩散，实现耕地利用绿色效率提升的良性循环。

（3）区域间乡村数字技术具备跨界融合及智能共享等优势，但受到经济水平、产业结构、农业技术、政府支农力度和粮食生产消费特征等多重因素影响，东部、中部、西部和粮食主销区、粮食主产区、产销平衡区的乡村数字化转型对耕地绿色利用效率提升的正效应存在区域异质性（朱红根等，2023）。此外，乡村数字化转型与耕地绿色效率提升并非同步，当乡村数字化转型达到一定水平，其与耕地绿色效率提升需求的契合度面临技术、政策、资金等内外部环境制约（唐要家等，2022），意味着乡村数字化转型对耕地绿色利用效率的影响具有"非线性"的综合映射特征。

9.3 / **研究方法与数据来源**

9.3.1 研究方法

（1）非期望产出 SBM 模型。非期望产出 SBM 模型能有效解决投入和产出的松弛问题，适用于包含非期望产出的效率评价。本研究参考 Tone 构建的 SBM 模型（符海月等，2023）测算耕地绿色利用效率，假定耕地利用有 n 个决策单元，每个决策单元中 m 个投入 X_{i0}，S_1 个期望产出 y_{r0}^g 和 S_2 个非期望产出 y_{r0}^b，向量表示为 $x \in R^m$，$y^g \in R^{S_1}$，$y^b \in R^{S_2}$，表达式如下：

$$E = \frac{1 - \dfrac{1}{m}\sum_{i=1}^{m} \dfrac{S_i^-}{X_{i0}}}{1 + \dfrac{1}{S_1 + S_2}\left(\sum_{r=1}^{S_1} \dfrac{S_r^g}{y_{r0}^g} + \sum_{r=1}^{S_2} \dfrac{S_r^b}{y_{r0}^b}\right)}$$

$$\text{s. t.} \begin{cases} X_0 = X\lambda + S^- \\ y_0^g = Y^g\lambda - S^g \,; y_0^b = Y^b\lambda + S^b \\ S^- \geqslant 0, S^g \geqslant 0, S^b \geqslant 0, \lambda \geqslant 0, \end{cases} \tag{9-1}$$

式中，S^-，S^g，S^b 分别是投入、期望产出和非期望产出的松弛变量，目标函数 $\rho*$（$0 \leqslant \rho* \leqslant 1$）关于 S^-，S^g，S^b 严格递减，E 为耕地绿色利用效率，$0 \leqslant E \leqslant 1$，$E = 1$ 时表明达到有效水平。

（2）Tobit 回归模型。基于非期望产出 SBM 模型测度得到的耕地绿色利用效率取值范围为 $[0,1]$，属于受限因变量，使用传统 OLS 回归将得到有偏估计结果，选用 Tobit 面板回归模型探究乡村数字化转型对耕地绿色利用效率的影响可以克服偏差（漆雁斌等，2023），模型如下：

$$Y_{it} = \beta_0 + \beta_1 X_{it} + \beta_2 control_{it} + \varepsilon_{it} \tag{9-2}$$

式中，Y_{it} 为被解释变量；X_{it} 为核心解释变量；β_1 和 β_2 分别为核心解释变量和控制变量的回归系数；β_0 为常数项；ε_{it} 为随机误差项。

（3）面板门槛回归模型。为检验乡村数字化转型对耕地绿色利用效率的非线性影响，参考 Hansen 的做法（Hansen et al.，1999），设定乡村数字化转型水平为门槛变量，耕地绿色利用效率为被解释变量，运用面板门槛回归模型进行实证分析，单一面板门槛回归模型如下：

$$E_{it} = \alpha_1 D_{it} \times I(D_{it} \leqslant \gamma_1) + \alpha_2 D_{it} \times I(D_{it} > \gamma_1) + \beta control_{it} + \varepsilon_{it}$$

$$\tag{9-3}$$

通常考虑可能存在多个门槛值，将单一门槛面板回归模型扩展至多门槛面板回归模型：

$$E_{it} = \phi_1 D_{it} \times I(D_{it} \leqslant \gamma_1) + \phi_2 D_{it} \times I(\gamma_1 < D_{it} \leqslant \gamma_2) + \cdots +$$
$$\phi_n D_{it} \times I(\gamma_{n-1} < D_{it} \leqslant \gamma_n) + \phi_{n+1} D_{it} \times$$
$$I(D_{it} > \gamma_n) + \phi control_{it} + \varepsilon_{it} \qquad (9-4)$$

式（9-3）和式（9-4）中，E_{it} 和 D_{it} 分别为耕地绿色利用效率和乡村数字化转型水平；γ 为待估门槛值；α 和 ϕ 为待估系数；$I(\cdot)$ 为指示函数，满足括号内条件即为 1，反之取 0；ε_{it} 为随机扰动项。

9.3.2　变量选取

（1）被解释变量：耕地绿色利用效率。在农业绿色转型背景下，耕地绿色利用效率具有"绿色化"和"低碳化"特征。其中，"绿色化"侧重农药、化肥、农膜和能源等致污生产要素投入及面源污染的减少，"低碳化"强调碳排放减少及碳汇功能增强。借鉴已有研究（Liu et al.，2019），融合社会、经济、生态内涵从投入、期望产出和非期望产出三个维度构建指标体系（表 9-1）。其中，投入指标从土地、劳动力和资本维度选取耕地资源、化学制品、劳动力、机械动力、能源和灌溉要素；期望产出指标考虑耕地经济、社会产出的同时兼顾生态产出，选取种植业产值、粮食产量和碳汇量（李强等，2022）；非期望产出指标从碳源和污染排放维度选取耕地碳排放（田云等，2012）和面源污染（侯孟阳等，2019）。

表 9-1　耕地绿色利用效率评价指标体系

指标维度	变量名称	指标名称	指标解释
生产投入 （刘蒙罢等，2022）	土地	耕地资源	农作物播种面积（hm²）
	劳动力	劳动力	地均种植业从业人员（人）
	资本	化学制品	地均农药、化肥（折纯量）、农膜使用量（t）
		机械动力	地均机械动力（kW）
		能源	地均农用柴油使用量（t）
		灌溉	地均有效灌溉面积（hm²）

（续）

指标维度	变量名称	指标名称	指标解释
期望产出 （吕添贵等，2023）	经济产出	种植业产出	地均种植业产值（亿元）
	社会产出	粮食产量	地均粮食产量（t）
	生态产出	耕地碳汇量①	地均稻谷、小麦、玉米、豆类、薯类、油菜籽和蔬菜等作物碳汇总量（t）
非期望产出 （符海月等，2023）	碳源	耕地碳排放②	地均化肥、农药、农膜、柴油、灌溉和翻耕碳排放量（t）
	污染排放	耕地面源污染③	地均化肥氮磷流失、农药无效利用、农膜残留总量（t）

注：① $Cs = \sum_{i=1}^{m} Cs_i = \sum_{i=1}^{m} \{ [C_i \times Y_i \times (1 - W_i)] H_i \}$，$Cs_i$ 为粮食作物的碳汇量，m 为粮食作物种类，C_i，Y_i，W_i，H_i 分别为作物 i 的碳吸收率、产量、水分系数和经济系数，相关系数参见文献（李强等，2022）；② $E = \sum E_i = \sum (G_i \times \delta_i)$，$E_i$ 是第 i 个碳源的碳排放量，G_i 和 δ_i 分别是各碳源量与其碳排放系数，相关系数参见文献（田云等，2012）。③化肥氮流失量 =（复合肥含氮量＋氮肥使用量）× 氮流失系数；化肥磷流失量 =（复合肥含磷量＋磷肥使用量）× 磷流失系数；农药流失量＝农药使用量 × 农药流失系数；农膜残留量＝农膜使用量 × 农膜残留系数，相关系数参见文献（侯孟阳等，2019）。

（2）核心解释变量：乡村数字化转型水平。厘清乡村数字化转型内涵是科学测度其转型水平的必要前提，本章参考已有研究（殷浩栋等，2020；李丽莉等，2023），将乡村数字化转型界定为依托数字技术动力源，推动乡村地区生产生活方式改变，实现数字技术与乡村社会、经济、生态融合的乡村发展过程，其实现途径需要数字基础设施、数字服务水平、数字产业发展综合协调推进。为此，从数字基础、数字服务水平和数字产业发展三个维度构建乡村数字化转型指标体系，能够表征数字技术对乡村生产生活的赋能效应。首先，数字基础设施是乡村数字化转型的技术支撑，其投入水平和应用程度提高，有效畅通信息数据流动，实现数字赋能乡村生产投入要素配置，为乡村数字化服务和产业发展奠定基础，从数字基础投入和数字设施应用两方面考量（夏显力等，2019；崔凯等，2020）；其次，数字服务水平是乡村数字化转型的重要保障，数字通信、消费和监测服务助推绿色生产行为准则和实践逻辑不断渗透乡村各业态生产过程，有效控制污染物产生和提高生产效率，通过网络通信、消费匹配和环境监测服务三方面表征；最后，数字产业发展是乡村数字化转型成果的综合体现，乡村数字产业发展平台与交易，对乡村绿色生产结构优化、转化效率具有导向性，用数字产业导向和数字产业载体两方面表征（江小涓等，

2022），具体指标见释义（表 9－2）。

表 9－2　乡村数字化转型评价指标体系

指标维度	表征	指标名称	指标解释
乡村数字基础设施（王定祥，2023）	数字基础投入	数字建设资金	农村信息传输、软件和信息技术服务业、交通运输、仓储和邮政业固定资产总投资（亿元）
		网络投资	数字普惠金融县域投资指数
		数字人才	农业技术人员（人）
	数字设施应用	移动电话普及率	农村居民每百户移动电话拥有量（部）
		互联网普及率	农村互联网宽带接入用户数占接入用户总数比重（%）
		农村通邮率	已通邮的行政村占全部行政村比重（%）
		有效发明绿色专利率	绿色专利授权数占绿色专利申请数比重（%）
乡村数字服务水平（江小涓等，2022）	网络通信服务	信息技术服务范围	农村投递路线长度（km）
		农村邮政通信服务	农村邮政点平均服务人口（人）
	消费匹配服务	数字服务消费	农民交通通信支出占比（%）
		农村网络支付水平	数字普惠金融县域移动支付指数
	环境监测服务	农业电气化服务	农林牧渔业增加值/农村用电总量［亿元/（kW·h）］
		数字检测服务	农村气象观测业务站点（个）
乡村数字产业发展（陈雨露，2023）	数字产业导向	乡村数字基地	淘宝村数量（个）
		电商企业活跃度	参加电子商务交易活动企业占比（%）
		企业数字服务	每百家企业拥有网站数（个）
	数字产业载体	数字交易水平	电子商务销售额和采购额（亿元）
		数字销售规模	乡村消费品零售额占全社会消费品零售额比重（%）

（3）控制变量。为提高模型估计结果准确度，本研究控制变量选取包括（田云等，2012；张旺等，2022；陈一明等，2021）：①农民经济水平，其能影响耕地绿色生产决策、环保理念等，通过农村居民人均可支配收入体现；②农业发展水平，地区耕地生态保护、资源配置和技术发展等方面均受其影响，采

用农业增加值占地区生产总值的比重表征；③农业技术水平，其提高能够促进耕地生产率提高和绿色利用，采用有效灌溉率度量；④财政支农力度，其体现地区对农业生产的重视程度，用地方政府农林水务支出占财政总支出的比重衡量；⑤对外开放程度，其影响耕地生产对人才、科技的吸引力以及农产品销售市场的广度，采用贸易进出口总额与地区生产总值的比值表征。

9.3.3 数据来源与说明

本章数据源于 2011—2021 年《中国统计年鉴》《中国农村统计年鉴》《中国淘宝村研究报告》，以及国家统计局、北京大学数字普惠金融指标数据及相关研究报告。样本为全国 30 个省份（不包括西藏和港澳台地区）。其中，数字普惠金融县域投资指数和移动支付指数采用北京大学数字普惠金融指数中不同县域指数均值衡量。部分缺失数据采用插值法处理补齐。

9.4 研究结果与分析

9.4.1 耕地利用绿色效率与乡村数字化转型演化特征

借助 Matlab 软件，采用基于规模收益不变的非期望产出 SBM 模型测算得到耕地利用绿色效率，并使用熵值法计算得到乡村数字化转型水平。依据经济发展水平将研究区划分为东部、中部、西部，并结合粮食生产消费特征划分粮食主产区、粮食主销区、产销平衡区。

9.4.1.1 耕地绿色利用效率演化特征分析

（1）全国层面上，耕地绿色利用效率由 2011 年的 0.628 上升至 2021 年的 0.845，年均增长率为 2.17%，效率均值为 0.692，当前与最佳生产前沿面仍存在 15.50% 的提升空间，表明在耕地利用碳排放和面源污染的非期望产出约束下，乡村数字化转型中数字基础设施、服务和产业嵌入对耕地绿色利用效率提升具有一定促进作用（图 9-2）。

（a）研究区整体耕地绿色利用效率年均值

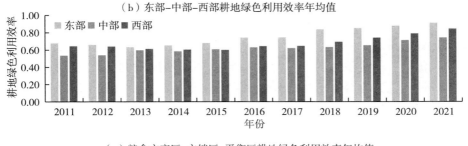

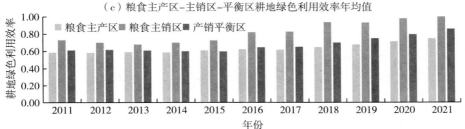

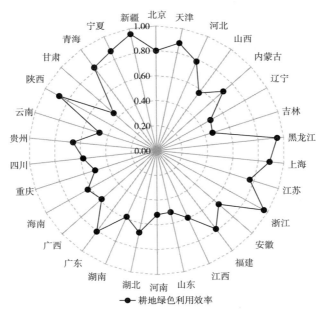

图 9-2　整体和区域耕地绿色利用效率演化趋势（2011—2021 年）

（2）区域层面上，各区域耕地绿色利用效率均呈上升趋势，且空间分异特征明显，效率均值呈现出"东部（0.753）＞西部（0.680）＞中部

（0.625）"和"粮食主销区（0.821）＞产销平衡区（0.676）＞粮食主产区（0.635）"的分布格局。其中，广东、浙江、上海等东部沿海地区得益于经济基础好，耕地数字生产基础设施和生产服务普及率较高，耕地绿色生产具有先发优势。值得注意的是，河南、吉林、辽宁等粮食主产区耕地绿色利用效率较低，究其原因在于当前粮食主产区耕地生产压力较大，依赖于化学要素驱动，且农作物耕种收综合机械化率高，造成了巨大的碳排放和面源污染排放。

9.4.1.2 乡村数字化转型演化特征分析

（1）整体趋势。乡村数字化转型水平由 2011 年的 0.127 稳步增长至 2021 年的 0.259，均值为 0.176，年均增长率为 10.49%，总体仅 2012 年出现小幅下滑，其余年份均呈现上升趋势，侧面反映出中国乡村数字化建设持续推进（图 9-3）。

（a）研究区整体乡村数字化转型指数年均值

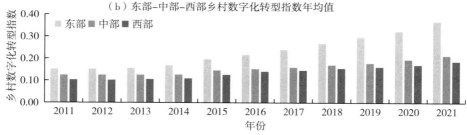

（b）东部-中部-西部乡村数字化转型指数年均值

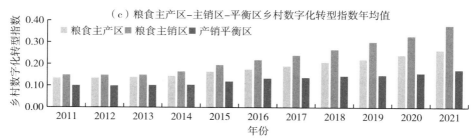

（c）粮食主产区-主销区-平衡区乡村数字化转型指数年均值

（d）研究期各省份乡村数字化转型指数均值

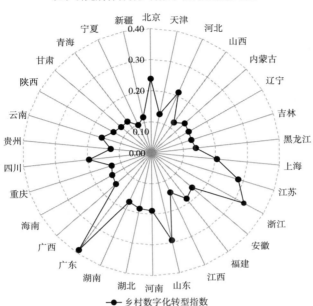

图 9-3　整体和区域乡村数字化转型演化趋势（2011—2021 年）

（2）区域特征。各区域乡村数字化转型水平均呈上升趋势，并呈现"东部
（0.230）＞中部（0.156）＞西部（0.137）"和"粮食主销区（0.231）＞粮食
主产区（0.183）＞产销平衡区（0.129）"的非均衡格局，随时间发展区域差
距不断扩大。其中，广东、浙江、江苏等转型水平较高省份主要集中于东部地
区，宁夏、新疆、青海、甘肃等西部省份转型水平低于整体均值。此外，黑龙
江、吉林、辽宁、内蒙古、江西等粮食主产区转型水平较低，其乡村数字化建
设力度亟须加强，而北京、上海、浙江、福建、广东等粮食主销区转型水平较
高，主要得益于经济、区位和政策优势带来乡村数字建设的技术、资金、人才
等方面的支持。此外，乡村数字化转型水平极差达到 0.290，存在数字鸿沟，
整体反映出我国乡村数字化转型空间差异和空间集聚特征并存。

9.4.2　乡村数字化转型对耕地绿色利用效率影响的实证分析

从实证分析发现研究区耕地绿色利用效率与乡村数字化转型水平均呈上升
趋势且区域异质性明显，为此采用 Tobit 随机效应模型和门槛效应模型探究乡
村数字化转型对耕地绿色利用效率影响的区域异质性和阶段性特征。实证分析

前对变量间进行 VIF 检验，结果显示各变量的 VIF 值均小于 3，佐证变量间不存在严重的多重共线性。

9.4.2.1 基准回归结果

表 9-3 基准回归结果中模型（1）表明，未加入控制变量时，乡村数字化转型对耕地绿色利用效率影响系数在1％的显著性水平下为正。模型（2）～（6）逐个加入控制变量后，影响系数在1％或5％的显著性水平下显著为正，反映控制变量的适用性，也初步证实乡村数字化转型对耕地绿色利用效率存在正向促进作用，与本研究理论分析结果一致。此外，$Wald$ 检验均通过1％的显著性检验，说明模型整体拟合效果较好。

在模型（6）中，①农民生活水平对耕地绿色利用效率的影响系数在1％的显著性水平下显著为正，反映农民生活水平改善有利于增强农民绿色认知并做出耕地绿色生产决策，促进了耕地绿色利用效率提高。②农业产业结构的影响系数在5％的显著性水平下显著为正，表明农业经济占比较大地区往往注重农业绿色信息、技术、人才服务发展，有助于耕地绿色利用。③农业技术水平的影响系数在1％的显著性水平下显著为正，说明农业技术改善与耕地绿色利用具有协调发展态势。④财政支农力度的影响系数在5％的显著性水平下显著为正，反映出农业绿色财政投入有利于耕地生产数字基础设施建设，促进了耕地生产模式绿色转型。⑤对外开放程度的影响系数在1％的显著性水平下显著为负，明显抑制了耕地绿色利用效率提升，可能是因为乡村数字化转型过程中，农产品生产供需匹配服务虽有助于畅通销路，但主要通过大量使用化肥农药来提升产量，造成耕地碳排放和面源污染负面产出，阻碍了耕地绿色利用效率提升。

表 9-3　基准回归结果

变量	耕地绿色利用效率					
	(1)	(2)	(3)	(4)	(5)	(6)
乡村数字化转型水平	0.346*** (0.024)	0.174*** (0.051)	0.175*** (0.051)	0.130*** (0.047)	0.115** (0.048)	0.110** (0.047)
农民生活水平		0.154*** (0.041)	0.161*** (0.042)	0.150*** (0.039)	0.170*** (0.041)	0.166*** (0.040)
农业产业结构			0.008** (0.004)	0.008** (0.004)	0.010** (0.004)	0.008** (0.004)

（续）

变量	耕地绿色利用效率					
	(1)	(2)	(3)	(4)	(5)	(6)
农业技术水平				0.703***	0.687***	0.667***
				(0.105)	(0.105)	(0.102)
财政支农力度					0.155**	0.157**
					(0.443)	(0.462)
对外开放程度						−0.054***
						(0.017)
常数项	0.337***	0.423***	0.521***	0.846**	0.997**	0.989**
	(0.057)	(0.470)	(0.486)	(0.449)	(0.461)	(0.455)
Wald 检验	208.29***	232.35***	232.54***	293.16***	295.91***	312.33***
LR 检验	364.83***	313.31***	313.30***	287.38***	283.33***	274.44***
样本量	330	330	330	330	330	330

注：括号内数字为稳健标准误，**、*** 分别对应5%、1%的显著性水平。

9.4.2.2 异质性分析

表9-4的异质性回归结果表明，不同区域乡村数字化转型对耕地绿色利用效率均有显著正向影响，与总样本影响效应方向一致。其中，影响系数变现为"中部（0.225）＞东部（0.221）＞西部（0.192）"和"粮食主产区（0.235）＞产销平衡区（0.218）＞粮食主销区（0.111）"依次递减格局。究其缘由，中部和东部影响系数较高可能得益于地区乡村数字化转型水平相对优越，其绿色效应对耕地绿色利用效率的积极影响得到有效发挥。西部影响系数次于中部和东部，西部地区乡村数字化发育程度较低，耕地生产数字基础设施、数字服务和产业发展相对落后，农民生活水平较低，对数据信息新事物接纳度较保守，耕地绿色生产意识较弱且生产模式相对粗放，综合导致对耕地绿色利用效率的积极效应相对有限。值得注意的是，粮食主销区乡村数字化转型水平虽高于粮食主产区和产销平衡区，但对耕地绿色利用效率的促进效应却小于两者，其原因可能在于粮食主销区多为沿海经济发达省份，拥有良好乡村数字化基础和较高的耕地绿色利用水平，数字红利得到释放，因而乡村数字化转型的绿色促进效应有所消散。

表 9 - 4　异质性回归结果

变量	耕地绿色利用效率					
	(1) 东部	(2) 中部	(3) 西部	(4) 粮食主产区	(5) 粮食主销区	(6) 产销平衡区
乡村数字化转型水平	0.221***	0.225***	0.192**	0.235***	0.111**	0.218**
	(0.040)	(0.082)	(0.109)	(0.068)	(0.043)	(0.106)
常数项	0.845***	0.538***	0.102***	0.596***	−0.241**	−0.344**
	(0.151)	(0.255)	(0.191)	(0.629)	(0.138)	(0.591)
控制变量	控制	控制	控制	控制	控制	控制
Wald 检验	131.32	115.64	109.59	96.77	48.20	119.00
LR 检验	59.99	84.15	51.81	82.26	31.09	79.74
样本量	121	88	121	143	77	110

注：括号内数字为稳健标准误，**、*** 分别对应 5%、1% 的显著性水平。

9.4.2.3　稳健性检验

　　基准回归结果证实中国乡村数字化转型能显著提高耕地绿色利用效率，为进一步检验结论的稳健性，本研究通过更换因变量测度、调整时间窗宽和滞后一期处理等方法进行验证。

　　（1）更换因变量测度。本研究被解释变量是基于规模收益不变的非期望产出 SBM 模型测算得到的综合技术效率，其相较于规模收益可变模型测算得到的纯技术效率值波动更小。为避免实证结果出现偶然性，本研究用基于规模收益可变模型的耕地绿色利用效率代替被解释变量规模收益不变模型的耕地绿色利用效率，进行稳健性检验，表 9 - 5 模型（1）结果表明乡村数字化转型促进耕地绿色利用效率提升的回归结果保持稳健。

　　（2）调整时间窗宽。中国数字乡村于 2018 年被正式提出，考虑到政策偏移的影响，本研究剔除 2018—2021 年区间的样本，选择 2011—2017 年为样本时间范围进行稳健性检验，结果如表 9 - 5 模型（2）所示，乡村数字化转型对耕地绿色利用效率提高仍有显著促进作用。

　　（3）对解释变量进行滞后一期处理。考虑到政府注意力重新配置的时间差，乡村数字化转型对耕地绿色利用效率的提高可能具有一定滞后性，本研究将数字乡村发展水平解释变量滞后一期进行稳健性检验，表 9 - 5 模型（3）结果表明，滞后一期的乡村数字化转型水平对耕地绿色利用效率的影响在 5% 的显著性水平下显著为正。

表 9-5　稳健性检验结果

变量	耕地绿色利用效率		
	（1）更换因变量测度	（2）调整时间窗宽	（3）滞后一期处理
乡村数字化转型 水平	0.386*** （0.048）	0.158*** （0.038）	
滞后一期			0.123** （0.048）
常数项	1.268** （0.188）	1.074*** （0.101）	1.068** （0.466）
控制变量	控制	控制	控制
Wald 检验	69.56***	131.75***	346.53***
LR 检验	257.50***	214.60***	280.20***
样本量	330	210	300

注：括号内数字为稳健标准误，**、***分别对应5％、1％的显著性水平。

9.4.2.4　门槛模型回归结果

由于本研究主要为探究乡村数字化转型对耕地绿色利用效率影响是否具有非线性特征，因此仅对研究区整体进行门槛效应检验。通过"自助法"反复抽样 1 000 次后，门槛效应检验结果显示单门槛效应在1％的水平上显著，双重和三重门槛未通过显著性检验（表 9-6），门槛回归结果显示门槛值为 0.261（表 9-7），故选择单一面板门槛回归模型进行分析。

表 9-6　门槛效应检验结果

门槛变量	门槛数	F 值	P 值	10%临界值	5%临界值	1%临界值
乡村数字化 转型水平	单一门槛	39.63***	0.003	23.076	26.950	34.567
	双重门槛	18.21	0.108	18.956	22.274	35.035
	三重门槛	10.41	0.445	19.266	22.659	30.554

注：***为1％的显著性水平。

表 9-7　门槛效应回归结果

变量	耕地绿色利用效率
乡村数字化转型水平≤0.261	1.352*** （0.327）
乡村数字化转型水平＞0.261	0.915*** （0.239）

（续）

变量	耕地绿色利用效率
控制变量	控制
R^2	0.477
F 值	9.63
样本量	330

注：括号内数字为稳健标准误，*** 为 1% 的显著性水平。

从表 9-7 可知，乡村数字化转型对耕地绿色利用效率促进作用存在两个阶段：当乡村数字化转型水平小于等于 0.261 时，在 1% 显著性水平下促进耕地绿色利用效率提升，影响系数为 1.352；当转型水平超过 0.261 时，仍在 1% 显著性水平下促进耕地绿色利用效率提升，但影响系数降低至 0.915，表明促进效果较第一阶段有所减弱。事实上，该类型促进作用随着乡村数字化转型水平提升出现"边际效应"递减的非线性特征，也验证了本研究理论分析。究其原因，当乡村数字化转型水平低于门槛值时，随着耕地生产数字基础设施建设加快，数字服务及数字产业不断发展，其规模效应显现充分挖掘了耕地绿色利用效率提升潜力；而当转型水平高于门槛值时，可能将无法满足耕地绿色生产的新阶段需求，受制于政策、技术、人才、资金等内外部环境瓶颈，抵消了部分数字乡村发展对耕地绿色利用效率的推动作用。

9.4.3 研究对策

（1）东、中、西部要联通乡村数字化转型空间网络，探索数字赋能耕地绿色利用的合作共享路径。一是东、中部地区要持续发挥经济、政策、技术在数字基建、服务和产业方面的建设优势，积极探索以耕地绿色利用投入和产出为重点的数字生产模式迭代升级，组织跨区域的耕地绿色生产交流示范项目，向西部推广先进经验。二是新疆、青海、甘肃等西部地区可以实施财政补贴、税收优惠等政策，吸引东、中部地区的资金、技术和项目投入乡村农业数字化硬软件建设，填补与东部地区的数字鸿沟。

（2）粮食主产区、主销区和产销平衡区要加强乡村数字技术的推广应用，扩大对耕地生产环境污染的缓释效应。一方面，河南、吉林、辽宁等粮食主产区要完善耕地生产环境数字管理体系，研发并更新绿色生产要素，实现耕地生产投入要素精准配置，不断减少化肥、农药等致污要素利用率，缓解生产环境压力。另一方面，粮食主销区和产销平衡区要优化耕地绿色生产数字服务和产业嵌入，为耕地生产者提供绿色技术指导、市场信息查询等便利服务，推动"绿色＋智慧"的市场导向耕种模式，提高耕地的产量、产值及碳汇产出率。

（3）有效衔接乡村数字服务与耕地绿色生产时代需求，引导乡村数字化转型阶段性势能转化为长期性发展驱动力。首先，各地区要建立健全农业大数据中心，整合和分析耕地土壤、气候环境等数据，精准识别耕地绿色生产瓶颈，加强耕地种植投入要素优化、产品转化、生产环境绿化等环节的协同发展。其次，组织数字化农业技术公益培训、补贴奖励、政策帮扶等工作，降低数字化农业转型的成本和风险，提高耕地生产者数字化耕种积极性，从而延缓边际递减效应的出现。

9.5　本章小结

本章从理论层面阐释乡村数字化转型对耕地绿色利用效率绿色驱动逻辑，利用非期望产出 SBM 模型探究 2011—2021 年中国耕地绿色利用效率和乡村数字化转型的时空演化趋势，借助 Tobit 回归模型和面板门槛模型探索乡村数字化转型对耕地绿色利用效率影响效应的空间异质性和阶段性特征，结论如下：

（1）中国耕地绿色利用效率均值由 2011 年的 0.628 波动上升至 2021 年的 0.845，整体呈上升趋势，空间差异明显，效率均值呈现"东部＞西部＞中部"和"粮食主销区＞产销平衡区＞粮食主产区"的分布格局。

（2）中国乡村数字化转型水平由 2011 年的 0.127 稳步增长至 2021 年的 0.259，水平均值空间上呈现"东部＞中部＞西部"和"粮食主销区＞粮食主产区＞产销平衡区"的非均衡格局，省域极差达到 0.290，数字乡村发展水平空间差异和空间集聚特征并存。

（3）中国乡村数字化转型对耕地绿色利用效率提升具有显著的正向促进作用，通过系列稳健性检验该结论依然成立；异质性分析表明，东、中部地区的乡村数字化转型对耕地绿色利用效率提升带动作用较西部地区更为强劲，粮食主产区和产销平衡区较粮食主销区更为强劲。

（4）中国乡村数字化转型对耕地绿色利用效率的提升存在单一门槛效应，当乡村数字化转型水平超越门槛值 0.261 时，乡村数字化转型对耕地绿色利用效率的促进作用呈现出"边际效应"递减的非线性变化趋势。

10 社会投资主体下乡：促进农地流转风险与绿色利用传导路径

本章将从市场层面出发，结合访谈调研和问卷调查，从农地流转风险的形成机理、传导路径和防范体系等几方面展开分析，探讨社会投资主体与耕地绿色利用融合的路径。

10.1 引 言

随着国家乡村振兴战略规划的不断推进，社会投资主体加速向农村流动，深刻改变了农业生产方式（焦长权等，2016；刘魏等，2018）。尤其自2013年后，农地经营主体逐渐由传统自耕户、种植大户拓展为农业龙头企业和农业产业化公司等，社会投资主体下乡推动了农村土地流转的同时也促进了农村土地要素合理配置（胡博文等，2017）。

目前学术界围绕社会投资主体下乡过程的农地风险进行了大量探索。然而，当前研究对于社会投资主体下乡与农地流转之间尚未形成统一共识。有研究指出，社会投资主体与农村农地流转的结合，解决了当前农地流转中资金不足等问题，可实现土地流转和扩大农地经营规模，有利于提高土地产出率和劳动生产率（苏玉娥等，2018）；与此同时，社会投资主体下乡也带来困惑，容易出现"风险下乡现象"，甚至"恶意圈地""毁约弃耕"、农地"非粮化"和"非农化"等问题（朱强等，2012；刘俊等，2013）。为此，本研究选取传统村落为研究对象，基于风险—路径—防范的逻辑框架，分析社会投资主体下乡对农地流转风险的传导路径，为合理引导传统村落的农地流转和保障农户合法权益、实现规模化经营提供参考。

10.2／研究区域与数据处理

10.2.1　研究区域

　　东田村位于江西省赣州市赣县区茅店镇，村内分为东田坑组、坞石坑组、坳高组、上村组、排高组、后栋组和井头组七个村小组，人口约1 500人。区域气候温和，光照充足，降水充沛，冷暖变化显著，降水变率大，属中亚热带丘陵山区季风湿润气候区，全村耕地约46.67hm²，适合农地耕种。东田村位于赣县东郊，东临黄龙村、南面茅店村、西连储潭乡，北接石芫乡，紧邻323国道线，村委会位于排高组，老村委会紧挨赣县东高速出口，京九铁路、昌赣高铁和厦蓉高速均从村域内经过，是茅店镇东面的交通枢纽。一方面，受益于便利的交通，东田村外出人口达到600人，占村总人口的三分之一，外出农户具有强烈的农地流转意愿；另一方面，赣州市作为传统革命老区，是国务院支持赣南等原中央苏区振兴发展区域之一，而东田村作为赣南苏区传统村落，受益于赣南苏区精准扶贫，带来大批参与农地流转的社会投资主体，农地大规模流转到新型农业主体进行种植，出现了葡萄、西瓜、小青南瓜和竹荪等经济作物。然而，社会投资主体下乡促进了耕地规模经营的同时，也存在耕地闲置、农户生计保障不足、新型农业经营主体培育滞后等异化风险。为此，本研究将传统赣南苏区村落——东田村作为研究对象，剖析社会投资主体下乡背景下农地流转风险更具有典型性和代表性。

10.2.2　社会投资主体下乡与农地流转情况

　　（1）社会投资主体下乡案例。课题组2018年7月前往江西省赣州市赣县茅店镇东田村进行调研，对传统村落的社会投资主体下乡与农地流转情况和农户对农地流转风险认知展开实地调研。赣县东田村具有良好耕作环境和优质农地资源，同时也是赣州市的贫困村。受益于国家精准扶贫政策，东田村围绕生态休闲观光旅游，为实现各类农业产业农地规划，村集体进行了大规模农地流转，已形成了农地流转案例，总面积约为12.01hm²，占东田村耕地总面积的29%（表10-1），以"成氏文化、红色文化"为核心，打造生态河堤观光带，建设风情蔬菜观光体验园、芋禾飘香园、百蔬园和七彩花田园等。

表 10-1　东田村资本介入农地流转案例

序号	面积 (hm²)	流转 方式	土地利用方式 （流转前）	土地利用方式 （流转后）	流转对象 （流转前）	流转对象 （流转后）	流转 时间	流转 期限 （年）
1	4.67	出租	种植水稻	未定	本村村民	农业公司	2017 年	20
2	2.00	出租	种植水稻	经济作物	本村村民	农业公司	2017 年	20
3	2.67	出租	种植水稻	薰衣草	本村村民	农业公司	2017 年	20
4	2.67	出租	种植水稻	竹荪	本村村民	本村农民	2017 年	10

　　农地流转主要通过村委组织将耕地集中到村集体以后，再流转给农业公司，或者是由农户转包给本村农户（图 10-1）。在作物种植方面，主要以薰衣草、竹荪等经济作物为主。根据现场调研发现，各类社会投资主体进入农地流转，大量流转农地仍处于闲置状态。

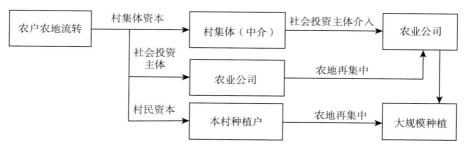

图 10-1　社会投资主体介入农地流转路径示意

　　（2）农地流转情况。为了解农户对社会投资主体介入耕地流转情况的认知水平，课题组以社会投资主体下乡与耕地流转农户风险感知为主题，在核对耕地流转情况基础上，对研究区内耕地已流转情况进行问卷调查与访谈，共发放问卷 45 份，回收有效问卷 40 份，占问卷总数的 88.88%（表 10-2）。其中，农地流转对象中，75.00%的农户将农地流转给村集体，再由村集体统一流转给农业公司；有 12.50%的农户则在村内村民之间进行流转；另外有 12.50%的农户直接将农地流转给农业公司。在非农非粮层面，80.00%受访者认为存在非农非粮风险；从已流转农地利用情况看，有 62.50%的农地存在摞荒风险。在流转价格满意度方面，82.50%的农户对农地流转价格较为满意。在购买粮食支出占比中，92.50%的农户都需要购买粮食。

表 10-2　东田村农地流转风险认知情况

类别		频数	所占比例（%）	类别		频数	所占比例（%）
村小组	坳高组	6	15.00	流转方式	抵押	13	32.50
	上村组	10	25.00		转让	22	55.00
	坞石坑组	6	15.00		其他	5	12.50
	井头组	6	15.00	是否撂荒	存在	25	62.50
	排高组	7	17.50		不存在	15	37.50
	后栋组	5	12.50	是否对流转价格满意	满意	33	82.50
非农非粮风险	存在	32	80.00		不满意	7	17.50
	不存在	8	20.00	是否外出务工	是	26	65.00
流转对象	农业企业	5	12.50		否	14	35.00
	村集体	30	75.00	购买粮食支出占比	<10%	19	47.50
	本村村民	5	12.50		10%~30%	8	20.00
流转期限	0~10 年	10	25.00		30%~50%	10	25.00
	10~20 年	14	35.00		不购买	3	7.50
	20~30 年	16	40.00				

10.3　社会投资主体下乡过程中农地流转风险识别

　　为识别研究区域社会投资主体介入农地流转风险，从农地流转的不同利益出发，对农地流入方、农地流出方和监管者等参与主体展开分析，分析发现农地流入方具有经营风险，农地流出方具有财产风险，而监管者则具有社会风险（图 10-2）。

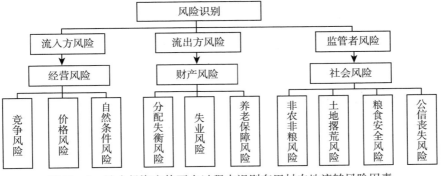

图 10-2　社会投资主体下乡过程中识别东田村农地流转风险因素

10.3.1　农地流入方的农地经营风险

对于研究区内的社会投资主体下乡参与农业规模经营的农地流入方而言，存在投资经营风险。一是价格风险。赣县东田村在引导社会投资主体介入薰衣草和竹荪等农产品经济交易时，农产品的信息不完全对称给企业带来利润亏损；二是竞争风险。东田村的农地承包商之间始终存在着围绕争夺农业种植市场占有率、扩大农业生产规模以及提升农产品盈利率而展开的激烈竞争态势；三是投资经营外在风险。主要体现为自然条件风险，尤其是赣县东田村地势北高南低，2018 年上半年暴雨引发洪涝，东田村的井头组、后栋组等因地势低洼，连片已被承包的农田因为积水损失严重，存在不可抗力的自然条件风险。

10.3.2　农地流出方农地财产风险

对于东田村农地流转中被动接受社会投资的农户，则主要表现为财产风险。一是分配失衡风险。据调研访谈得知，进入东田村的社会投资主体在运营中压低农地流转价格，一般农田是 12 000 元/（hm² · 年），农地流转合同缺乏价格弹性增长机制，引发收益分配失衡风险。二是失业风险。东田村的规模经营者长期占有土地，35% 的未外出打工的纯农户缺乏非农就业技能和途径面临失业境况，失业风险致使农户生活水平下降。三是养老保障风险。农地流转可让流转土地之后的东田村农民获得一定的即时收益，但农民后续仍会面临因为缺少经济来源而产生的养老保障问题。四是产权风险。一方面体现为强制流转风险。赣县东田村为平整土地后统一流转农地，不顾少部分农户的反对意愿，在行政力量的干预下强制将下村小组、后栋小组等部分核心村小组的农地流转收归村集体。由表 10 - 2 可知，东田村流转对象七成以上是村集体。村集体在土地平整后承包给农业种植大户，易引发农户的土地产权矛盾。另一方面则是土地过度利用风险。流转农户担心社会投资主体进入东田村后，为追求短期经济效益，不顾耕地地力过度开发利用土地，过度使用化肥农药，导致土地硬化、地力衰退。

10.3.3　监管者农地流转社会风险

政府部门推动社会投资下乡作用于农地流转，并承担监管角色，同样存在多重社会风险。一是农地非粮化风险（谭荣等，2006；杜峰等，2018）。由表 10 - 1 可知，东田村农地规模经营者在乡村振兴战略和国家扶贫政策引领下参与农业经营，改变原有种植水稻的土地利用方向，改种植薰衣草、竹荪等经济作物，以及开展特色农产品加工，导致大片农地非粮化，东田村 80% 农地存在非农非粮化风险。二是耕地撂荒风险。东田村农地规模经营者为从政府获取更多的政策补贴，热衷于扩大规模而大量囤地，导致中心村大片搭建好大棚的土地大规模撂荒，4.67hm² 耕地闲置半年以上，引起了东田村村民的担忧，而在调查的农田区域中 62.5% 的农田存在撂荒情况。三是粮食安全风险。由于东田村社会投资主体下乡所带来的非粮化和耕地闲置等，浪费村内大面积优质耕地，加剧当下粮食存量的安全问题。尤其值得关注的现象是，东田村后栋小组、井头村民小组的村民由于"被流转农地"，自食粮食要去市场购买而非自种，影响了居民的日常生产需求。四是公信力丧失风险。一方面赣县东田村农地流转导致部分小组农地过分集中，东田村组内发展分化；另一方面，东田村农地流转中出现干预过度后的农地纠纷等现象。

10.4 社会投资主体下乡过程中农地流转风险形成机理与传导路径

作为传统苏区村落的东田村在社会投资主体下乡过程中农地流转风险并不能简单地认为是一种因素直接导致的后果，而是在不确定性作用下，农地流转给承包方经济利益、农户土地权益所带来不利影响，形成了风险源、受体和控制机制等（陈振等，2018）。其中，风险源为农地流转产生危害的源头，是东田村农地流转风险事件发生的触发条件；风险受体是风险承担者利益受到损害的承受方；控制机制是风险源及传播路径的控制、维护与管理运行模式（图 10-3）。在社会投资主体下乡中农地流转风险系统内各要素间相互联系和制约，形成了风险源触发风险、控制机制控制风险和风险受体损害的逻辑框架，三者共同决定了农地流转风险状态（李云新等，2015；曲常胜等，2009；林旭等，2009）。为此，本研究在分析农地流转风险基础上，尝试从风险系统的角度揭示东田村社会投资主体下乡中农地流转风险形成的内在机理与传导路径。

10.4.1 农地流转风险受体

东田村社会投资主体下乡过程中农地流转风险受体分为农地流入方（村集体、高素质农民和农业公司）、农地流出方（东田村村民）和政府（赣县和茅店镇政府）。在社会投资主体下乡带来不确定性风险源作用下，不合理的土地

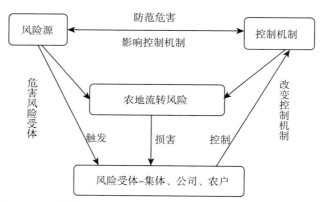

图 10-3　社会投资主体下乡过程中农地流转的风险形成机理

利用方式和市场竞争波动都会对东田村规模经营者、东田村农户和东田村村委会产生影响，当影响程度超出了任意一方的承担能力，就会引发一系列风险事件。其中，东田村村委会、高素质农民和农业公司作为农地流入方，村集体村民作为农地流出方，是农地流转的直接利益相关者，其土地权益和经济利益将受到风险的直接冲击，最终导致东田村总产值下降、农地闲置或抛荒并影响农户生计。与此同时，作为推动社会投资主体下乡引领农地流转的政府部门，因风险事件引发的各种社会问题可能会损害政府形象等。

10.4.2　农地流转风险源

参与农地资本化的风险受体为农户、规模化经营者和政府部门，三者最终目标都是实现自身利益最大化。一方面，东田村委会出于精准扶贫政绩和传统村落经济利益考虑，希望通过流转土地获取土地租金，增加经济收入，进而干预农户农地流转；另一方面，农业种植公司则希望以较低的租金流入土地，实行规模经营，获取更高的利润，只有当转入土地的纯收益大于或等于从事其他工作的机会成本时，人们才愿意承包土地。因此，农地流转本质上是农业参与主体围绕农地产权进行的持续性定价博弈，博弈结果导致土地流转过程中隐藏着各种风险，最终会使流转利益相关方遭受损失（杨嬛等，2015）。

（1）农地流入方风险源分析。农地流入风险源主要受到农业市场与流转预期的影响。一是经营市场不确定风险。调研发现进入东田村的农业公司在实现耕地规模化经营后，使得自然灾害风险损失的范围更加集中，受灾后造成经济损失；此外，农地流转行为产生影响的市场风险主要来自农地流转市场和农地经营市场。二是流转期限不合理。由于东田村农地流转中承包户前期设大棚投入大量资金，签约农地流转合同时流转期限长达 30 年。而村内农地未流转的农户出于自身经济利益和社会保障考虑，不愿与其余规模经营者签订长期合同，宁愿选择短期多次流转。同时，农地流转期限短和流转租金的不稳定，不仅提高了生产成本，还使农地流入方长期投资达不到最优状态，使其不愿在购置农业机械和改善土肥条件等方面长期投入。

（2）农地流出方风险源分析。农地流出方风险源与耕地质量及其社会保障功能密切相关。一是耕地质量受损风险。东田村农地流转存在经营不善而抛荒或闲置耕地的情况，农民出租的土地因为闲置而杂草丛生，其耕地功能被破坏。二是农户生计社会保障风险。赣县东田村规模化农地经营导致耕地过于集中，使得部分纯农户失去了生活来源。一方面，部分流转主体因年龄太大、体力不支和技能缺乏而丧失非农就业机会，在农地流转后将会彻底失业，粮食和蔬菜等都到茅店镇集市购买，每年仅靠千元左右的租金收入显然难以维持基本生活。另一方面，东田村外出劳动力多为流动农民工群体，基本从事的都是体力劳动，存在收入不稳定因素。

（3）监管者风险源分析。政府部门作为监管者，其风险源不仅受到管理体制影响，还与监管机制密切相关。一是管理体制缺失风险。为吸引社会投资主体下乡从事利润相对薄弱的农业生产经营活动，相关政策承诺对达到一定经营规模的农业企业提供大量政策补贴，导致大量社会投资主体倾向于在东田村圈地，甚至出现耕地撂荒和圈地不种的情况。因而，当国家引导政策与现实需求存在缺口时，容易导致政策执行偏差，存在管理体制缺失风险。二是监管机制不到位风险。本质上，社会投资倾向于不断投资能带来更高经济效益的区域，并减少对粮食作物的投入，农地流转后种植户将从事"非粮"甚至"非农"经济，这将改变土地原有用途，引发农业生产的"非粮化"风险，而政府监管部门未及时制止，容易产生粮食存量的安全问题。

10.4.3　农地流转风险传导路径

作为传统村落的东田村，在中央苏区振兴战略背景下获得精准扶贫的政策支持，势必增加了东田村的农村农地资源价值与经济机会，也为农地流转风险路径奠定基础。

（1）城乡边界松动。在城乡融合规划推动下，城乡边界出现松动，社会资本介入农地流转还处于探索阶段，一方面，农地流转市场尚未构建，尤其是监管体系还不到位，容易滋生腐败；另一方面，农地社会保障功能相对滞后，资本进入农地流转的准入机制还不到位，农地流转期限尚未明确，以及农地流转管理体系都尚未形成，这些不确定因素最终为东田村的农地流入方、农地流出方以及监管者提供了不良行为空间。

（2）多重力量介入。自然、人力、物质、金融和社会等争相涌入农地、耕地流转市场，以期通过各类型力量介入，获得农地流转利润。

（3）多重风险形成。由于农地流入方、农地流出方和监管者之间，存在腐败的可能，尤其是在城乡边界松动情况下，村集体、高素质农民和农业公司多方利益博弈下，易为腐败等不良行为空间奠定基础，最终使得社会投资主体下乡形成了农地流转的经营风险、财产风险和社会风险的传导路径（图 10 - 4）。

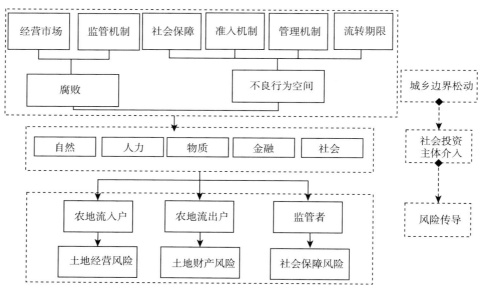

图 10 - 4　社会投资主体下乡中农地流转风险的传导路径

10.5 社会投资主体下乡过程中农地流转风险防范对策

对东田村而言，社会投资主体下乡过程中农地流转风险的有效治理不能针对单一风险事件本身，而是取决于政府、市场和社会多个维度（段贞锋等，2017），同时，为降低社会投资主体介入农地流转风险，还应从改变风险事件发生的制度环境、市场环境和主体行为等方面综合考虑。

10.5.1　制定完善农地流转规范，明晰制度规则

对于传统村落东田村在社会投资主体下乡中农地流转风险的有效治理，有赖于明晰农地流转制度规则，使社会投资主体下乡与农地流转之间有明确的预期（温亚霖，2018）。一是明晰农地产权结构，确定土地产权边界，以立法的形式明晰三权边界和权能，保障农地流转农户的经济收益分配；二是建立规则约束各利益主体行为，明确农地流入方、农地流出方和监管者之间的边界；三是制定农地流转规则的风险综合管理方法，形成流转耕地健康评价与污染修复的可持续解决方案（赵立娟等，2017；曹俊杰等，2018）。此外，东田村委会为核心的监管者，需要引导各农地流转参与经济主体，明晰农地流转交易的权利规则，规范签订合约合同流程和履约条件，消除社会投资主体下乡中农地流转的租值耗散，进而降低农地流转风险的根源（侯江华等，2015；蒋永甫等，2015；杨雪锋等，2017）。

10.5.2　培育完善农地流转市场，保障交易公平

构建完善的农地流转市场是提高农地流转效率和实现市场化运作的重要路径。首先，选择东田村所处的赣县茅店镇建立农地流转中介机构，通过搭建村庄之间农地流转信息平台，提供农地流转法律政策宣传和推送区域农地流转信息，并评估相似地块农地流转价格和提供参考底价，给予合同签订指导和调处土地纠纷等；其次，设立第三方农地流转风险保障基金。农地流入方在流入农地之前，应根据流入土地规模的多少和双方协定的结果，缴纳数额不等的风险保障金，以支付流转农户的农地租金和未来农地复耕资金。

10.5.3　提高行为主体风险防范意识，降低风险系数

东田村农户和规模经营者作为最直接的行为主体，还应从行为主体风险意识方面加以防范（顾传辉等，2001；张良等，2016；王桂华等，2018）。一方面，东田村村委会作为中介平台，应为村民以及有承包意愿的种植户定期开展规避农地流转风险、规范农地流转交易的知识讲座；另一方面，地方政府作为农地流转的监管者，还应该引导农户积极学习农地流转的政策法规，避免自身权益受到侵犯，尤其是应该通过签订正式的书面合同，提前规避和防范流转风险（周飞舟等，2015；柯新利等，2024）；此外，东田村规模经营者还应通过提高农业规模经营能力，购买农业保险产品等增强风险意识，合理规避不

确定风险。

10.6 本章小结

在乡村振兴战略和城乡融合规划实施背景下，社会投资主体下乡是推进农地流转和实现农业规模化经营难以回避的现实助力。本章从市场角度出发，以赣南苏区传统村落的赣县区东田村为对象，基于社会投资主体下乡视角剖析资本渗透下农地流转风险，分析了农地流转风险的传导路径，在此基础上，提出了农地流转的风险防范对策，并得到以下结论：①农地流入方（村集体、高素质农民和农业公司）、农地流出方（东田村村民）和监管者（存在经营风险、财产风险和社会风险）均存在农地流转风险；②在社会投资主体下乡过程中，城乡边界松动易滋生腐败，同时，资本的逐利性也会凸显，从而形成"城乡边界松动—资本介入—风险形成"的传导路径；③社会投资主体下乡过程中农地流转风险的治理离不开政府、市场和社会等主体的共同参与，还与制度环境、市场环境和主体行为密切相关。

值得注意的是，农地流转风险不仅存在于农地流转的前期阶段，还贯穿于耕地整体设计、建设和营运等全生命周期过程。在城乡融合背景下，针对各类型社会投资主体下乡，从农地流转模式选择到农业规模经营的各个环节剖析相应的风险路径与规避对策的转变是未来研究的重要方向。

11 研究结论与研究展望

11.1 研究结论

　　耕地作为人类最宝贵的土地资源，既是粮食安全战略资源，也是重要的生态资源、经济资源、文化资源和社会资源。本研究在构建耕地利用转型理论分析框架和分析耕地保护政策绩效基础上，剖析我国耕地系统韧性、粮食主产区耕地绿色利用、粮食主产区耕地利用转型状态，从政府、技术和市场维度出发，探讨耕地轮作休养、乡村数字转型和社会投资主体下乡对耕地利用的影响，提出我国耕地保护与绿色利用转型的策略。主要结论如下：

　　（1）从耕地保护绩效来看，为满足新时代背景下耕地保护制度的新要求，将智库双螺旋法引入耕地保护制度执行绩效评价中，并以新研究范式与系统思维方法为科学指引，运用循环迭代、螺旋认知框架创新了耕地保护制度执行绩效评价体系，尝试构建五维指标体系，为辨识耕地保护制度绩效提供了新视角。不仅深化了耕地保护制度执行绩效评价的"发展逻辑"，而且更加注重耕地保护制度执行评价指标"选取逻辑"，以及推动耕地保护制度执行评价实践逻辑。

　　（2）从耕地系统韧性来看，在农业绿色转型下测度 2007—2022 年中国耕地系统韧性多指标评价体系，采用探索性空间数据分析揭示中国耕地系统韧性时空演化特征，使用地理探测器探讨中国耕地系统韧性区域差异影响因素，进而分析中国耕地系统韧性水平的内在影响机制。一是全国 30 个省市耕地韧性由 2007 年的 0.531 8 波动增加至 2021 年的 0.551 6，年均增值 0.14%，呈 M 形。二是全国耕地韧性呈现出"西北—中部—东北"三点放射的空间特征，耕地韧性格局由分散发展到聚拢，三点头部效应逐渐减弱，整体耕地韧性空间格局更稳定，已初步形成基本空间分布格局。三是农用水泵、排涝动力机械等工程韧性结构对耕地韧性提升具有显著影响，农药施用量、乡村人口对全国耕地韧性影响较弱。四是合理运用耕地韧性理论对有效应对发展环境变化和外界不确定性至关重要。

（3）从耕地绿色利用效率来看，长江中游粮食主产区整体耕地绿色利用效率由 2005 年的 0.978 波动增加至 2020 年的 1.066，效率均值为 1.035。长江中游粮食主产区整体和局部耕地绿色利用效率收敛速度呈江西、湖北、湖南和区域整体依次递减格局，存在显著的空间 β 收敛趋势和空间正向溢出效应，且空间因素对耕地绿色利用效率收敛具有加速效应。长江中游粮食主产区城镇化水平、经济发展水平、农业科技水平、家庭农业经济贡献度和财政支农力度对耕地绿色利用效率提升具有明显推动作用，而复种指数和种植结构呈现抑制作用。未来应顺应耕地绿色生产空间关联规律、持续推广绿色生产技术、加快推进耕地绿色综合整治和强化耕地绿色环境规制，以保障区域农业绿色转型的稳定性和连续性。

（4）从耕地碳源汇来看，长江中游粮食主产区耕地净碳汇总量从 2005 年的 2 674.09 万 t 增加至 2021 年的 3 757.58 万 t，年均增幅 2.22%，碳汇功能愈发凸显，空间上各地市耕地净碳汇呈"低值点状分散、高值片状集聚"的差异分布态势；长江中游粮食主产区耕地净碳汇空间相关性存在"正集聚—负集聚—正聚集"交替变化规律，整体和省域耕地净碳汇均存在扩散现象且区域差异有所增强；长江中游粮食主产区耕地净碳汇时空格局演化受耕地利用和农业经济因素影响显著，其中，耕地规模和农业机械化水平是关键主导因素且影响力区域异质性明显；应推动耕地规模化与机械化经营、科学量化物资投入及重视耕地生产主体素质培养，带动长江中游粮食主产区耕地利用固碳减排。研究能够完善耕地碳循环机制并科学测度耕地碳源汇，以期为粮食主产区耕地减污固碳增汇提供决策参考。

（5）从耕地绿色利用转型来看，在全局空间自相关上长江中游粮食主产区2000—2020 年耕地利用综合、空间和功能转型在地理空间分布上存在显著的正集聚效应，全局 Moran's I 指数均值分别为 0.420、0.447 和 0.240，功能转型过程全局空间自相关性始终弱于空间转型过程。从耕地利用转型空间重心迁移特征看，2000—2020 年研究区耕地利用综合、空间及功能转型的标准差椭圆形态变化幅度相对稳定。耕地利用空间和功能转型受自然环境内部条件和社会经济外部条件联合驱动。在空间转型驱动因素上，人均 GDP、城镇人口比例、人口密度、农民收入水平、农机总动力、财政支农占比因素对耕地利用空间转型呈显著正相关，在功能转型驱动因素上，年均气温、年降水量、人均

GDP、人均固定资产投资、城镇人口比例、人口密度、农民收入水平、农机总动力和财政支农占比因素对耕地利用功能转型呈显著正相关。

（6）从耕地轮作休养来看，休耕政策实施偏离风险由前期筛选阶段的权益与保障风险、中期实施阶段的组织风险和后期管护阶段的利用风险组成；休耕政策实施偏离风险源于休耕地存在产权公共领域，由此衍生的休耕行为空间和负外部性形成了休耕政策实施偏离风险的内在路径；构建"负外部性内部化"休耕实施偏离风险防范体系还应借助权益认知体系、政策保障体系、组织管理体系和预警体系等外力推动。

（7）从乡村数字化来看，在理论层面阐释乡村数字化转型驱动耕地绿色利用的内在逻辑，研究发现中国耕地绿色利用效率均值由 2011 年的 0.628 波动上升至 2021 年的 0.845，整体呈上升趋势，空间差异明显，中国乡村数字化转型水平由 2011 年的 0.127 稳步增长至 2021 年的 0.259，水平均值空间上呈现"东部＞中部＞西部"和"粮食主销区＞粮食主产区＞产销平衡区"的非均衡格局，中国乡村数字化转型对耕地绿色利用效率提升具有显著的正向促进作用；中国乡村数字化转型对耕地绿色利用效率的提升存在单一门槛效应，当乡村数字化转型水平超越门槛值 0.261 时，乡村数字化转型对耕地绿色利用效率的促进作用呈现出"边际效应"递减的非线性变化趋势。

（8）从社会投资主体下乡角度来看，在乡村振兴战略和城乡融合规划实施背景下，社会投资主体下乡是推进农地流转、实现农业规模化经营和推进农业绿色利用难以回避的现实助力。农地流入方、农地流出方和监管者均存在农地流转风险；社会投资主体下乡过程中，城乡边界松动易滋生腐败，同时，资本的逐利性也会凸显，从而形成"城乡边界松动—资本介入—风险形成"的传导路径；社会投资主体下乡过程中农地流转风险的治理离不开政府、市场和社会等主体的共同参与，还与制度环境、市场环境和主体行为密切相关，共同推进耕地绿色利用转型。

11.2 研究展望

本研究基于"现状认知—案例辨析—政策工具"研究逻辑，实现对农业绿色转型下耕地保护与绿色利用的关系解析，探讨农业绿色转型下耕地利用的政策。一是构建了耕地绿色利用转型分析框架。由耕地利用空间形态和功能形态转型的形成原因及发展过程，以及系统内部相互作用和联合约束作用组成，在此基础上进行指数测度、空间特征以及驱动因素量化分析，将理论与实践相结合，使研究结果更具实践价值。二是建立了耕地利用转型评价指标体系。分别构建省域层面和粮食主产区层面耕地绿色利用转型案例，已有研究较少综合耕地不同形态对耕地利用转型进行分析，本研究基于耕地绿色利用转型综合框架，从耕地空间形态和功能形态出发，构建了耕地利用转型评价指标体系，从而弥补了单一形态上耕地利用转型研究的不足，为不同区域耕地利用转型研究提供了借鉴。三是提出了耕地利用转型优化韧性实践调控框架。已有成果较少关注耕地利用转型优化调控研究，尤其是缺少相应的调控框架。本研究从综合治理、效益协调、引导调控和高效利用等多元路径构建耕地利用转型优化调控框架，并提出相应优化路径，是对粮食主产区社会经济发展过程中耕地利用调控综合研究的有益补充。

事实上，耕地作为承担粮食生产、保障人类生存的基础性资源，是保障农业生产、实现社会经济可持续发展的根本要素。本研究尝试将理论和实证相结合对耕地绿色利用转型进行研究，但还存在诸多不足之处，有待今后进一步完善。

（1）新时期耕地绿色利用转型表征体系有待进一步深化。新时期耕地利用转型内涵将随着城乡融合发展不断丰富，现阶段下耕地利用转型核心内涵在于把握耕地利用形态的趋势性变化。但当前学术界尚未建立统一的耕地利用形态表征体系，未来要结合现有社会经济制度背景与耕地特性，甄选指标来测度耕地利用形态，完善耕地利用形态表征体系，从耕地绿色利用转型视角助力社会经济发展。

（2）耕地绿色利用转型的耦合机制尚需进一步挖掘。当前研究多关注耕地利用转型原因以及耕地利用不同形态识别，然而，耕地利用转型过程中不同形态也存在相互关联、相互作用，因而后续需要将转型形态内部的互动机理纳入耕地利用转型基础理论研究框架内。此外，耕地绿色利用转型还需要加强多学科的理论融合，丰富耕地利用转型基础理论。

（3）耕地绿色利用转型研究内容有待进一步拓展。耕地非农化非粮化主要表现在耕地种植、利用类型和占用程度变化等方面，与耕地空间形态和功能形态相契合。未来可结合我国耕地保护及非农化非粮化调控的政策背景，以耕地利用转型为切入点，科学探究区域耕地非农化非粮化变化状况、农药面源污染和农药减量化等，并有效识别内在影响机理，对引导耕地利用正向转型、有序转型进行深化研究。

（4）农村人口老龄化、乡村人口减少对耕地绿色利用转型的影响有待挖掘。人口城镇化进一步加快，城镇化加剧了农村人口向城市转移，伴随乡村主体老弱化、农业劳动力不足，乡村人口流失引发了空心村、耕地撂荒、非粮化等问题，乡村人地系统内部关系失衡，为耕地资源利用带来严峻挑战（刘雅雯，2024）。尤其对我国粮食主产区而言，明晰乡村人口减少对耕地绿色利用转型影响，推行农业社会化服务，成为破解乡村人地关系调控与转型发展亟须解决的重要命题。

参 考 文 献

蔡继明，李蒙蒙，2022. 土地管理困境：委托—代理的视角［J］. 农业经济问题（2）：41－59.

蔡运龙，汪涌，李玉平，2009. 中国耕地供需变化规律研究［J］. 中国土地科学，23（3）：11－18，31.

曹俊杰，2018. 资本下乡的双重效应及对负面影响的矫正路径［J］. 中州学刊（4）：38－43.

柴鹏，2011. 资本下乡、土地规模流转与企业家精神培育——鲁西南 Y 村个案［J］. 社科纵横（新理论版），26（3）：66－68.

常伶丽，2007. 从生命周期理论透视中国农村养老保障制度［J］. 特区经济（7）：111－112.

陈丹玲，卢新海，匡兵，2018. 长江中游城市群城市土地利用效率的动态演进及空间收敛［J］. 中国人口·资源与环境，28（12）：106－114.

陈国进，陈凌凌，金昊，等，2023. 气候转型风险与宏观经济政策调控［J］. 经济研究，58（5）：60－78.

陈美球，2017. 我国耕地保护的农户行为与社会责任［M］. 北京：科学出版社.

陈美球，2022. 构建耕地共同保护机制：理论基础、制约因素与实现路径［J］. 农业经济与管理（3）：13－19.

陈文广，孔祥斌，温良友，等，2021. 基于需求-功能-维度的耕地健康评价指标体系构建与应用［J］. 中国农业大学学报，26（5）：106－117.

陈艳林，韩博，金晓斌，等，2023. 长江经济带耕地产能变化及土地整治影响分析［J］. 农业工程学报，39（2）：182－193.

陈一明，2021. 数字经济与乡村产业融合发展的机制创新［J］. 农业经济问题（12）：81－91.

陈雨露，2023. 数字经济与实体经济融合发展的理论探索［J］. 经济研究，58（9）：22－30.

陈展图，杨庆媛，2017. 中国耕地休耕制度基本框架构建［J］. 中国人口·资源与环境，27（12）：126－136.

陈展图，杨庆媛，童小容，2017. 轮作休耕推进农业供给侧结构性改革路径研究［J］. 农村经济（7）：20-25.

陈振，郭杰，欧名豪，2018. 资本下乡过程中农户风险认知对土地转出意愿的影响研究——基于安徽省526份农户调研问卷的实证 [J]. 南京农业大学学报（社会科学版），18（2）：129-137.

陈振，郭杰，欧名豪，等，2018. 资本下乡过程中农地流转风险识别、形成机理与管控策略 [J]. 长江流域资源与环境，27（5）：988-995.

崔凯，冯献，2020. 数字乡村建设视角下乡村数字经济指标体系设计研究 [J]. 农业现代化研究，41（6）：899-909.

崔宁波，董晋，2021. 主产区粮食生产安全：地位、挑战与保障路径 [J]. 农业经济问题（7）：130-144.

单卓然，黄亚平，2013. "新型城镇化"概念内涵、目标内容、规划策略及认知误区解析 [J]. 城市规划学刊（2）：16-22.

杜峰，2018. 影响山区耕地流转因素及对策分析——以重庆市江津区438个农户为例 [J]. 中国农业资源与区划，39（8）：89-96.

杜国明，郭凯，于凤荣，2021. 黑龙江省垦区耕地利用功能转型与调控建议 [J]. 农业现代化研究，42（4）：589-599.

杜国明，马敬盼，春香，2018. 现代化农区耕地利用形态转型研究 [J]. 中国农业资源与区划，39（3）：185-192.

杜建国，陈豪，甘天琦，等，2023. 农业经济增长的数字力量——基于数字乡村建设的视角 [J]. 经济问题（10）：103-110.

杜建军，章友德，刘博敏，等，2023. 数字乡村对农业绿色全要素生产率的影响及其作用机制 [J]. 中国人口·资源与环境，33（2）：165-175.

段贞锋，2017. "三权分置"背景下农地流转面临的风险及其防范 [J]. 理论导刊（1）：88-92.

范翔宇，卢新海，刘进进，2023. 数字经济发展对城市土地绿色利用效率的影响——基于基础设施建设的调节效应分析 [J]. 中国土地科学，37（5）：79-89.

方创琳，2022. 城乡融合发展机理与演进规律的理论解析 [J]. 地理学报，77（4）：759-776.

冯小，2014. 资本下乡的策略选择与资源动用—基于湖北省S镇土地流转的个案分析 [J]. 南京农业大学学报（社会科学版），14（1）：36-42.

符海月，吴树东，姜朋辉，2023. 中国粮食主产区耕地绿色低碳利用转型指数构建及分区 [J]. 农业工程学报，39（23）：238-246.

付慧，刘艳军，孙宏日，等，2020. 京津冀地区耕地利用转型时空分异及驱动机制 [J]. 地理科学进展，39（12）：1985-1998.

付舒斐，朱丽萌，吕添贵，等，2024. 乡村数字化转型对耕地绿色利用效率的影响机制及门槛效应研究 [J]. 中国土地科学，38（4）：90-100.

高佳，杨宇，2023. 东北粮食主产区耕地利用绿色转型的时空格局及驱动因素 [J]. 中国土地科学，37（10）：114‐123，134.

戈大专，龙花楼，2022. 中国粮食生产转型与乡村振兴 [M]. 北京：商务印书馆.

戈大专，龙花楼，杨忍，2018. 中国耕地利用转型格局及驱动因素研究——基于人均耕地面积视角 [J]. 资源科学，40（2）：273‐283.

龚河阳，2022. 吉林省产粮大县耕地利用转型与优化调控研究 [D]. 长春：吉林大学.

顾程亮，李宗尧，成祥东，2016. 财政节能环保投入对区域生态效率影响的实证检验 [J]. 统计与决策（19）：109‐113.

顾传辉，陈桂珠，2001. 浅议环境风险评价与管理 [J]. 新疆环境保护（4）：38‐41.

贯君，张少鹏，任月，等，2024. 中国农业净碳汇时空分异与影响因素演进分析 [J]. 中国环境科学，44（2）：1158‐1170.

郭凯，2021. 黑龙江省垦区耕地利用转型研究 [D]. 哈尔滨：东北农业大学.

郭小琳，郑淋议，施冠明，等，2021. 农地流转、要素配置与农户生产效率变化 [J]. 中国土地科学，35（12）：54‐63.

韩海彬，张莉，2015. 农业信息化对农业全要素生产率增长的门槛效应分析 [J]. 中国农村经济（8）：11‐21.

韩晶，陈曦，2022. 数字经济赋能绿色发展：内在机制与经验证据 [J]. 经济社会体制比较（2）：73‐84.

韩晶，陈曦，冯晓虎，2022. 数字经济赋能绿色发展的现实挑战与路径选择 [J]. 改革（9）：11‐23.

韩杨，2022. 中国耕地保护利用政策演进、愿景目标与实现路径 [J]. 管理世界，38（11）：121‐131.

何艳秋，陈柔，吴昊玥，等，2018. 中国农业碳排放空间格局及影响因素动态研究 [J]. 中国生态农业学报，26（9）：1269‐1282.

和佳慧，吴映梅，余丽娇，等，2023. 西部地区乡村韧性的时空演变及驱动因子探测 [J]. 地域研究与开发，42（1）：144‐148，160.

贺峰，雷海章，2005. 论生态农业与中国农业现代化 [J]. 中国人口·资源与环境（2）：23‐26.

贺雪峰，2014. 工商资本下乡的隐患分析 [J]. 中国乡村发现（3）：125‐131.

侯江华，2015. 资本下乡：农民的视角——基于全国 214 个村 3203 位农户的调查 [J]. 华中农业大学学报（社会科学版）（1）：81‐87.

侯孟阳，邓元杰，姚顺波，2021. 农村劳动力转移、化肥施用强度与农业生态效率：交互影响与空间溢出 [J]. 农业技术经济，（10）：79‐94.

侯孟阳，姚顺波，2019. 空间视角下中国农业生态效率的收敛性与分异特征 [J]. 中国人口·资源与环境，29（4）：116‐126.

胡博文，2017. 工商资本下乡对农地流转及利用的影响分析——基于南京市锁石村的调研实证〔J〕. 安徽农业科学，45（2）：206-208.

胡大伟，2023. 耕地保护补偿的双层谱系法理逻辑及法治化回应〔J〕. 自然资源学报，38（10）：2569-2580.

黄晶，薛东前，董朝阳，等，2022. 干旱绿洲农业区土地利用转型生态环境效应及分异机制——基于三生空间主导功能判别视角〔J〕. 地理科学进展，41（11）：2044-2060.

黄玛兰，李晓云，曾琳琳，2022. 农户资本禀赋对水稻生产生态效率的影响——以湖北省为例〔J〕. 中国农业资源与区划，43（10）：75-84.

黄晓慧，聂凤英，2023. 数字化驱动农户农业绿色低碳转型的机制研究〔J〕. 西北农林科技大学学报（社会科学版），23（1）：30-37.

黄忠，2020. 迈向均衡：我国耕地保护制度完善研究〔J〕. 学术界（2）：122-135.

纪凯婷，张乐勤，王雷，2023. 安徽省乡村绿色发展水平测度及时空演变分析〔J〕. 贵州师范大学学报（自然科学版），41（2）：33-40.

江娟丽，杨庆媛，童小蓉，等，2018. 我国实行休耕制度的制约因素与对策研究〔J〕. 西南大学学报（社会科学版），44（3）：52-57.

江小涓，靳景，2022. 数字技术提升经济效率：服务分工、产业协同和数实孪生〔J〕. 管理世界，38（12）：9-26.

姜广辉，张凤荣，孔祥斌，等，2011. 耕地多功能的层次性及其多功能保护〔J〕. 中国土地科学，25（8）：42-47.

蒋永甫，应优优，2015. 外部资本的嵌入性发展：资本下乡的个案分析〔J〕. 贵州社会科学（2）：143-149.

蒋正云，胡艳，2021. 中部地区新型城镇化与农业现代化耦合协调机制及优化路径〔J〕. 自然资源学报，36（3）：702-721.

焦长权，周飞舟，2016. "资本下乡"与村庄的再造〔J〕. 中国社会科学（1）：100-116，205-206.

金一诺，王枫，2022. 珠三角耕地利用转型的时空演化特征及其影响因素分析〔J〕. 水土保持研究，29（4）：352-361.

瞿诗进，胡守庚，李全峰，2020. 中国城市建设用地转型阶段及其空间格局〔J〕. 地理学报，75（7）：1539-1553.

柯楠，卢新海，匡兵，等，2021. 碳中和目标下中国耕地绿色低碳利用的区域差异与影响因素〔J〕. 中国土地科学，35（8）：67-76.

柯善淦，崔海莹，卢新海，等，2021. 耕地利用绿色转型的时空格局及其驱动机制研究——以湖北省为例〔J〕. 中国土地科学，35（12）：64-74.

柯新利，邓洁，宋钰，2024. 长江经济带耕地利用绿色转型与城乡融合耦合协调发展的时空格局研究〔J〕. 生态学报，44（13）：5773-5785.

孔祥斌，2020. 耕地"非粮化"问题、成因及对策〔J〕. 中国土地（11）：17-19.

孔祥斌，2020. 中国耕地保护生态治理内涵及实现路径〔J〕. 中国土地科学，34（12）：

1 – 10.

孔祥斌，陈文广，党昱譞，2023. 中国耕地保护现状、挑战与转型 ［J］. 湖南师范大学社会科学学报，52（5）：31 – 41.

匡兵，范翔宇，卢新海，2021. 中国耕地利用绿色转型效率的时空分异特征及其影响因素 ［J］. 农业工程学报，37（21）：269 – 277.

匡兵，卢新海，陈丹玲，2018. 基于内容分析法的中国耕地轮作休耕政策工具选择研究 ［J］. 中国土地科学，32（11）：30 – 36.

李波，王春妤，张俊飚，2019. 中国农业净碳汇效率动态演进与空间溢出效应 ［J］. 中国人口·资源与环境，29（12）：68 – 76.

李灿，2021. 区域土地利用转型诊断与调控的分析路径 ［J］. 地理研究，40（5）：1464 – 1477.

李宬琪，张翔，付保红，等，2021. 昆明市耕地系统韧性评价及空间差异 ［J］. 科学技术与工程，21（12）：4848 – 4855.

李虹晔，2017. 耕地占补平衡发展趋势与对策建议 ［J］. 国土资源（8）：42 – 43.

李丽莉，曾亿武，郭红东，2023. 数字乡村建设：底层逻辑、实践误区与优化路径 ［J］. 中国农村经济（1）：77 – 92.

李连刚，张平宇，谭俊涛，等，2019. 韧性概念演变与区域经济韧性研究进展 ［J］. 人文地理，34（2）：1 – 7，151.

李明琦，刘世梁，武雪，等，2018. 云南省农田生态系统碳足迹时空变化及其影响因素 ［J］. 生态学报，38（24）：8822 – 8834.

李平，李秀彬，刘学军，2001. 我国现阶段土地利用变化驱动力的宏观分析 ［J］. 地理研究（2）：129 – 138.

李强，高威，魏建飞，等，2022. 中国耕地利用净碳汇时空演进及综合分区 ［J］. 农业工程学报，38（11）：239 – 249.

李全峰，2017. 长江中游地区耕地利用转型特征与机理研究 ［D］. 武汉：中国地质大学.

李全峰，胡守庚，瞿诗进，2017. 1990—2015 年长江中游地区耕地利用转型时空特征 ［J］. 地理研究，36（8）：1489 – 1502.

李彤玥，2017. 韧性城市研究新进展 ［J］. 国际城市规划，32（5）：15 – 25.

李铜山，黄延龙，2020. 增加农业生态产品供给：现状、障碍及对策 ［J］. 中州学刊（12）：38 – 43.

李贤，王浩阳，牛文浩，等，2024. 黄河流域耕地利用转型时空演变及其对粮食生产的影响 ［J］. 中国农业大学学报，29（10）：85 – 96.

李秀彬，1999. 中国近 20 年来耕地面积的变化及其政策启示 ［J］. 自然资源学报（4）：329 – 333.

李秀芬，朱金兆，顾晓君，等，2010. 农业面源污染现状与防治进展 ［J］. 中国人口·资源与环境，20（4）：81 – 84.

李旭辉，陈梦伟，2023. 中国乡村数字化转型：测度、区域差异及推进路径［J］. 农业经济问题（11）：89-104.

李娅，2018. 美国、欧盟和日本耕地休耕政策的比较研究［J］. 世界农业（6）：71-76，215.

李玉恒，黄惠倩，郭桐冰，等，2022. 多重压力胁迫下东北黑土区耕地系统韧性研究及其启示——以黑龙江省拜泉县为例［J］. 中国土地科学，36（5）：71-79.

李园园，郗长军，薛彩霞，等，2023. 陕西省保护性耕作净碳汇的时空演变及差异性分析［J］. 农业工程学报，39（23）：123-132.

李云新，王晓璇，2015. 资本下乡中利益冲突的类型及发生机理研究［J］. 中州学刊（10）：43-48.

梁鑫源，金晓斌，孙瑞，等，2022. 多情景粮食安全底线约束下的中国耕地保护弹性空间［J］. 地理学报，77（3）：697-713.

廖柳文，高晓路，龙花楼，等，2021. 基于农户利用效率的平原和山区耕地利用形态比较［J］. 地理学报，76（2）：471-486.

廖柳文，龙花楼，马恩朴，2021. 乡村劳动力要素变动与耕地利用转型［J］. 经济地理，41（2）：148-155.

林旭，2009. 论农地流转的社会风险及其防范机制［J］. 西南民族大学学报（人文社科版），30（8）：206-210.

刘丹，巩前文，杨文杰，2018. 改革开放40年来中国耕地保护政策演变及优化路径［J/OL］. 中国农村经济（12）：37-51.

刘纪远，张增祥，徐新良，等，2009. 21世纪初中国土地利用变化的空间格局与驱动力分析［J］. 地理学报，64（12）：1411-1420.

刘俊，2013. 防范"资本下乡"造成"非粮化"［J］. 中国粮食经济（5）：24-25.

刘蒙罡，张安录，文高辉，2022. 长江中下游粮食主产区耕地利用生态效率区域差异与空间收敛［J］. 自然资源学报，37（2）：477-493.

刘桃菊，陈美球，2020. 中国耕地保护制度执行力现状及其提升路径［J］. 中国土地科学，34（9）：32-37，47.

刘婉莹，宋戈，高佳，等，2023. 下辽河平原典型地域耕地系统弹性时空分异特征［J］. 农业工程学报，39（9）：252-260.

刘魏，张应良，李国珍，等，2018. 工商资本下乡、要素配置与农业生产效率［J］. 农业技术经济（9）：4-19.

刘雪明，廖东岚，2013. 基于平衡计分卡的地方政府政策执行力评价体系构建研究［J］. 社会科学（9）：4-13.

刘雅雯，肖长江，马晓冬，等，2024. 乡村人口减少对耕地利用转型的作用路径研究［J］. 地理科学进展，43（6）：1088-1101.

刘彦随，乔陆印，2014. 中国新型城镇化背景下耕地保护制度与政策创新［J］. 经济地理，

34 (4)：1-6.

刘永强，龙花楼，2016. 黄淮海平原农区土地利用转型及其动力机制 [J]. 地理学报，71 (4)：666-679.

刘玉，郝星耀，潘瑜春，等，2014. 河南省耕地集约利用时空分异及分区研究 [J]. 地理科学，34 (10)：1218-1225.

龙花楼，2006. 中国农村宅基地转型的理论与证实 [J]. 地理学报，61 (10)：1093-1100.

龙花楼，2012. 论土地利用转型与乡村转型发展 [J]. 地理科学进展，31 (2)：131-138.

龙花楼，2015. 论土地利用转型与土地资源管理 [J]. 地理研究，34 (9)：1607-1618.

龙花楼，2022. 土地利用转型的解释 [J]. 中国土地科学，36 (4)：1-7.

龙花楼，李婷婷，2012. 中国耕地和农村宅基地利用转型耦合分析 [J]. 地理学报，67 (2)：201-210.

龙花楼，李秀彬，2002. 区域土地利用转型分析——以长江沿线样带为例 [J]. 自然资源学报，17 (2)：144-149.

龙花楼，李秀彬，2006. 中国耕地转型与土地整理：研究进展与框架 [J]. 地理科学进展 (5)：67-76.

卢新海，崔海莹，柯善淦，等，2022. 湖北省耕地利用绿色转型与粮食全要素生产率的耦合协调及其驱动机制研究 [J]. 中国土地科学，36 (8)：75-84.

卢新海，唐一峰，易家林，等，2019. 基于空间计量模型的耕地利用转型对农业经济增长影响研究 [J]. 中国土地科学，33 (6)：53-61.

陆苹茹，陈波，2023. 碳减排目标下贵阳市土地利用结构优化分析 [J]. 贵州师范大学学报（自然科学版），41 (5)：18-25.

吕立刚，周生路，周兵兵，等，2013. 区域发展过程中土地利用转型及其生态环境响应研究——以江苏省为例 [J]. 地理科学，33 (12)：1442-1449.

吕添贵，2018. 水土资源综合承载力评价与调控机制研究 [M]. 北京：中国农业出版社.

吕添贵，付舒斐，胡晗，等，2023. 农业绿色转型约束下耕地绿色利用效率动态演进及其收敛特征研究 [J]. 中国土地科学，37 (4)：107-118.

吕添贵，付舒斐，胡晗，等，2024. 农业绿色转型约束下耕地利用生态效率时空分异特征及空间效应研究 [J]. 水土保持研究，31 (1)：269-279.

吕添贵，胡晗，付舒斐，等，2023. 长三角地区城市生态韧性时空分异特征及影响因素 [J]. 地域研究与开发，42 (1)：54-60.

吕添贵，邱蓉，李泽英，等，2024. 长江中游粮食主产区耕地碳源汇时空演化特征及驱动因素分析 [J]. 农业工程学报，40 (18)：251-261.

吕添贵，吴次芳，2020. 我国休耕制度实施的体制性障碍与对策建议 [J]. 江苏农业科学，48 (14)：324-328.

吕添贵，吴次芳，李洪义，等，2016. 人口城镇化与土地城镇化协调性测度及优化——以南昌市为例 [J]. 地理科学，36 (2)：239-246.

吕添贵，吴次芳，游和远，2013. 鄱阳湖生态经济区水土资源与经济发展耦合分析及优化路径 [J]. 中国土地科学，27 (9)：3 - 10.

吕添贵，谢花林，李洪义，等，2019. 休耕政策实施的偏离风险、形成路径与防范体系研究 [J]. 中国土地科学，33 (4)：51 - 58.

吕添贵，杨蕾，汪立，等，2019. 资本下乡、农地流转风险与传导路径——以赣南传统村落为例 [J]. 国土资源科技管理，36 (5)：78 - 88.

罗成，蔡银莺，2016. 湖北省农产品主产区耕地资源功能的时空演变 [J]. 经济地理，36 (3)：153 - 161.

罗光强，宋新宇，2023. 区域粮食经济高质量发展的系统评价比较与合作战略——以湘粤为例 [J]. 湖南农业大学学报 (社会科学版)，24 (5)：27 - 35.

罗惠，胡守庚，吴思，2019. 中国土地利用转型研究动态与发展趋势 [J]. 中国国土资源经济，32 (3)：65 - 74.

罗婷婷，邹学荣，2015. 撂荒、弃耕、退耕还林与休耕转换机制谋划 [J]. 西部论坛 (2)：40 - 46.

马海涛，张雪莹，梁源钊，等，2023. 东北地区黑土保护与区域发展综合评价及耦合协调研究 [J]. 地理科学，43 (12)：2183 - 2195.

马敬盼，2017. 建三江垦区耕地利用转型研究 [D]. 哈尔滨：东北农业大学.

马贤磊，车序超，李娜，等，2019. 耕地流转与规模经营改善了农业环境吗？——基于耕地利用行为对农业环境效率的影响检验 [J]. 中国土地科学，33 (6)：62 - 70.

毛薇，王贤，2019. 数字乡村建设背景下的农村信息服务模式及策略研究 [J]. 情报科学，37 (11)：116 - 120.

孟丽君，黄灿，陈鑫，等，2019. 曲周县耕地利用系统韧性评价 [J]. 资源科学，41 (10)：1949 - 1958.

闵继胜，胡浩，2012. 中国农业生产温室气体排放量的测算 [J]. 中国人口·资源与环境，22 (7)：21 - 27.

倪梦娇，李加林，艾顺毅，等，2023. 耕地利用转型的时空格局与转移路径——以沪浙闽为例 [J]. 浙江大学学报 (理学版)，50 (1)：108 - 120.

宁吉喆，2023. 中国式现代化的方向路径和重点任务 [J]. 管理世界，39 (3)：1 - 19.

牛善栋，方斌，2019. 中国耕地保护制度70年：历史嬗变、现实探源及路径优化 [J]. 中国土地科学，33 (10)：1 - 12.

牛善栋，方斌，崔翠，等，2020. 乡村振兴视角下耕地利用转型的时空格局及路径分析——以淮海经济区为例 [J]. 自然资源学报，35 (8)：1908 - 1925.

潘丹，应瑞瑶，2013. 中国农业生态效率评价方法与实证——基于非期望产出的 SBM 模型分析 [J]. 生态学报，33 (12)：3837 - 3845.

潘教峰，2020. 智库研究的双螺旋结构 [J]. 中国科学院院刊，35 (7)：907 - 916.

潘教峰，鲁晓，刘慧晖，2022. 智库双螺旋法的"十个关键问题" [J]. 中国科学院院刊，

37（2）：141-152.

盘礼东，李瑞，2021. 有机覆盖措施对土壤肥力的影响研究现状及展望［J］. 贵州师范大学学报（自然科学版），39（6）：91-101，122.

彭国华，2005. 中国地区收入差距、全要素生产率及其收敛分析［J］. 经济研究（9）：19-29.

彭小敏，2019. 江西省抚州市临川区耕地利用转型研究［D］. 南昌：东华理工大学.

漆雁斌，王怡欢，何强，2023. 长江经济带数字经济发展与粮食安全能力的时空演变及影响分析［J］. 农村经济（2）：48-58.

钱凤魁，迟艳茹，徐欢，等，2022. 2006—2020年沈阳市耕地多功能权衡协同关系演变分析［J］. 中国土地科学，36（10）：31-41.

钱凤魁，王祥国，顾汉龙，等，2024. 东北三省农业碳排放时空分异特征及其关键驱动因素［J］. 中国生态农业学报（中英文），32（1）：30-40.

曲常胜，毕军，葛怡，等，2009. 基于风险系统理论的区域环境风险优化管理［J］. 环境科学与技术，32（11）：167-170.

曲福田，吴丽梅，2004. 经济增长与耕地非农化的库兹涅茨曲线假说及验证［J］. 资源科学，26（5）：62-67.

曲艺，龙花楼，2018. 中国耕地利用隐性形态转型的多学科综合研究框架［J］. 地理学报，73（7）：1226-1241.

全家悦，胡兵，2018. 习近平"三农"思想研究［J］. 理论视野（6）：72-77.

饶静，2016. 发达国家"耕地休养"综述及对中国的启示［J］. 农业技术经济（9）：118-127.

任世鑫，李二玲，赵金彩，等，2023. 黄河流域耕地利用碳排放时空特征及影响因素研究［J］. 中国土地科学，37（10）：102-113.

沈孝强，吴次芳，2016. 自主参与式农地休养政策：模式和启示［J］. 中国土地科学，30（1）：68-73.

沈洋，周鹏飞，2022. 农业绿色全要素生产率测度及收敛性分析——基于碳汇和碳排放双重视角［J］. 调研世界（4）：58-68.

石嫣，程存旺，朱艺，等，2011. 中国农业源污染防治的制度创新与组织创新——兼析《第一次全国污染源普查公报》［J］. 农业经济与管理（2）：27-37.

史洋洋，2019. 山东省耕地利用转型的时空特征及其影响因素研究［D］. 曲阜：曲阜师范大学.

史洋洋，郭贯成，吴群，等，2023. 乡村振兴背景下宅基地利用转型逻辑机理与实证［J］. 经济地理，43（1）：148-158.

史洋洋，吕晓，黄贤金，等，2017. 江苏沿海地区耕地利用转型及其生态系统服务价值变化响应［J］. 自然资源学报，32（6）：961-976.

宋文飞，李国平，韩先锋，等，2016. "产权公共域"与失地农民利益失衡的理论机理剖析：基于租金视角 [J]. 中国人口•资源与环境，26（6）：84-93.

宋小青，2017. 论土地利用转型的研究框架 [J]. 地理学报，72（3）：471-487.

宋小青，李心怡，2019. 区域耕地利用功能转型的理论解释与实证 [J]. 地理学报，74（5）：992-1010.

宋小青，欧阳竹，2012. 耕地多功能内涵及其对耕地保护的启示 [J]. 地理科学进展，31（7）：859-868.

宋小青，申雅静，王雄，等，2020. 耕地利用转型中的生物灾害脆弱性研究 [J]. 地理学报，75（11）：2362-2379.

宋小青，吴志峰，欧阳竹，2014. 1949年以来中国耕地功能变化 [J]. 地理学报，69（4）：435-447.

苏浩，吴次芳，李雪银，2023. 耕地系统健康诊断的理论研究框架构建与解析 [J]. 中国土地科学，37（5）：18-26.

苏玉娥，2018. 农业现代化背景下农地流转风险分析与防范 [J]. 河北科技大学学报（社会科学版），18（1）：31-36.

孙华，赵晶，2012. 基于生命周期理论的无锡市锡山区棕（褐）地再利用环境风险综合评价 [J]. 中国土地科学，26（7）：84-90.

孙阳，张落成，姚士谋，2017. 基于社会生态系统视角的长三角地级城市韧性度评价 [J]. 中国人口•资源与环境，27（8）：151-158.

谭荣，2021. 中国土地制度导论 [M]. 北京：科学出版社.

谭荣，曲福田，2006. 中国农地非农化与农地资源保护：从两难到双赢 [J]. 管理世界（12）：50-59，66.

谭永忠，练款，俞振宁，2018. 重金属污染耕地治理式休耕农户满意度及其影响因素研究 [J]. 中国土地科学，32（10）：43-50.

唐轲，王建英，陈志钢，2017. 农户耕地经营规模对粮食单产和生产成本的影响——基于跨时期和地区的实证研究 [J]. 管理世界，284（5）：79-91.

唐要家，王钰，唐春晖，2022. 数字经济、市场结构与创新绩效 [J]. 中国工业经济（10）：62-80.

唐一峰，卢新海，张旭鹏，2021. 公路基础设施建设对耕地利用转型的影响及门槛效应研究 [J]. 中国土地科学，35（1）：59-68.

田俊峰，2020. 政策主导下区域土地利用转型过程、机制与优化 [D]. 长春：吉林大学.

田俊峰，王彬燕，程利莎，等，2020. 政策主导下的区域土地利用转型过程与机制——以中国东北地区为例 [J]. 地理研究，39（4）：805-821.

田云，尹忞昊，2022. 中国农业碳排放再测算：基本现状、动态演进及空间溢出效应 [J]. 中国农村经济（3）：104-127.

田云，张俊飚，李波，2012. 中国粮食主产区农业碳排强度估算及其分析 [J]. 地理科学进展，31（11）：1546-1551.

汪立，熊雯颖，曾智洋，等，2024. 耕地"进出平衡"政策执行的偏移风险、形成路径与规避体系研究 [J]. 中国土地科学，38（2）：41-49.

王成，彭清，唐宁，等，2018. 2005—2015 年耕地多功能时空演变及其协同与权衡研究——以重庆市沙坪坝区为例 [J]. 地理科学，38（4）：590-599.

王定祥，彭政钦，李伶俐，2023. 中国数字经济与农业融合发展水平测度与评价 [J]. 中国农村经济（6）：48-71.

王桂华，付新月，2018. 农户土地流转行为实证研究综述 [J]. 中国农业资源与区划，39（2）：155-163.

王红兵，刘怡君，宋大伟，2022. 运用智库双螺旋法构建绿色 GDP 评价体系 [J]. 中国科学院院刊，37（6）：783-793.

王劲峰，徐成东，2017. 地理探测器：原理与展望 [J]. 地理学报，72（1）：116-134.

王静怡，李晓明，2019. 近 20 年中国耕地数量变化趋势及其驱动因子分析 [J]. 中国农业资源与区划，40（8）：171-176.

王军，李萍，詹韵秋，等，2019. 中国耕地质量保护与提升问题研究 [J]. 中国人口·资源与环境，29（4）：87-93.

王莉，刘莹莹，张亚慧，等，2022. 河南省农田生态系统碳源/汇时空分布及影响因素分解 [J]. 环境科学学报，42（12）：410-422.

王良健，李辉，2014. 中国耕地利用效率及其影响因素的区域差异——基于 281 个市的面板数据与随机前沿生产函数方法 [J]. 地理研究，33（11）：1995-2004.

王璐，杨汝岱，吴比，2020. 中国农户农业生产全要素生产率研究 [J]. 管理世界，36（12）：77-93.

王如如，张郁，房艳刚，等，2023. 农业生产转型视角的东北三省农业碳排放格局特征与作用机制 [J]. 地理研究，42（8）：2264-2282.

王锐，常金为，李兰，等，2024. 基于不同粮食安全底线的西安市耕地保护弹性空间研究 [J]. 自然资源情报（5）：17-24.

王若梅，马海良，王锦，2019. 基于水-土要素匹配视角的农业碳排放时空分异及影响因素——以长江经济带为例 [J]. 资源科学，41（8）：1450-1461.

王文旭，曹银贵，苏锐清，等，2020. 我国耕地保护政策研究：基于背景、效果与未来趋势 [J]. 中国农业资源与区划，41（10）：40-51.

王喜，秦耀辰，张超，2006. 探索性空间分析及其与 GIS 集成模式探讨 [J]. 地理与地理信息科学，22（4）：1-5.

王行风，汪云甲，李永峰，2009. 基于生命周期理论的煤矿区土地利用演化模拟 [J]. 地理研究，28（2）：379-390.

王玉军，刘存，周东美，等，2014. 客观地看待我国耕地土壤环境质量的现状——关于《全国土壤污染状况调查公报》中有关问题的讨论和建议 [J]. 农业环境科学学报，33（8）：1465-1473.

卫新东，关嘉敏，冯小龙，等，2023. 秦岭陕西段耕地质量时空变化特征及其驱动力［J］. 地球科学与环境学报，45（2）：350-361.

魏敏，李书昊，2018. 新时代中国经济高质量发展水平的测度研究［J］. 数量经济技术经济研究，35（11）：3-20.

温良友，孔祥斌，张蚌蚌，等，2019. 基于可持续发展需求的耕地质量评价体系构建与应用［J］. 农业工程学报，35（10）：234-242.

温良友，张青璞，孔祥斌，等，2019. 基于产能与健康综合评价的北京大兴区耕地整治分区［J］. 农业工程学报，35（22）：79-89.

温涛，陈一明，2020. 数字经济与农业农村经济融合发展：实践模式、现实障碍与突破路径［J］. 农业经济问题（7）：118-129.

温亚霖，2018. 资本下乡的驱动机理及其影响文献综述［J］. 农业科学研究，39（3）：64-68.

文高辉，刘蒙罡，胡贤辉，等，2022. 洞庭湖平原耕地利用生态效率空间相关性与空间效应［J］. 地理科学，42（6）：1102-1112.

吴次芳，李德臻，沈萍，等，2024. 乐生栖居——人类家园前瞻［M］. 北京：地质出版社.

吴次芳，吴丽，2013. 土地社会学［M］. 杭州：浙江人民出版社.

吴次芳，肖武，叶艳妹，2023. 全域土地综合整治——理论、实践与前瞻［M］. 北京：地质出版社.

吴昊玥，孟越，黄瀚蛟，等，2022. 中国耕地利用净碳汇与农业生产的时空耦合特征［J］. 水土保持学报，36（5）：360-368，376.

吴贤荣，张俊飚，田云，等，2014. 中国省域农业碳排放：测算、效率变动及影响因素研究——基于 DEA-Malmquist 指数分解方法与 Tobit 模型运用［J］. 资源科学，36（1）：129-138.

吴一恒，徐砥，马贤磊，2018. 农地"三权分置"制度实施潜在风险与完善措施——基于产权配置与产权公共域视角［J］. 中国农村经济（8）：46-63.

吴宇哲，钱恬楠，郭珍，2020. 休养生息制度背景下耕地保护生态补偿机制研究［J］. 郑州大学学报（哲学社会科学版），53（3）：27-31，127.

吴宇哲，沈欣言，2021. 中国耕地保护治理转型：供给、管制与赋能［J］. 中国土地科学，35（8）：32-38.

吴玉鸣，徐建华，2004. 中国区域经济增长集聚的空间统计分析［J］. 地理科学（6）：654-659.

吴泽斌，刘卫东，2009. 耕地保护政策执行力的测度与评析［J］. 中国土地科学，23（12）：33-38.

吴泽斌，刘卫东，2009. 中国地方政府耕地保护事业的绩效审计探讨［J］. 中国土地科学，23（6）：26-30.

夏显力，陈哲，张慧利，等，2019. 农业高质量发展：数字赋能与实现路径［J］. 中国农村经济（12）：2-15.

向敬伟，李江风，2018. 贫困山区耕地利用转型对农业经济增长质量的影响［J］. 中国人口·资源与环境，28（1）：71-81.

向敬伟，李江风，曾杰，2016. 鄂西贫困县耕地利用转型空间分异及其影响因素［J］. 农业工程学报，32（1）：272-279.

谢花林，刘桂英，2015.1998—2012年中国耕地复种指数时空差异及动因［J］. 地理学报，70（4）：604-614.

谢花林，欧阳振益，陈倩茹，2022. 耕地细碎化促进了耕地"非粮化"吗——基于福建丘陵山区农户的微观调查［J］. 中国土地科学，36（1）：47-56.

谢花林，曾宏琛，陈倩茹，2024. 梯田利用效率的农户差异及其影响因素——基于赣湘闽三省1107份农户调查［J］. 地理研究，43（8）：2010-2024.

谢花林，翟群力，卢华，2018. 我国耕地轮作休耕制度运行中的监督机制探讨［J］. 农林经济管理学报，17（4）：455-462.

辛良杰，2024. 粮食安全概念、评价体系与地理学优先研究主题［J］. 地理科学，44（3）：451-462.

徐小雨，董会忠，庞敏，2023. 东北三省农业碳排放效率时空演化特征及驱动因素分析［J］. 中国环境管理，15（2）：86-97.

许艳，刘立意，濮励杰，等，2022. 苏北沿海地区农户耕地利用行为意愿及影响因素分析［J］. 自然资源学报，37（6）：1643-1653.

杨凡雨，邱孟龙，刘黎明，2020. 耕地质量管理绩效评价及障碍因子诊断——以陕西彬州市义门镇为例［J］. 农业现代化研究，41（4）：699-708.

杨钢桥，胡柳，汪文雄，2011. 农户耕地经营适度规模及其绩效研究——基于湖北6县市农户调查的实证分析［J］. 资源科学，33（3）：505-512.

杨国梁，潘教峰，2022. 智库双螺旋法中的问题解析方法研究［J］. 中国科学院院刊，37（6）：720-728.

杨君，邵劲松，周鹏全，等，2021. 基于地块尺度的耕地质量级别变化及农业空间保护——以岳阳市岳阳楼区为例［J］. 经济地理，41（11）：185-192.

杨文杰，巩前文，2018. 国内耕地休耕试点主要做法、问题与对策研究［J］. 农业现代化研究，39（1）：9-18.

杨嫒，陈涛，2015. 生产要素整合视角下资本下乡的路径转变——基于山东东平县土地股份合作社的实证研究［J］. 中州学刊（2）：50-55.

杨雪锋，2017. 资本下乡：为农增利还是与农争利？——基于浙江嵊州S村调查［J］. 公共行政评论，10（2）：67-84，194.

易法敏，古飞婷，2023. 本地平台商业模式创新、制度逻辑转换与农业数字化转型［J］. 中国农村观察（5）：2-23.

殷浩栋，霍鹏，汪三贵，2020. 农业农村数字化转型：现实表征、影响机理与推进策略
　　[J]. 改革 (12)：48-56.

尹昌斌，李福夺，王术，等，2021. 中国农业绿色发展的概念、内涵与原则 [J]. 中国农
　　业资源与区划，42 (1)：1-6.

于法稳，2016. 习近平绿色发展新思想与农业的绿色转型发展 [J]. 中国农村观察 (5)：
　　2-9，94.

于法稳，2018. 新时代农业绿色发展动因、核心及对策研究 [J]. 中国农村经济 (5)：
　　19-34.

于伟，张鹏，2019. 中国农业发展韧性时空分异特征及影响因素研究 [J]. 地理与地理信
　　息科学，35 (1)：102-108.

俞振宁，谭永忠，练款，等，2018. 基于计划行为理论分析农户参与重金属污染耕地休耕
　　治理行为 [J]. 农业工程学报，34 (24)：266-273.

俞振宁，谭永忠，茅铭芝，等，2018. 重金属污染耕地治理式休耕补偿政策：农户选择实
　　验及影响因素分析 [J]. 中国农村经济 (2)：109-125.

袁承程，张定祥，刘黎明，等，2021. 近10年中国耕地变化的区域特征及演变态势 [J].
　　农业工程学报，37 (1)：267-278.

苑韶峰，唐奕钰，申屠楚宁，2019. 土地利用转型时空演变及其生态环境效应——基于长
　　江经济带127个地级市的实证研究 [J]. 经济地理，39 (9)：174-181.

曾福生，郑爽鑫，2023. 新型城镇化与粮食综合生产能力耦合协调演化特征及其影响因
　　素——基于湖南省2011—2021年面板数据的分析 [J]. 湖南农业大学学报（社会科学
　　版），24 (5)：36-46.

曾红萍，2015. 地方政府行为与农地集中流转——兼论资本下乡的后果 [J]. 北京社会科
　　学 (3)：22-29.

曾雨桐，熊鹰，邓楚雄，2023. 洞庭湖生态经济区耕地保护绩效时序变化及空间格局 [J].
　　经济地理，43 (1)：169-176.

张赤东，宋大伟，潘教峰，2022. 基于智库双螺旋法的区域创新环境评价研究 [J]. 中国
　　科学院院刊，37 (6)：745-755.

张海林，孙国峰，陈继康，等，2009. 保护性耕作对农田碳效应影响研究进展 [J]. 中国
　　农业科学，42 (12)：4275-4281.

张慧，张力文，何正弘，2024. 东北农区农业净碳汇时空分布及驱动因素 [J]. 农业资源
　　与环境学报，41 (3)：505-517.

张慧芳，2018. 我国轮作休耕制度试点述评及对地方的启示 [J]. 浙江农业科学，59 (6)：
　　881-883，885.

张慧芳，吴宇哲，何良将，2013. 我国推行休耕制度的探讨 [J]. 浙江农业学报，25 (1)：
　　166-170.

张良，2016. "资本下乡"背景下的乡村治理公共性建构 [J]. 中国农村观察 (3)：16-

26，94.

张林秀，白云丽，孙明星，等，2021. 从系统科学视角探讨农业生产绿色转型 [J]. 农业经济问题（10）：42-50.

张明斗，冯晓青，2018. 中国城市韧性度综合评价 [J]. 城市问题（10）：27-36.

张帅，吴珍玮，陆朝阳，等，2022. 中国省域数字经济与实体经济融合的演变特征及驱动因素 [J]. 经济地理，42（7）：22-32.

张旺，白永秀，2022. 数字经济与乡村振兴耦合的理论构建、实证分析及优化路径 [J]. 中国软科学（1）：132-146.

张文斌，张志斌，董建红，等，2021. 多尺度视角下耕地利用功能转型及驱动力分析——以甘肃省为例 [J]. 地理科学，41（5）：900-910.

张一达，刘学录，任君，等，2020. 基于耕地多功能权衡与协同分析的耕地利用转型研究——以北京市为例 [J]. 中国农业资源与区划，41（6）：25-33.

张英男，龙花楼，2022. 农业生产转型及其环境效应的研究进展与展望 [J]. 自然资源学报，37（7）：1691-1706.

张英男，龙花楼，戈大专，等，2018. 黄淮海平原耕地功能演变的时空特征及其驱动机制 [J]. 地理学报，73（3）：518-534.

张宇，杜国明，李献宇，2024. 东北地区耕地绿色利用效率测算及影响因素 [J]. 地球科学与环境学报，46（4）：486-498.

张玥，代亚强，陈媛媛，等，2022. 土地利用隐性转型与土地利用碳排放空间关联研究 [J]. 中国土地科学，36（6）：100-112.

张玥，代亚强，陈媛媛，等，2023. 中国耕地多功能耦合协调时空演变及其驱动因素 [J]. 农业工程学报，39（7）：244-255.

张卓群，张涛，冯冬发，2022. 中国碳排放强度的区域差异、动态演进及收敛性研究 [J]. 数量经济技术经济研究，39（4）：67-87.

赵丹丹，周宏，顾佳丽，2022. 农业生产集聚：能否促进耕地利用效率——基于面板门槛模型再检验 [J]. 农业技术经济（3）：49-60.

赵华甫，屈雪冰，冯新伟，等，2012. 耕地的弹性变形理论及实证研究 [J]. 地域研究与开发，31（2）：73-77.

赵会杰，于法稳，2019. 基于熵值法的粮食主产区农业绿色发展水平评价 [J]. 改革（11）：136-146.

赵立娟，康晓虹，史俊宏，2017. 农地流转对农户生计转型影响的实证分析 [J]. 中国农业资源与区划，38（8）：158-162.

赵其国，滕应，黄国勤，2017. 中国探索实行耕地轮作休耕制度试点问题的战略思考 [J]. 生态环境学报，26（1）：1-5.

赵荣钦，黄贤金，刘英，等，2014. 区域系统碳循环的土地调控机理及政策框架研究 [J]. 中国人口·资源与环境，24（5）：51-56.

赵育恒，谭永忠，2020. 中国第二次土地调查以来省域耕地利用时空变化［J］. 水土保持
　　通报，40（1）：204-212.

赵雲泰，黄贤金，钟太洋，等，2011. 区域虚拟休耕规模与空间布局研究［J］. 水土保持
　　通报（5）：103-107.

郑博福，梁涵，万炜，等，2022. 江西省县域农业碳排放时空格局及影响因素分析［J］.
　　农业工程学报，38（23）：70-80.

郑庆宇，尚旭东，王煜，2023. 耕地保护何以难：目标、实践及对策——来自西部粮食主
　　产区的观察［J］. 经济学家（4）：98-107.

中国土地科学编辑部，2023. 中国耕地保护转型与制度建设［M］. 北京：中国大地出
　　版社.

中国土地学会，中国国土勘测规划院，自然资源部土地利用重点实验室，2022. 土地科学
　　学科发展蓝皮书［M］. 北京：中国大地出版社.

中华人民共和国国家统计局，2021. 中国统计年鉴［M］. 北京：中国统计出版社.

周德，王俊峰，戚佳玲，等，2023. 新时期耕地生态化建设的典型模式与建议［J］. 中国
　　土地（6）：40-43.

周飞舟，王绍琛，2015. 农民上楼与资本下乡：城镇化的社会学研究［J］. 中国社会科学
　　（1）：66-83，203.

周健民，2015. 浅谈我国土壤质量变化与耕地资源可持续利用［J］. 中国科学院院刊，30
　　（4）：459-467.

周敏，雷国平，李菁，2015. 资本下乡、产权演化与农地流转冲突［J］. 中国土地科学，
　　29（8）：55-62.

周思宇，郤凤明，尹岩，等，2021. 东北地区耕地利用碳排放核算及驱动因素［J］. 应用
　　生态学报，32（11）：3865-3871.

周文，许凌云，2023. 论新质生产力：内涵特征与重要着力点［J］. 改革（10）：1-13.

朱传民，2016. 乡村快速发展下的耕地利用转型与调控研究［D］. 北京：中国农业大学.

朱国锋，李秀成，石耀荣，等，2018. 国内外耕地轮作休耕的实践比较及政策启示［J］.
　　中国农业资源与区划，39（6）：35-41，92.

朱红根，陈晖，2023. 中国数字乡村发展的水平测度、时空演变及推进路径［J］. 农业经
　　济问题（3）：21-33.

朱俊峰，邓远远，2022. 农业生产绿色转型：生成逻辑、困境与可行路径［J］. 经济体制
　　改革（3）：84-89.

朱莉芬，黄季焜，2007. 城镇化对耕地影响的研究［J］. 经济研究（2）：137-145.

朱强，李民，2012. 论农地资本化流转中的风险与防范［J］. 管理世界（7）：170-171.

朱庆莹，胡伟艳，赵志尚，2018. 耕地多功能权衡与协同时空格局的动态分析——以湖北
　　省为例［J］. 经济地理，38（7）：143-153.

朱玉龙，2017. 中国农村土地流转问题研究［D］. 北京：中国社会科学院研究生院.

祝锦霞，潘艺，张艳彬，等，2022. 种植类型变化对耕地系统韧性影响的关键阈值研究 [J]. 中国土地科学，36（4）：49-58.

邹金浪，2023. 大食物观下的耕地利用 [M]. 北京：经济科学出版社.

邹秀清，谢美辉，于少康，等，2023. 农村劳动力转移对耕地利用生态效率的空间溢出效应 [J]. 中国土地科学，37（1）：59-69.

Bakker M M，Alam S J，van Dijk J V，et al，2015. Land-use change arising from rural land exchange：an agent-based simulation model [J]. Landscape Ecology，30（2）：273-286.

Benbi D K，2018. Carbon footprint and agricultural sustainability nexus in an intensively culti-vated region of IndoGangetic Plains [J]. Science of the Total Environment，644：611-623.

Christina G，Hailey W，B. Ferguson D B et al，2022. Using scale and human agency to frame ranchers' discussions about socio-ecological change and resilience [J]. Journal of Rural Studies，96 217-226.

Czekajlo A，Coops N C，Wulder M A，et al，2021. Mapping dynamic peri-urban land use transitions across Canada using Landsat time series：Spatial and temporal trends and asso-ciations with socio-demographic factors [J]. Computers，Environment and Urban Sys-tems，88（7）：101653.

Deng X，Huang J，Rozelle S，et al，2015. Impact of urbanization on cultivated land changes in China [J]. Land Use Policy，45：1-7.

Duguma E T，Tebarek L M，2022. The effects of farmland conversion on livelihood assets in peri-urban areas of Addis Ababa Metropolitan city，the case of Akaki Kaliti sub-city，Central Ethiopia [J]. Land Use Policy，119（8）：106197.

Gingrich S，Niedertscheider M，Kastner T，et al，2015. Exploring long-term trends in land use change and aboveground human appropriation of net primary production in nine Europe-an countries [J]. Land Use Policy，47：426-438.

Grainger A，1995. National land use morphology：patterns and possibilities [J]. Geography，80（3）：235-245.

Hansen B E，1999. Threshold effects in non-dynamic panels：Estimation，testing，and in-ference [J]. Journal of econometrics，93（2）：345-368.

Holling C S，1973. Resilience and stability of ecological systems [J]. Annual Review of E-cology and Systematic，4：1-23.

Hong T，Yu N，Mao Z，et al，2021. Government-driven urbanization and its impact on re-gional economic growth in China [J]. Cities，117：103299.

Hu H，Lv T G，Zhang X M，et al，2023. Understanding the spatiotemporal coupling of multidimensional urbanization and resource-environment performance in the Yangtze River

Delta urban agglomeration of China [J]. Physics and Chemistry of the Earth, 129103360.

Jiang G H, Wang M Z, Qu Y B, et al, 2020. Towards cultivated land multi – function assessment in China: Applying the "influencing factors – functions – products – demands" integrated framework [J]. Land Use Policy, 99 (1): 104982.

Karen R, Yoko K, 2018. Governing livelihood and land use transitions: The role of customary tenure in southeastern Morocco [J]. Land Use Policy, 78: 91 – 103.

Ke X, Chen J, Zuo C, et al, 2024. The cropland intensive utilization transition in China: An induced factor substitution perspective [J]. Land Use Policy, 141: 107128.

Li L Y, Wang L, Qi Z X, 2021. The spatiotemporal variation of farmland use transition and its critical influential factors in coordinated urban – ruralregions: a case of Chongqing in western china [J]. Sustainable Cities and Society, 70 (1): 102921.

Liang X Y, Li Y B, 2020. Identification of spatial coupling between cultivated land functional transformation and settlements in Three Gorges Reservoir Area, China [J]. Habitat International, 104: 102236.

Liu J, Jin X, Xu W, et al, 2019. A new framework of land use efficiency for the coordination among food, economy and ecology in regional development [J]. Science of The Total Environment, 710 (2): 135670.

Liu T, Liu H, Qi Y J, 2015. Construction land expansion and cultivated land protection in urbanizing China: In sights from national land surveys, 1996 – 2006 [J]. Habitat International, 46 (2): 13 – 22.

Liu Y S, Zou L L, Wang Y S, 2020. Spatial – temporal characteristics and influencing factors of agricultural eco – efficiency in China in recent 40 years [J]. Land Use Policy, 97: 104794.

Long H L, 2022. Theorizing land use transitions: A human geography perspective [J]. Habitat International, 128: 102669.

Lu H, Xie H L, Lv T G, et al, 2019. Determinants of Cultivated Land Recuperation in Ecologically Damaged Areas in China [J]. Land Use Policy (81): 160 – 166.

Lv T G, Fu S F, Zhang X M, et al, 2022. Assessing cultivated land – use transition in the major grain – producing areas of China based on an integrated framework [J]. Land, 11, 1622.

Lv T G, Fu S F, Zhang X M, et al, 2023. Spatiotemporal Evolution and Convergence of Agricultural Eco – efficiency in the Middle Reaches of the Yangtze River [J]. Physics and Chemistry of the Earth, 131: 103438.

Lv T G, Hu H, Han H Y, et al, 2024. Towards sustainability: The spatiotemporal patterns and impact mechanism of urban sprawl intensity [J]. Habitat International (148): 103089.

Lv T G, Li Z Y, Zhang X M, et al, 2024. Spatial‐temporal differences and influencing factors of agricultural water use efficiency in the main grain‐producing areas in the middle reaches of the Yangtze River [J]. Polish Journal of Environmental Studies, 32 (1): 1 – 16.

Lv T G, Wang L, Xie H L, et al, 2021. Exploring the Global Research Trends of Land Use Planning Based on A Bibliometric Analysis: Current Status and Future Prospects. Land, 10, 304.

Ma L, Long H, Tu S, et al, 2020. Farmland transition in China and its policy implications [J]. Land Use Policy, 92: 104470.

Mather A S, 1992. The forest transition [J]. Area, 24 (4): 367 – 379.

Mather A S, Fairbairn J, 2000. From Floods to Reforestation: The Forest Transition in Switzerland [J]. Environment & History, 6 (4): 399 – 421.

Ogutu S O, Okello J J, Otieno D J, 2014. Impact of Information and Communication Technology‐Based Market Information Services on Smallholder Farm Input Use and Productivity: The Case of Kenya [J]. World Development, 64 (64): 311 – 321.

Pierre D N, Walter T V, 2020. Farmland fragmentation and defragmentation nexus: Scoping the causes, impacts, and the conditions determining its management decisions [J]. Ecological Indicators, 119 (12): 106828.

Shen X Q, Wang X D, Zhang Z, et al, 2019. Evaluating the effectiveness of land use plans in containing urban expansion: An integrated view [J]. Land Use Policy (80): 205 – 213.

Skerratt S, 2013. Enhancing the analysis of rural community resilience: Evidence from community land ownership [J]. Journal of Rural Studies, 31: 36 – 46.

Stuart‐Haëntjens E, Boeck D J H, Lemoine P N, et al, 2018. Mean annual precipitation predicts primary production resistance and resilience to extreme drought [J]. Science of the Total Environment, 636, 360 – 366.

Teng Y, Lin P, 2022. Research on behavioral decision‐making of subjects on cultivated land conservation under the goal of carbon neutrality [J]. Land, 11 (10): 1664.

Tian J, Wang B, Zhang C, et al, 2020. Mechanism of regional land use transition in underdeveloped areas of China: A case study of northeast China [J]. Land Use Policy, 94: 104538.

Walker R T, 1987. Land use transition and deforestation in developing countries [J]. Geographical Analysis, 19 (1): 18 – 30.

Wang L Y, Anna Herzberger, Zhang L Y, et al, 2019. Spatial and temporalchanges of arable land driven by urbanization and ecological restoration in China [J]. Chinese Geographical Science, 29 (5): 809 – 819.

Wang X J, Wang D Y, Wu S Z, et al, 2022. Cultivated land multi – functionality in undeveloped peri – urban agriculture areas in China: Implications for sustainable land management [J]. Journal of environmental management, 325: 116500.

Wu H, Huang H, Chen W, et al, 2022. Estimation and spatiotemporal analysis of the carbon – emission efficiency of crop production in China [J]. Journal of cleaner production, 371: 133516.

Xie H L, Cheng L, Lu H, 2018. Farmer's responses to the winter wheat fallow policy in the groundwater funnel area of China [J]. Land Use Policy, 73: 195 – 204.

Xu M Y, Zhang Z F, 2021. Spatial differentiation characteristics and driving mechanism of rural – industrial Land transition: A case study of Beijing – Tianjin – Hebei region, China [J]. Land Use Policy, 102 (11): 105239.

Zhang J, Zhang P, Liu Y, et al, 2024. An analysis of the spatiotemporal evolution and driving force of cultivated land green utilization in karst region of southwest China [J]. Journal of Cleaner Production, 434 (1): 140002.

Zhang Y, Lu X, Zou Y, et al, 2022. Nudging strategies for arable land protection behavior in China [J]. International Journal of Environmental Research and Public Health, 19 (19): 12609.

Zhou M, Kuang B, Ke N, 2022. The Spatial andTemporal Evolution of the Coordination Degree in Regard to Farmland Transfer and Cultivated Land Green Utilization Efficiency in China [J]. International Journal of Environmental Research and Public Health, 19 (16): 10208.

Zhou X, Wu D, Li J F, et al, 2022. Cultivated land use efficiency and its driving factors in the Yellow River Basin, China [J]. Ecological Indicators, 144: 109411.

图书在版编目（CIP）数据

农业绿色转型下中国耕地绿色利用与韧性实践研究 /
吕添贵著. -- 北京：中国农业出版社，2024.12.
ISBN 978-7-109-33139-6

Ⅰ．F323.211

中国国家版本馆 CIP 数据核字第 2025GU6975 号

农业绿色转型下中国耕地绿色利用与韧性实践研究
NONGYE LÜSE ZHUANXING XIA ZHONGGUO GENGDI LÜSE LIYONG
YU RENXING SHIJIAN YANJIU

中国农业出版社出版

地址：北京市朝阳区麦子店街 18 号楼
邮编：100125
责任编辑：张楚翘
版式设计：小荷博睿　　责任校对：吴丽婷
印刷：北京中兴印刷有限公司
版次：2024 年 12 月第 1 版
印次：2024 年 12 月北京第 1 次印刷
发行：新华书店北京发行所
开本：700mm×1000mm　1/16
印张：12.5
字数：220 千字
定价：88.00 元